U0555538

挑战与调适

Challenge and Adaptation

中国婚姻家庭制度的时代画像

高丰美　著

中国政法大学出版社

2024·北京

图书在版编目（CIP）数据

挑战与调适 ：中国婚姻家庭制度的时代画像 / 高丰美著.
北京:中国政法大学出版社,2024. 9.--ISBN 978-7-5764-1755-5

Ⅰ. D923.91

中国国家版本馆 CIP 数据核字第 2024M3T973 号

书　名　挑战与调适：中国婚姻家庭制度的时代画像
TIAOZHAN YU TIAOSHI:ZHONGGUO HUNYIN JIATING ZHIDU DE SHIDAI HUAXIANG

出版者　中国政法大学出版社

地　址　北京市海淀区西土城路 25 号

邮　箱　bianjishi07public@163.com

网　址　http://www.cuplpress.com (网络实名：中国政法大学出版社)

电　话　010-58908466(第七编辑部) 010-58908334(邮购部)

承　印　固安华明印业有限公司

开　本　880mm × 1230mm

印　张　11.375

字　数　255 千字

版　次　2024 年 9 月第 1 版

印　次　2024 年 9 月第 1 次印刷

定　价　56.00 元

目　录

导 言

一、研究意义

改革开放以来，我国社会的快速发展对婚姻家庭制度变革提出迫切需求。一方面，我国的经济结构在由计划经济向市场经济转变的过程中，人们的权利意识和主体意识增强，个人财产增多，家庭规模变小，家庭关系变得更加平等，家庭生产功能出现弱化等，这些变化要求我国婚姻家庭制度作出适时调整，以适应社会变迁和婚姻家庭变化的需求。另一方面，在社会转型过程中，高离婚率、重婚、非婚生子女、留守儿童等一系列婚姻家庭领域的棘手问题要求婚姻家庭制度作出及时调整。

随着政治、经济、文化、社会的发展，我国婚姻家庭法也作出相应修改，1980 年制定了新的《婚姻法》；[1] 进入 21 世纪，随着社会结构的巨大变迁，2001 年我国又对《婚姻法》进行修正，从婚姻法的基本原则到具体制度做了大幅度的修改；随后最高人

---

〔1〕 为表述方便，本书中涉及的我国法律法规直接使用简称，省去“中华人民共和国”字样，例如《中华人民共和国婚姻法》简称为《婚姻法》，全书统一，不再说明。此外，自 2021 年 1 月 1 日《民法典》实施之日起，《婚姻法》《继承法》《民法通则》《收养法》《担保法》《合同法》《物权法》《侵权责任法》《民法总则》同时废止，为行文方便，如无特殊需要，不再在各法律名称前加年份或表述“已废止”字样。

民法院又先后颁布了三个婚姻法的司法解释，及时补充婚姻立法的不足。2020年，《民法典》婚姻家庭编回应社会变迁，将婚姻家庭制度纳入民法典体系。然而这些婚姻家庭制度规范目前来看并没有完全解决婚姻家庭面临的严重问题，如重婚、夫妻财产纠纷愈演愈烈，留守儿童没有得到有效监护，闪婚闪离现象增多等。这让我们不得不去思考：婚姻家庭制度应如何有效回应社会变迁带来的挑战，并及时作出制度调适，以使其更好地在婚姻家庭生活中发挥实际效用？而对社会变迁与婚姻家庭制度关系进行深度研究将成为我国婚姻家庭制度改革的重要研究路径。

因此，本书尝试探讨社会变迁与婚姻家庭制度变革的相互关系，描绘我国婚姻家庭制度的时代画像，总结改革开放以来影响我国婚姻家庭制度的主要社会因素，分析我国社会变迁与婚姻家庭制度变革的关系，探究我国未来婚姻家庭制度的发展趋势，以期对我国婚姻家庭制度的发展和完善有理论借鉴意义与实践价值。

二、研究范围

（一）研究时间节点的选择

婚姻家庭法学学者们一般以婚姻法修改时间为主要依据来划分婚姻家庭法的发展阶段，也习惯以此种划分作为婚姻家庭法学研究的时间节点。以1949年中华人民共和国成立为时间节点将我国婚姻家庭法的发展阶段划分为1950年《婚姻法》、1980年《婚姻法》、2001年《婚姻法》的修正、2020年《民法典》婚姻家庭编的制定四个阶段。1950年《婚姻法》是中华人民共和国成立后制定的第一部婚姻法，其后，婚姻家庭法经历1980年重新制定和

2001年的修正。1950年《婚姻法》确立了我国婚姻法的基本原则，以及结婚、家庭关系和离婚基本制度架构。1980年的《婚姻法》以1950年《婚姻法》为基础重新制定，延续了1950年《婚姻法》的基本原则规定，在具体制度上根据实践经验和当时的新情况、新问题作出了一些修改，这些修改反映了社会主义市场经济法制的要求。进入21世纪，我国的政治经济结构、社会文化、婚姻家庭观念、法治观念等发生了巨大变化。2001年，我国又根据社会的变化发展对婚姻法进行了修正，此次修正在篇章结构、具体原则和具体制度方面作出修改。2020年，《民法典》婚姻家庭编在总结梳理以往婚姻法及其司法解释的基础上，回应社会变迁和挑战，对婚姻家庭制度进行了部分增删，并在民法典编撰的背景下，将婚姻家庭制度纳入民法典体系。

本书选择探讨改革开放以来的社会变迁与婚姻家庭制度的关系。其一，上述四个时间节点上的《婚姻法》既存在连续性和传承性，也存在差异性。1950年《婚姻法》与后三个时间节点的《婚姻法》在性质上存在明显差异，1950年《婚姻法》是废除不平等的婚姻制度，建立新民主主义婚姻制度；后三个时间节点的《婚姻法》反映了社会主义市场经济法制的要求，我国未来的婚姻家庭制度必将是与现代化和社会主义市场经济相适应的，对1950年《婚姻法》及相应时期社会变迁的考察与后三个时间节点的《婚姻法》及其社会变迁关系考察相脱节。其二，改革开放以来，当代中国社会开启了真正的现代化和工业化进程，对包括婚姻家庭生活在内的整个社会生活造成重大冲击，对社会变迁与婚姻家庭制度关系的冲击也必然非常多及明显，这便于较明确地识别影响婚姻家庭制度的社会变量，观察社会变迁与婚姻家庭制度变革的互动关系，开展两者的关系研究。我国 21 世纪的婚姻家庭制度也必将朝着建立与社会主义市场经济相适应的方向发展，因此，探讨改革开放以来社会变迁与婚姻家庭制度的相互关系具有重大意义，同时也是必然的。

（二）研究对象的限制

（1）社会变量的选择。影响婚姻家庭制度变革的社会因素必然非常庞杂，涉及政治、经济、文化、社会、婚育行为、家庭关系等方面，厘清所有影响因素是一件非常庞大的工作，也是不可能完成的工作。而且决定婚姻家庭制度的有些影响因素是我们现在可以观察到的，有些因素是我们目前没有或者不能观察到的。所以，本书只能就已经显现的对我国婚姻家庭制度影响较大的社会因素和挑战做一梳理。

（2）婚姻家庭法治研究在内容上一般包括婚姻家庭的立法、执法、司法和守法等方面。本书主要涉及的是婚姻家庭事项的立法规范问题。另外，本书题目使用的是“婚姻家庭制度”，而不是“婚姻家庭法”，主要是因为本书探讨的婚姻家庭制度规范不限于以“婚姻家庭”命名的现行《民法典》婚姻家庭编，还包括其他法律法规、习惯法中有关婚姻家庭事项的制度规范。

三、文献综述

（一）研究论题概况

婚姻家庭是重要的社会细胞单位，随着社会的发展变化，婚姻家庭也随之发生相应变化，调整婚姻家庭的法律也要作出相应调整。婚姻家庭制度必须反映社会发展变化的需求，才能很好地调整婚姻家庭关系，规制婚姻家庭生活，从而促进整个社会生活和人类发展。因此，关于社会变迁、婚姻家庭及婚姻家庭制度的关系的研究历来是社会学家和法学家研究的热点。社会变迁实际上是一个社会系统结构和功能变化的过程。〔1〕根据家庭社会学的观点，婚姻家庭变迁也属于社会变迁的一种。改革开放以来，面临诸多挑战，我国发生了诸多社会变化，开始从传统型社会向现代型社会转变，从计划经济向市场经济转变，开始了工业化、城市化的现代化进程。因此，家庭社会学的学者普遍认为，我国目前家庭社会学的研究重点主要是社会现代化过程对家庭的影响及家庭演变的趋势对社会现代化的反作用。〔2〕伴随着社会变迁，我国城乡家庭开始随之发生变化，传统的父权、家长权模式的家庭制度逐渐被一种更为平等和独立的婚姻家庭制度替代。〔3〕社会的变化必然导致法律的变化，法律的改变也必然引起社会的变化。法律和社会变迁之间的互动表现为法律伴随社会变迁并适应它，同时也明确和疏导着社会变迁。改革开放以来，我国政治、经济、文化、社会结构的巨大变化推动着我国法律的变革，我国当下以及未来婚姻家庭制度调适和完善的路径之一即是对社会结构、社会变迁与制度变革的关系进行深度研究，从而对婚姻家庭制度与社会变迁之间的适应性作出合理有效的论证，使我们的婚姻家庭制度真正满足我国人民群众婚姻家庭社会生活的现实需求，让我们的婚姻家庭制度更加有利于促进我国社会的发展。

---

〔1〕 刘祖云：《从传统到现代——当代中国社会转型研究》，湖北人民出版社2000年版，第4页。

〔2〕 杨善华编著：《家庭社会学》，高等教育出版社2006年版，第1页。

〔3〕 杨善华、沈崇麟：《城乡家庭　市场经济与非农化背景下的变迁》，浙江人民出版社2000年版，序言。

（二）主要参考文献介绍与分析

关于社会变迁与婚姻家庭制度关系的研究一直是国外社会学学者和法学学者关注的热点，也一直是我国婚姻家庭法学和婚姻家庭社会学的研究热点。

美国著名社会学家威廉·J. 古德在《家庭》一书中概括了全世界家庭模式的主要发展趋势，并通过各种纵向和横向的比较来论证家庭的变革规律，指出工业化不能解释一切家庭变化。美国著名的家庭社会学家马克·赫特尔在《变动中的家庭——跨文化的透视》一书中指出对家庭的考察必须结合一些深刻的社会变迁，特别是现代化、工业化和城市化对家庭进行全面的分析。日本学者利谷信义等编著的《离婚法社会学》从社会学角度考察离婚制度。德国都纳·海因里希（Dörner Heinrich）教授的《工业化与家庭法》（Industrialisierung und Familienrecht）一书系统论述了社会变迁对德国、法国等国民法典中家庭模型的影响。近年来，国外对婚姻家庭及婚姻家庭制度变迁的研究集中于家庭和家庭制度之间的相互关系及对社会的影响（如 Needhman），比较家庭法的研究主要集中于家庭法和家庭在社会治理、在国家组织之间以及社会结构和运作中的角色（如 Ann Schalleck），以及国家与家庭的关系（如 Sanford N. Katz）等。

我国的家庭社会学界一直比较关注社会变迁对婚姻家庭制度变革的影响。比如，雷洁琼女士主编的《改革以来中国农村婚姻家庭的新变化》一书从家庭结构与规模、家庭功能、家庭关系、初婚年龄、结识方式、确定婚姻方式、择偶标准等方面对我国经济体制改革以来农村家庭所发生的重大变化作了全方位的透视与剖析，考察变迁的性质、方向以及变迁对农村社会发展的影响。

李银河的《中国婚姻家庭及其变迁》一书采用实证研究的方法，从社会心理学视角深入研究了中国婚姻家庭及其变迁，对中国的家庭结构与规模，恋爱择偶方式与标准、结婚仪式、婚姻花费及婚后居处等作了历史考察与现实描述。杨善华、沈崇麟的《城乡家庭 市场经济与非农化背景下的变迁》一书从婚姻行为、家庭功能、家庭关系等微观层面，对 20 世纪 90 年代以来我国城市和乡村家庭在市场经济背景的变迁作了较为深入的研究，并从家庭策略的视角对家庭变迁的反作用作了独创性研究。王义祥的《当代中国社会变迁》第二章专门论述了婚姻家庭的变迁，介绍了 1978 年以来我国家庭结构和功能、家庭关系的家庭变迁，以及择偶标准等婚姻变迁。王跃生的《社会变革与婚姻家庭变动——20 世纪 30—90 年代的冀南农村》一书阐述了 20 世纪 30—90 年代，冀南农村地区土地革命之前、土地改革到高级社、高级社到人民公社以及联产承包责任制四个时段的社会制度变革与农民的婚育行为、家庭结构等的相互关系。沈崇麟、杨善华主编的《当代中国城市家庭研究》一书提供了北京、上海、成都、南京、广州、兰州、哈尔滨七个城市婚姻和家庭变迁的调研资料。李银河等的《中国城市家庭变迁的趋势和最新发现》一文以 2008 年在广州、杭州、郑州、兰州和哈尔滨五个城市市辖区收集的城市居民的家庭数据为基础，分析了最近十几年来我国城市家庭变迁在婚姻成本、婚姻的独立性、妇女就业率和家庭结构、家庭关系以及上述城市婚姻家庭变迁的特殊性等方面的特点。

此外，婚姻家庭社会学研究者们从不同视角考察婚姻家庭变迁，如齐晓安的《社会文化变迁对婚姻家庭的影响及趋势》一文以社会文化变迁为视角，通过对社会文化变迁与婚姻家庭的建立、形成与发展之间的互动关系的历史考察，从婚姻家庭的观念、习俗、制度、家庭关系等方面探讨人类社会文化变迁与婚姻家庭变化发展之间的内在关系。李东山的《工业化与家庭制度变迁》一文考察了工业化过程的不同阶段的家庭制度变迁。池子华的《近代城市化过程中农民工婚姻家庭的嬗变》一文将城市化过程中农民工婚姻家庭的嬗变作为考察对象。王纪芒的《女性的角色变迁及其对婚姻家庭的影响》一文考察女性角色的改变对传统家庭的冲击。巨东红的《全球化背景下中国婚姻的变迁与展望》在全球化的视角下审视中国人婚姻的变化及其原因。

从上述梳理可知，社会学学者们对于改革开放以来的婚姻家庭变迁的研究具有以下特点。

（1）研究内容主要集中在婚姻家庭中的婚姻择偶方式、婚育年龄、婚姻确认方式、家庭结构、家庭功能、家庭关系等方面的变迁研究，研究集中考察家庭联产承包责任制、市场经济体制改革、城市化进程对婚姻和家庭的影响。家庭社会学学者们倾向于区分城市和乡村来开展研究，这一方面是基于城市和乡村婚姻家庭的个性，同时基于婚姻家庭社会学研究往往建立在实证调研的基础上便于以城市和乡村为维度开展比较研究。

（2）研究视域越来越开阔，家庭社会学学者们不再局限于从我国经济、政治体制改革视角探讨对婚姻家庭变迁的影响要素，而是从全球化、工业化、城市化、社会文化视角以及性别主义视角等多视角来探究婚姻家庭变迁的原因、性质和特点。家庭社会学学者们对婚姻家庭变迁的研究不再停留于社会对婚姻家庭影响的单向研究，也开始注重研究婚姻家庭变迁对社会的反作用。

（3）由于家庭社会学研究方法主要是采用实证研究的方法，

家庭社会学学者们对我国改革开放以来城市和乡村的婚姻行为规范、观念和家庭结构、规模、功能及关系开展了全国范围内广泛又深入细致的实证调研，为我们进一步的研究提供了非常丰富权威的数据支持。

在婚姻家庭法学界，改革开放以来婚姻家庭制度的变革发展一直是婚姻家庭法学学者研究的热点和重点。西南政法大学陈苇教授在其主编的《家事法研究》（2008 年卷）专门收录了一系列改革开放三十年以来婚姻家庭法问题的研究性论文，包括《改革开放三十年中国结婚法研究回顾与展望》（马忆南、高庆）、《改革开放三十年中国夫妻关系法研究回顾与展望》（陈苇、陈思琴）、《改革开放三十年中国亲子法研究回顾与展望》（薛宁兰）、《改革开放三十年中国收养法研究回顾与展望》（李秀华）、《改革开放三十年中国离婚法研究回顾与展望》（蒋月）。此外，关于改革开放以来婚姻家庭制度的变革发展研究还有杨大文先生的《婚姻家庭立法的回顾与思考》，该文以 50 年代、80 年代、90 年代的时间划分标准回顾了我国婚姻法的发展历程，指出 1980 年《婚姻法》相较于 1950 年《婚姻法》的传承性和差异性，并指出对 20 世纪 90 年代的婚姻法修改和如何完善婚姻家庭法制的问题的改革思路。同时，杨大文先生的《两部婚姻法　三个里程碑》一文将我国 1950 年以来的婚姻家庭立法概括为“两部婚姻法，三个里程碑”，并指出我国已经形成具有中国特色的社会主义婚姻家庭法规范体系。巫昌祯老师、夏吟兰老师的《改革开放三十年中国婚姻立法之嬗变》一文强调我国婚姻法完成了从简单粗糙到制度化、体系化，从强调管制到尊重私权，从形式平等到实质平等的变革。王歌雅老师的《中国婚姻法：制度建构与价值探究之间——婚姻法与改革开放三十年》一文从制度建构、理论创新和价值探究三个层面阐述了改革开放三十年我国婚姻法的变化。蒋月老师的《中国改革开放三十年婚姻家庭立法的变革与思考》一文将近三十年我国婚姻家庭立法分为1978—1980年、1981—2000年和2001年至今三个阶段，并概述了这三个阶段的修改重点、主要成就和存在的问题。同时，蒋月老师的《改革开放三十年中国离婚法研究回顾与展望》一文以婚姻法修正为主要根据，将改革开放三十年以来我国离婚法研究划分为三个阶段：1978—1980年的起步阶段、1981—2000年的发展阶段、2001年延续至今的繁荣阶段。改革开放三十年间，我国离婚法的研究主要集中在法定离婚理由、离婚自由及其限制、离婚后未成子女利益保护、夫妻离婚财产分割、婚姻债权债务、离婚救济等方面；并分析了改革开放三十年我国离婚法研究的十大成就和不足。陈苇老师和冉启玉老师的《构建和谐的婚姻家庭关系——中国婚姻家庭法六十年》一文研究中华人民共和国成立以来我国婚姻家庭法的变迁，从构建和谐的婚姻家庭关系的角度分析婚姻家庭法发展的三个阶段：1950年《婚姻法》是废旧立新，1980年《婚姻法》是超越完善，2001年修正后的《婚姻法》是制度更新；并提出促进和谐婚姻家庭关系的构建是我国未来婚姻家庭法立法的根本价值取向和目的。马忆南老师的《中国婚姻家庭法的传统与现代化——写在婚姻法修改之际》一文从传统与现代化的角度探讨我国婚姻家庭法应实现从传统向现代化转变，提出未来婚姻家庭法走向现代化的基本思路。夏吟兰老师的《婚姻家庭编的创新和发展》一文体系性梳理了《民法典》婚姻家庭编主要制度的修改和完善内容。王歌雅老师的《中国婚姻家庭立法70年：制度创新与价值遵循》一文梳理了我国婚姻家庭立法（1949 年至今）七十多年的体系优化过程，梳理了婚姻家庭立法的制度创新与价值遵循，将我国婚姻家庭立法过程分为 1950 年《婚姻法》的起草、1980 年《婚姻法》的颁行、2001 年《婚姻法》的修正、2020 年《民法典》婚姻家庭编的颁布四个发展阶段。

此外，还检索到与我国婚姻家庭制度变革发展研究直接相关的博士论文三篇：马荟的《当代中国婚姻法与婚姻家庭研究》一文从历史学角度以 1950 年以来我国婚姻法的三次变动为研究脉络，系统考察了中华人民共和国成立以来我国婚姻法的历史沿革，分析了我国婚姻家庭与婚姻法之间的互动关系。周由强的《当代中国婚姻法治的变迁：1949—2003》一文主要从法治的角度探寻当代中国婚姻治理的变迁，梳理了 1950 年以来我国婚姻立法、婚姻司法以及婚姻守法的婚姻法治变迁过程。朱丽娟的《当代中国婚姻家庭制度演变的观念基础》一文采用价值分析方法，不涉及对制度的评价，重点分析了影响和决定婚姻家庭制度变革的价值观念因素，揭示了婚姻家庭制度的发展轨迹，以及婚姻家庭制度与社会生活的相互影响，婚姻家庭制度与人们价值观念的关系等；论文将我国婚姻家庭制度演变的思想基调概括为从传统到现代，从国家到个人，从责任到感情三个层面。

我国婚姻法学者对改革开放以来我国婚姻家庭制度变革发展的研究具有以下特点。

（1）以婚姻法修改时间为主要依据划分婚姻家庭法的发展阶段。一方面以 1949 年中华人民共和国成立为时间节点将我国婚姻家庭法的发展阶段划分为 1950 年《婚姻法》、1980 年《婚姻法》、2001 年《婚姻法》修正、2020 年《民法典》婚姻家庭编制定四个阶段。另一方面以 1978 年改革开放为时间节点将 1978 年以后的婚姻立法划分为三个阶段：1978—1980 年，主要是适应我国改革开放初期的需要，对婚姻家庭法作出较大修改；1981—2000 年，这是法制补充完善阶段，我国先后制定《民法通则》《未成年人保护法》《母婴保健法》《妇女权益保障法》以及《老年人权益保障法》等法律法规补充完善我国婚姻家庭立法；2001 年至今，这一时期的立法一是针对社会反映强烈的主要问题对婚姻家庭制度予以调适和完善，二是将婚姻法纳入《民法典》。

（2）研究内容表现为对婚姻法新修改的基本原则和具体婚姻家庭制度的阐释和分析。研究主要集中于婚姻效力、夫妻财产制、离婚理由、离婚赔偿与补偿制度等具体婚姻家庭制度的研究。除了制度规范变迁层面的分析，婚姻家庭法学学者也开始关注婚姻家庭价值层面的变迁，婚姻法价值层面的研究集中于从形式平等到实质平等、从强调管制到尊重私权，注重个人意思自治和追求和谐的价值理念的研究。此外，从对婚姻立法的变迁研究到逐渐关注婚姻司法和执行等婚姻法治的变迁研究。在研究内容上，除了上述对改革开放以来婚姻家庭法的制度变迁的总结和阐释，还对婚姻家庭立法存在的不足和问题给予关注，集中于未成年监护制度、家庭暴力防治、生物技术对婚姻家庭伦理与法的影响、婚姻家庭纠纷多元化解决机制等。对于婚姻家庭制度的未来发展，婚姻家庭法学学者提出走向体系化、现代化的发展方向。

（3）对于引起婚姻家庭制度变迁的影响因素的探讨主要集中于某一具体婚姻家庭法律制度修改的原因和背景的考察，并且已经认识到改革开放以来我国社会经济、文化及社会结构的变化对婚姻家庭制度的影响。如改革开放以来，人们生活水平提高、家庭和个人财产增多导致人们财产意识逐步增强，因而增加了夫妻个人特有财产制和夫妻约定财产制，以加强对家庭财产关系的调整和个人财产的保护等。

（三）研究主题与总结

通过对上述主要参考文献的考察和梳理，了解到家庭社会学学者和婚姻家庭法学学者对改革开放以来社会变迁与婚姻家庭制度的关系研究做了广泛细致的考察，为本书后续的相关研究提供了丰富的理论基础和数据支持。

但是，就目前的主要文献来看，本书也注意到以往的研究存在以下可以进一步补充完善之处。

（1）在研究视角上，婚姻家庭是一个复杂的社会现象，要对婚姻家庭这一社会现象作深入研究，必须结合社会学、法学、历史学等学科开展跨学科研究。以往的研究中社会学学者着重从社会学角度去解释婚姻和家庭的变迁，法学学者着重从规范解释学角度去研究婚姻家庭制度的变革发展，历史学学者注重从婚姻家庭发展史开展研究，对婚姻家庭问题的研究学科间界限明显，如婚姻家庭法学学者利用社会学等其他学科的研究成果不足，缺乏跨学科的研究。

（2）在研究方法上，以往的研究中社会学研究注重开展实证研究，调研获取了大量数据，而婚姻家庭法学学者致力于婚姻家庭制度的规范文本分析，缺乏实证研究，并且较少运用家庭社会学学者的实证调研成果去分析我国的婚姻家庭制度变革。

（3）综合上述两方面局限，加上我国改革开放以来社会的快速发展对婚姻家庭法修改的迫切需求，我国婚姻家庭法的研究内容集中于围绕婚姻法的修改开展文本分析和法律解释学研究，致力于婚姻家庭具体法律制度的制定和完善研究，注重外在规范分析，较少从家庭法社会学视角考察婚姻家庭制度变迁的原因、特点及社会变迁与婚姻家庭制度变迁的相互关系等。

本书从法社会学视角考察改革开放以来我国社会变迁与婚姻家庭制度变革的关系，总结改革开放以来影响我国婚姻家庭制度的主要社会变量，在宏观层面和微观层面考察社会变迁与我国婚姻家庭制度的互动关系，在此基础上总结我国社会变迁与婚姻家庭制度变革的规律特点，探究我国婚姻家庭制度的未来发展方向。

四、研究方法

法学研究方法往往取决于它的研究对象，我们在进行法学研究时，一般是依据法学研究的对象和学科特点，采用相应的研究方法。本书拟从法社会学视角考察改革开放以来我国社会变迁中的婚姻家庭制度变革，以及社会变迁与婚姻家庭制度的关系，因此，主要采用以下四种研究方法。

（一）社会学分析法

运用社会学的方法，研究婚姻家庭制度在社会化过程中的运行、转换规律，把握婚姻家庭制度与社会各方面的双向互动关系，以及婚姻家庭制度的社会机制和运行机制。在研究过程中，一方面需要采用宏观研究的方法，主要包括结构功能主义、进化论、现代化理论和全球化理论等考察宏观的社会变迁中的婚姻家庭制度变革；另一方面需要对现实存在的婚姻家庭法律规范和法律活动进行实证分析，在具体方法上对社会学学者著述中丰富的调研数据（如沈崇麟、杨善华主编：《当代中国城市家庭研究》中北京、上海、成都、南京、广州、兰州、哈尔滨七个城市婚姻和家庭变迁的调研资料)、官方和社会机构的统计数据(如民政部、国家统计局)、法院案例(如北大法宝),以及笔者收集到的调研数据(关于未成年人监护现状、离婚冷静期制度实践现状的数据)进行定量和定性研究。

(二)价值分析法

法律问题的分析可从规范层面和社会视角交叉进行;社会学分析方法着重分析的是法律的实然性问题。对于社会变迁中的婚姻家庭制度变革除了考察实然层面的问题,也需要采用价值分析法,从价值入手,预设婚姻家庭法律背后存在的终极价值,对法律进行分析、评价,解决"婚姻家庭法律应当是怎样"的应然性问题。这种应然性分析主要体现在本书第二章第一节"社会变迁对婚姻家庭制度价值的影响与回应",其中涉及社会变迁对婚姻家庭制度内在价值的应然层面的需求。

(三)历史分析法

法与社会变迁纵向关系的研究,更多的可以用历史主义的方法来考察。历史分析的方法旨在考察某一法律体系及其制度、准则和法律律令的历史起源和沿革,如本书第二章第二节"社会变迁对婚姻家庭制度规范的需求与供给"和第三章至第七章中涉及的社会变迁中我国各项婚姻家庭法律制度的变革考察。

(四)比较分析法

比较研究为法律和社会变迁研究提供了很好的研究方法,一方面,通过考察比较不同社会的现象和问题,检视在这些社会中发挥作用的不同变量和影响因素,使我们获得对法律和社会变迁进程的了解。另一方面,法律比较研究的持续发展和进步一定程度上取决于法律和社会变迁关系的发展,它们为不同法律体制的比较研究提供实质的背景和观点。本书主要在第三章至第七章探讨具体婚姻家庭制度的调适建议和第八章探讨婚姻家庭法的未来展望时将运用到该方法。除了上述研究方法，本书也将运用到规范实证分析方法、法解释学方法等研究方法。

五、创新之处

在研究视角和研究方法上，以往的相关研究主要是就专门学科如社会学或法学视角的研究，本书从法社会学视角开展研究，不仅在宏观上把握社会变迁与我国婚姻家庭制度变革的关系，也从婚育行为、家庭结构、家庭功能、家庭关系等微观层面去把握社会变迁与我国婚姻家庭制度变革的关系模式。因此，这也决定了在研究方法上，本书将不囿于以往法律规范注释评介的法解释学方法，拟采用社会学分析法、价值分析法、历史分析法、比较分析法等多元的研究方法。

在研究内容上，本书除了上述以家庭法社会学视角从宏观和微观层面开展课题研究，拟在以下三个方面突破以往的研究：(1) 本书探讨社会变迁与婚姻家庭制度的内在价值、社会变迁与婚姻家庭制度外在规范的关系模式。(2) 本书从社会变迁与婚姻家庭制度的关系视角观察和剖析几种具体的婚姻家庭制度，包括非婚同居之法律规制、监护制度、疾病婚制度、夫妻财产制度以及离婚冷静期制度，了解社会变迁与上述制度的关系，并提出相应的调适建议。(3) 本书立足于社会变迁与婚姻家庭制度变革的关系模式研究，在此基础之上，分析预测我国未来婚姻家庭制度的整体发展趋势和方向，描绘我国婚姻家庭制度的时代画像。

第一章

影响婚姻家庭制度的主要社会因素

社会变迁是指在社会结构方面发生的任何社会制度或社会角色模式的变化。[1]当代中国社会变迁主要是指1978年以来中国社会的整体结构及其组成要素的运动、变化和发展。[2]这种运动、变化和发展特征主要表现为社会从传统型向现代型的转变，包括经济方面，从自然经济与计划经济社会向社会主义市场经济社会、从农业社会向工业社会、从乡村社会向城镇社会、从封闭半封闭社会向开放社会转变；政治方面，从崇尚人治向崇尚民主和法治、从伦理社会向法理社会转变；文化方面，从同质单一文化向异质多样性文化、从传统文化向现代文化转变。[3]在这种社会变迁中，人们的婚姻家庭也发生了巨大变迁，如择偶更注重个人的自主权、结婚年龄普遍推迟、离婚率上升、家庭关系更为平等、家庭结构简单化、家庭规模小型化等。[4]

---

〔1〕 雷洁琼主编：《改革以来中国农村婚姻家庭的新变化》，北京大学出版社1994年版，第5页。

〔2〕 王义祥：《当代中国社会变迁》，华东师范大学出版社2006年版，前言。

〔3〕 刘祖云：《从传统到现代——当代中国社会转型研究》，湖北人民出版社2000年版，第53页。

〔4〕 在婚姻家庭变迁与社会变迁的关系上，根据不同的情况，我们既可以将家庭变迁视为社会变迁的重要组成部分，也可以将家庭变迁视为与社会变迁相互影响并相辅相成的对等概念。刘志琴主编、岳庆平编：《家庭变迁》，民主与建设出版社1997年版，第1页。

从法社会学视角对社会变迁与婚姻家庭制度关系进行考察，单纯地考察家庭结构、家庭功能、家庭关系或笼统地考察社会政治、经济、文化的变迁与婚姻家庭制度的关系并不足够，客观地研究应注重考察在过去四十余年间微观婚姻家庭变迁和宏观社会变迁两个层面与婚姻家庭制度的关系。我们必须先了解影响我国婚姻家庭制度变迁的主要因素，一般而言，既有外部因素，也有内部因素。就外部因素来看，政治、经济、文化、宗教等宏观层面的社会变迁对婚姻家庭制度产生不同程度的影响；就内部因素而言，婚育行为、家庭结构、家庭关系、家庭功能等微观层面的婚姻家庭变迁对婚姻家庭制度产生直接影响。

第一节　影响婚姻家庭制度的宏观层面因素

影响婚姻家庭制度的宏观层面因素主要表现为政治、经济、文化等外部因素对婚姻家庭制度产生的影响。这种影响表现为外部因素直接对婚姻家庭制度设计产生影响；或者通过其他政策、立法等对婚姻家庭制度产生影响；或者通过影响微观层面的婚姻家庭变迁进而对婚姻家庭制度产生间接影响。本节就影响婚姻家庭制度的宏观层面的社会变量进行考察。关于社会变迁，有学者认为包括社会制度、社会结构、社会价值观念体系、社会行为模式的变迁四个方面。[1]有学者认为社会变迁也是一种社会转型，表现为社会结构、社会运行机制以及价值观念体系三个方面的转

〔1〕 杨善华编著：《家庭社会学》，高等教育出版社2006年版，第199页。

换。[1]也有学者认为社会结构是一个静态的概念，把它作为动态的概念就是社会变迁，所谓社会变迁就是社会结构变迁的发生，社会变迁可以理解为社会结构的变迁。[2]综上，本节主要从社会结构变迁视角来界定宏观层面的社会变迁，进而探讨影响婚姻家庭制度的主要社会变量。社会学界比较一致的观点认为社会结构由政治结构、经济结构与文化结构三大部分组成。[3]也有学者认为社会结构的变迁包括阶级和阶层结构、职业结构以及社会组织结构的变迁。[4]在此，笔者认为影响婚姻家庭制度的宏观层面的社会变迁主要包括经济结构、政治结构、阶层结构和文化结构的变迁，具体体现在以下三个方面。

一、向市场经济的转变

当代中国的经济结构变迁主要通过经济体制改革实现，其主要表现为改革开放以来计划经济向市场经济的转变和发展。1978年中国共产党十一届三中全会确定了改革开放的总方针，1979 年6 月的政府工作报告提出逐步建立起计划调节与市场调节相结合的体制，经历了 1984 年“公有制基础上的有计划的商品经济”和1987 年“计划与市场内在统一的有计划的商品经济”的发展历程，1992 年中国共产党第十四次全国代表大会明确提出建立社会

〔1〕郑杭生、郭星华：“中国社会的转型与转型中的中国社会——关于当代中国社会变迁和社会主义现代化进程的几点思考”，载《浙江学刊》1992 年第 4 期。

〔2〕［日］富永健一：《社会结构与社会变迁：现代化理论》，董兴华译，云南人民出版社 1988 年版，第 21 页、第 86 页。

〔3〕郑杭生、郭星华：“中国社会的转型与转型中的中国社会——关于当代中国社会变迁和社会主义现代化进程的几点思考”，载《浙江学刊》1992 年第 4 期。

〔4〕何建章主编：《经济体制改革与社会变迁》，人民出版社 1986 年版，第 3 页。

主义市场经济体制。1993年全国人大将《宪法》第15条“国家在社会主义公有制基础上实行计划经济”修改为“国家实行社会主义市场经济”。

在上述由计划经济向市场经济转型的过程中，城乡的经济结构发生了相应变化。在城市，经济体制改革改变了城市的生产经营方式和产业结构：所有制形式和经营方式多样化，集体所有制和个体所有制得到较大发展，产生了合营、个体经营等多种经营方式，第三产业迅速发展，个体从业人数大量增长。在农村，经济体制改革后，经济状况和社会状况也发生了巨大变化：生产经营方式从高度集中管理转变为家庭联产承包责任制；农村产业结构由传统农业向现代农业转化，由单一经营农业转变为农业、工业、商业、建筑、运输和服务业多元经营模式；伴随着农村生产经营方式和产业结构的变化，农村的劳动力结构发生了变化，一大批原来从事农业的劳动力慢慢转移到城市中的非农行业。从农村转移到城市的人形成了亦工亦农、亦工亦商的社会阶层，在一定程度上改变了农村的社会结构。[1]

市场经济的发展以及随之发生的城乡经济结构变迁必然对人们的婚姻家庭观念和行为产生深刻的影响，对婚姻关系的缔结与维持、婚姻观念、家庭结构与规模、家庭功能与家庭关系等产生影响，引起婚姻家庭制度的相应变革。其一，市场经济的发展要求大力发展工业现代化，实现社会化大生产，家庭已不再是生产技能的传播者，传统家庭依靠生育增加子女而提高生产力的方式被机械化大生产取代，机械化大生产更需要的是家庭成员全身心

---

〔1〕 何建章主编：《经济体制改革与社会变迁》，人民出版社1986年版，第120~121页、第134~135页。

投入生产，家庭规模变小，向核心家庭发展；家庭的生产功能逐渐消失，家庭的生育功能弱化，家庭的教育、赡养等功能从家庭中分化出去，由一定的社会机构替代。其二，我国城市经济体制改革带来的多样化生产经营方式和农村大量剩余劳动力的外移改变了家庭的收入水平与收入格局，妇女获得充分就业，家庭成员的收入得到不同程度的提高，收入和生活资源的分配明显出现了性别倾斜和代际倾斜，男性和女性的收入趋于平等，家长不再是家庭经济主导，代际关系更加平等，家庭成员的独立性更强。其三，市场经济的发展冲击了人们的婚姻观念，影响了人们的择偶观、婚恋观、性观念、生育观念等。

二、政治民主化的加强

从结构功能理论的角度来看，政治变迁实际是指系统的结构和功能的变迁。政治结构的变迁，主要是指政治实体结构的解体和重组；政治结构功能的变迁，主要是指政治功能的分化与整合。[1] 1949年中华人民共和国成立使我国的政治制度发生了根本性变革，推翻了旧政府，建立了代表广大人民利益的新政权。改革开放以来，从传统社会走向现代社会的转变过程中，随着经济形态的进化和现代化的时代要求，我国政治结构也进行相应调整，市场经济的产生和发展动摇和改变了传统政治结构赖以建立的基础，推动政治系统结构和功能走向现代化。

我国政治结构的当代变迁主要表现为政治日益民主化。1978年以来，政府行政权力开始下放，对经济领域的干预开始限缩；

---

〔1〕 李元书："论政治变迁"，载《学习与探索》1995年第5期。

在政治结构方面，由过去计划体制下全面控制企业活动和个人行为开始转变为依法进行宏观调控。政府加强行政立法，依法行政；进行机构改革，实行机构精简，政府职能向服务型政府转变；进行干部制度改革，加强基层民主等。改革开放调整后的政治结构建立了更加完善的政治结构系统，提高了政治生活的民主性，逐步形成以平等、参与、效率等价值观念为核心的参与型政治文化。〔1〕

政治结构的变迁对婚姻家庭及其制度也产生了影响。国家职能的转变也影响了家庭功能的转变。随着政府职能转变，由管理型政府向服务型政府转变，由混溶型社会政治结构发展为专门型政治结构。传统社会的结构以混溶型社会政治结构居多，如生产、教育、消费、娱乐等功能都由家庭承担；专门型政治结构则只履行专门政治、社会事务，发挥专门性功能。〔2〕改革开放后，专门型政治结构出现并增多，自主性增强，有利于为家庭在抚养、教育和赡养等方面提供保障，以补足家庭功能实现的缺失，教育、赡养及在特殊情形下抚养等家庭功能开始与家庭分离。此外，政治结构的发展促进了民主政治的发展，推进依法行政，通过制定法律和其他相关政策对婚姻和家庭予以规定和引导。国家或者制定专门的家庭政策，或者利用其他对家庭产生直接影响的社会政策来调整婚姻家庭，进而促进了我国婚姻家庭制度的不断完善。

三、多元文化价值观的冲击

文化结构变迁包括物质层面、社会层面、精神层面三个阶层。

〔1〕 戴茂堂、江畅：《西方价值观念与当代中国》，湖北人民出版社 1997 年版，第 366 页。

〔2〕 杨和焰："论政治结构分化"，载《华南师范大学学报（社会科学版）》1999 年第 3 期。

这里我们主要探讨精神层面的文化结构，即人类在社会实践和意识活动中长期形成的价值观念、思维方式等。中国传统价值观念在价值观念的基点上是整体主义的，强调整体本位，道德被看作唯一价值。改革开放后，我国逐步向现代市场经济发展，当今中国的现代化取向就是要逐渐以市场经济取代自然经济和计划经济，以民主取代专制，这必然要求在价值观念上肯定个体的自主性。〔1〕

1978年以来，中国社会变迁在经济上基本建成了社会主义市场经济体制；通过单位制对社会生活各个方面进行全方位管理的“总体性社会”逐步弱化，个人权利得到逐步确认，一个相对开放的“多元社会”正在形成，个人的自主性不断增强。在娱乐、消费、婚姻等领域，个人的自我选择、自我设计的权利得到全面提升，自由选择的空间越来越广阔。〔2〕中国传统价值观念在向现代转型，人们逐步确立起自己的主体意识、消费意识、市场意识、幸福意识、法律意识等。〔3〕市场经济的发展同时也需要相应的社会意识予以补充。平等、开放、竞争等市场经济的特性被内化为平等观念、开放观念、竞争观念，动摇传统观念的同时形成了多元化的价值观。

文化价值观念的变迁也必然对婚姻家庭生活及其制度产生影响和挑战。经济上的独立和意识上的自我肯定，影响了人们的择

---

〔1〕 戴茂堂、江畅：《传统价值观念与当代中国》，湖北人民出版社2001年版，第367~368页、第562~563页。

〔2〕 李友梅等：《社会的生产：1978年以来的中国社会变迁》，上海人民出版社2008年版，第42页。

〔3〕 戴茂堂、江畅：《传统价值观念与当代中国》，湖北人民出版社2001年版，第209页。

偶观念、生育观念、离异观念和性观念，人们择偶自主性更强；不少年轻人开始组建丁克家庭；出现了闪婚、闪离现象，离婚率上升；对于性保持更加开放的态度，非婚同居情形增多。男女平等思想使夫妻之间的关系从传统的主从型逐渐走向平衡，夫妻权利趋于平等。人们的幸福意识增强，在婚姻家庭中更注重幸福感，注重感情因素，以感情为主要的择偶标准，2010 年全国妇联、中国婚姻家庭研究会和百合网联合推出《2010 年全国婚恋调查报告》，在对择偶标准的调查中，注重感情在所有备选择偶标准中列居第一位。然而，人们的市场意识观念增强也导致人际关系上会越来越注重利益保护，这也不免渗透到婚姻家庭关系中，人们的个人财产观念、法律观念也更强，出现纠纷时，倾向于寻求婚姻家庭制度的法律保护。

第二节　影响婚姻家庭制度的微观层面因素

影响婚姻家庭制度的因素除了上一节宏观层面的外部因素，还有内部因素，即微观层面因素：婚姻家庭变迁。微观层面的婚姻家庭变迁主要包括婚姻行为和家庭的结构状况、家庭内部关系以及家庭功能的变化。从外部因素来看，社会生产力的发展、社会政治制度的变革以及文化价值观念的转变是引起婚姻家庭变迁的主要社会影响因素；在此情形下，宏观层面的社会变迁通过微观层面的婚姻家庭变迁作用于婚姻家庭制度。从内部因素来看，微观层面婚姻家庭的变迁往往直接对婚姻家庭制度提出挑战和调适需求，并为婚姻家庭制度的发展提供现实依据。

一、择偶自主性增强

婚姻行为是男女两性结合的社会行为，具有满足人类社会需要的功能。一般可以把婚姻行为概括为存在于婚姻过程中的通过择偶、婚姻关系的确定与维持、婚姻权利的行使、婚姻的解体与重组等方式表现出来的社会活动。婚姻行为模式必定与特定的社会相适应，社会的政治、经济与文化的变迁也必然引起人们对婚姻行为模式作出相应改变。[1]婚姻源于择偶，择偶是社会成员根据一定的社会文化背景与个人条件选择异性伴侣的过程。

在中国的传统文化中，婚姻不仅是当事人男女双方的个人事务，而且是两个家庭之间的事务，因此出现了不少包办婚姻。而婚姻现代化的基本目标之一，就是把婚姻从家庭事务转变为一件纯属私人的事情。[2]因此，中华人民共和国成立后，我国1950年颁布的第一部《婚姻法》明确确立了婚姻自由原则，以此促使人们择偶方式的改变。1950年到1976年，完全包办婚姻下降到1.62%，半包办婚姻下降到7.13%，半自主婚姻增加到35.64%，完全自主婚姻增加到49.35%。[3]如果1950年《婚姻法》是促使了择偶自主，那么1980年《婚姻法》则是对择偶自主和婚姻自由的确认，是明确禁止干涉婚姻自由的行为。2008年，中国社会科学院社会学研究所在广州、杭州、郑州、兰州和哈尔滨五个城市

---

〔1〕雷洁琼主编：《改革以来中国农村婚姻家庭的新变化》，北京大学出版社1994年版，第169~172页。

〔2〕李银河：《中国婚姻家庭及其变迁》，黑龙江人民出版社1995年版，第46页。

〔3〕1993年中国社会科学院社会学研究所与北京大学社会学系等单位的社会学学者在北京、上海、成都、南京、广州、兰州与哈尔滨七个城市进行了城市家庭与婚姻问卷调查。沈崇麟、杨善华主编：《当代中国城市家庭研究》，中国社会科学出版社1995年版，第16页、第21页。

组织了“中国城市家庭结构和变迁”调查（后文简称2008年五城市调研），在择偶方式上，完全包办婚姻占2.4%，半包办婚姻占6.2%，半自主婚姻占60.6%，完全自主婚姻占18.2%。[1]与前一组数据对比，完全自主婚姻下降，主要是由于后一次调查中对半自主婚姻设定的问题是“本人决定，征求父母意见”，当代年轻人将婚姻自主界定为完全不考虑父母意见。对于子女婚姻的选择决定权，父母只是给予意见，事实上婚姻的选择决定权在于子女本身，因此，可以说现代意义上的半自主婚姻其实是实质上的自主婚姻，择偶方式经历了从包办婚姻—半包办婚姻—半自主婚姻—自主婚姻的变动轨迹，婚姻选择决定权的渐趋自主，自主婚姻居主导。但是，我们也注意到，对比前两组数据，包办婚姻依然存在。近些年，出生性别比不断攀升，据国家统计局公布数据，2014年末，我国大陆男性人口比女性多3376万，“80后”未结婚的人口男女比例为136∶100，“70后”未结婚的人口男女比例则高达206∶100，男女比例严重失衡。尤其是农村男性受到婚姻挤压的现象将更加严重，这不排除在一定程度上会助长包办婚姻，而且也应防止“本人决定，征求父母意见”演化为父母的单方决定权，因此，我国婚姻家庭制度应继续明确规定婚姻自由原则。

二、婚姻的维持兼具传统与现代因素

婚姻维持体现的是婚姻关系存续期间婚姻当事人在物质、精神、生活照顾等方面的状况，主要包括婚后居处方式、家务劳动分工和家庭权力分配。改革开放以来，随着现代化进程的推进，

---

〔1〕 马春华等：《转型期中国城市家庭变迁　基于五城市的调查》，社会科学文献出版社2013年版，第200页。

传统的婚姻维持模式受到不同程度的冲击与挑战，婚后居处方式的改变影响婚姻家庭平等原则的内容，家务分工的传统性要求我国在夫妻财产制和离婚补偿制度上的完善，家庭权力分配模式的改变要求婚姻家庭制度完善夫妻与第三人交易的规范等，婚姻维持的考察非常有助于我们研究婚姻家庭的夫妻人身关系制度和财产关系制度。

（一）婚后居处方式呈现多样性

所谓婚后居处，是指婚后第一次选择的住处。依据 1950 年《婚姻法》第 8 条的规定，男女双方可以约定婚姻住所，虽然这一条的规定在当时条件下是纠正人们对“倒插门”婚姻的歧视，但却自此确立了一条重要的婚后居处选择的规则：男女结婚后采取哪种居住形式由男女双方决定。[1]这在一定程度上对人们婚后居处方式的选择产生影响。而改革开放后，随着经济的发展，计划生育政策、商品房制度的改革、城镇化发展、农民职业结构和收入结构的变化等为独立门户进一步创造了条件，进一步地改变了婚后居处方式。2010 年，全国妇联和国家统计局联合组织实施的第三期中国妇女社会地位调查数据显示，女性有房产（含夫妻联名）的占 37.9%，男性为 67.1%。已婚女性中，自己名下有房产的占 13.2%，与配偶联名拥有房产的占 28.0%；男性分别为 51.7%和 25.6%。未婚女性中 6.9%拥有自己名下的房产，未婚男性为 21.8%。妇女社会经济地位的提升增加了妇女名下房产的占有率，对已婚妇女居住模式的总体趋势产生影响，在一定程度上降低了“从夫居”的比例，提高了“从妻居”的比例。在我国婚

〔1〕潘允康主编：《中国城市婚姻与家庭》，山东人民出版社 1987 年版，第 100 页。

居方式上，传统的"从夫居"婚居模式一直是主要婚居模式，"从妻居"婚居模式所占比例依然很低，但呈现上升趋势。

此外，在婚后居处方式上，存在城乡差异。由于城市父母享有较完善的社会保障，而农村地区缺乏相应的社会保障，在 90 年代末以前农村地区的"从夫居"模式一直占主导，独立门户的新居制较少。但是随着经济发展，农村的新居制有所增加，城市的"从夫居"从内容到形式都不同于农村的"从夫居"，在内容上最本质的区别在于，城市里的"从夫居"与居民对土地的占有和使用没有直接的联系。[1]

（二）婚后家务劳动主要由女性承担

家务劳动是家庭成员用于家庭内部自我服务和相互服务的劳动消耗。在我国传统的家庭中，奉行"男主外、女主内"的分工模式，家务劳动由女性承担。1949 年以来，妇女积极参与到社会劳动之中在一定程度上改变了妇女的社会地位，丈夫也逐渐参与到家务劳动中，但是妻子依然是家务劳动的主要承担者。1978 年实施改革开放后，妇女社会地位获得大幅提升，男女平等观念增强，夫妻家务劳动分工出现了新的变化。

2010 年城乡的职业女性在工作日期间从事家务劳动的时间分别为 102 分钟和 143 分钟，比 2000 年减少了 70 分钟和 123 分钟，上述数据显示夫妻家务劳动时间逐渐缩短，夫妻家务劳动时间的差距明显缩小。[2]但是这种紧缩并没有从本质上改变家务分工主

〔1〕 于光君："农村婚居模式与性别偏好"，载《湘潭大学学报（哲学社会科学版）》2014 年第 4 期。

〔2〕 杨菊华："传续与策略：1990—2010 年中国家务分工的性别差异"，载《学术研究》2014 年第 2 期。

要由妻子承担的模式。妻子依然是家务劳动的主要承担者，丈夫单独承担家务的比例呈现一定的上升趋势，但依然很低。

（三）婚后权力分配向平权型转变

家庭权力是家庭成员间相互影响的能力。夫妻双方的权力和地位是婚姻关系的重要内容。衡量夫妻双方权力的标准之一是看夫妻双方哪一方在家庭中决定重大事务或在家庭决策中真正掌握权力。家庭事务一般包括家庭日常开支、生育子女、子女升学或就业、投资或贷款、住房选择、从事何种生产、购买价值大的商品等。我国家庭在家庭权力分配上，经历了由过去的“父母权”转变为“夫妻权”，且夫妻权由夫主妻从型向平权型转变。

我国改革开放以来，随着年代的推移，夫妻权力分配总体呈现夫妻平权增强的趋势。2008 年五城市调研数据显示，对“家庭成员中谁更有实权”一问的回答，“夫妻共同”占 60.6%。在家庭重大事务中，“夫妻商量”所占比例最高，分别为“购买大件商品”（67.4%）、“是否要孩子”（87.3%）、“孩子升学”（81.7%）、“孩子就业”（80.2%）、“买房、盖房”（82.7%）、“本人工作调动”（70.0%）、“家庭投资、贷款”（79.9%）。在家庭日常事务决定权上，如“家庭日常支出”，“听妻子的”占 53.1%，居第一位，其次是“夫妻商量”，占 37.1%，再次是“听丈夫的”，占 9.7%。[1] 在所有与家庭未来发展有重大利益和重大财产利益的家庭事务上，夫妻双方共同享有决定权；妻子拥有较多的家庭日常开支执行权；在夫妻平权增强的同时，丈夫的单独家庭事务决定权有所减弱，妻子的单独家庭事务决定权处于上升趋势，但是妻主夫从型关系

〔1〕 马春华等：《转型期中国城市家庭变迁　基于五城市的调查》，社会科学文献出版社 2013 年版，第 181~189 页。

依然很微弱。

三、婚姻家庭解体加剧

一般认为，家里有一个或多个成员未能承担好自身的家庭角色义务，便会导致婚姻解体。婚姻解体的类型很多，如婚姻无效、分居、离婚和遗弃等。离婚往往是婚姻解体和家庭瓦解的极端形式，也是最常见的形式。[1]离婚率的变化往往伴随着社会家庭制度其他方面的变化，因此，离婚率往往也成为反映婚姻家庭变迁的一个有效指标。

50 年代初期由于当时战争结束、新社会制度建立、经济复苏和妇女就业增加及婚姻制度的重大革命等多重影响造成当时离婚率创纪录，60 年代初的三年严重困难一定程度又促使离婚数的递增，70 年代末的经济转型中的婚姻危机显性化，离婚率持续上升。改革开放后，随着我国市场经济的发展和个体意识的增强，我国婚姻家庭的稳定性受到冲击，离婚率剧增。民政部和国家统计局自 1979 年开始才有相关的婚姻统计，1979 年中国的粗离婚率[2]为 0.3‰，1990 年上升到 0.7‰，2000 年粗离婚率约为 1.0‰，2008 年粗离婚率为 1.71‰，2013 年粗离婚率约为 2.6‰。[3]其中，我国还呈现离婚人口趋向年轻化的态势，青壮年占多数。1985 年全国离婚案件中，离婚当事人的年龄介于 26—35 岁的占 60%以上。[4]

---

〔1〕［美］威廉·J. 古德：《家庭》，魏章玲译，社会科学文献出版社 1986 年版，第 207~209 页。

〔2〕粗离婚率：年平均每千人口的离婚对数。

〔3〕叶文振、林擎国："当代中国离婚态势和原因分析"，载《人口与经济》1998 年第 3 期。

〔4〕叶文振、林擎国："当代中国离婚态势和原因分析"，载《人口与经济》1998 年第 3 期。

第四次全国人口普查数据显示，年龄在 35 岁以下的离婚人数占离婚总人口的 31.6%，年龄在 35—44 岁的离婚人数约占 24.5%。第五次全国人口普查数据显示，按照年龄分布，离婚人数占离婚总人口的比例第一位和第二位分别是 35—39 岁（19.65%）和 30—34 岁（18.05%）。其中 30—39 岁的离婚人数总计约占 38.15%。民政部发布的《2022 年民政事业发展统计公报》显示，2022 年，全国全年办理离婚手续人数为 287.9 万对，比上年增长 1.4%，其中民政部门登记离婚 210.0 万对，法院判决、调解离婚 77.9 万对，总体离婚率为 2.0‰。

四、家庭结构核心化与多样化

家庭结构是在婚姻关系和血缘关系的基础上形成的代际结构与人口结构的共同生活关系统一体。[1]家庭结构受社会生产方式、经济条件、人口、传统观念等诸多因素影响。家庭结构的变迁将对家庭中的亲子关系、夫妻财产关系产生明显影响，影响未成年子女监护制度、夫妻财产制等婚姻家庭制度的完善。

中国传统的小农经济社会决定了中国传统家庭结构是几代人同住的主干家庭或者联合家庭。改革开放以来，经济体制的转型促使我国传统的家庭规模和家庭结构发生变化。现代化生产的发展、人口老龄化程度加深、人口迁移流动增多、城市化水平提高以及住房状况改善等因素促使我国的家庭结构和家庭规模也随之发生变迁，主要呈现“家庭规模小型化、家庭结构核心化和家庭

〔1〕 杨善华编著：《家庭社会学》，高等教育出版社 2006 年版，第 37~38 页。

模式多样化”的特征。[1]

依据第六次全国人口普查数据，2010年平均每个家庭户的人口为3.10人，比2000年第五次全国人口普查的3.44人减少0.34人，户均人数总体呈现下降趋势，家庭户规模继续缩小。[2]第七次全国人口普查数据显示，平均每个家庭户的人口为2.62人，比2010年的3.10人减少0.48人。从表1-1所列历次调查家庭结构对比数据来看，核心家庭比例逐渐上升，从1983年的66.4%到1993年的67%，再到2008年的70.2%，并占主要地位；主干家庭总体下降，从1983年的24.3%到2008年的14.0%；联合家庭迅速减少，从1983年的2.3%到2008年的0.2%；单身家庭迅速增加，从1983年的2.4%到2008年的12.0%。家庭结构日趋简单，核心家庭成为主流家庭模式。此外，家庭类型呈现多样化。由于离婚率的上升，单亲家庭和单身家庭增多，中国2006年有800多万个单亲家庭，并以每年2.3%的速度增长；跨国婚姻家庭增多；同居家庭作为一种新的家庭形式出现。[3]

---

〔1〕王跃生：“中国城乡家庭结构变动分析——基于2010年人口普查数据”，载《中国社会科学》2013年第12期。

〔2〕“第六次全国人口普查主要数据发布”，载国家统计局官网，https://www.stats.gov.cn/sj/zxfb/202303/t20230301_1919256.html，最后访问时间：2015年1月8日。

〔3〕本书所使用的家庭结构形式主要是按家庭的代际层次和亲属关系划分，包括：（1）单身家庭：只含一人的家庭。（2）核心家庭：含一对夫妇及其未婚子女的家庭。（3）主干家庭：含两代以上夫妻组成、每代最多只有一对夫妻且中间无断代和夫妻均健在的家庭。（4）联合家庭：指家庭中任何一代含有两对以上夫妻的家庭，包括其中一对是残缺的。（5）隔代家庭：指由三代以上组成的中间断代的家庭。（6）同居家庭：居住在一起的伴侣、没有履行婚姻手续。（7）其他家庭：以上几种类型以外的其他家庭。马春华等：《转型期中国城市家庭变迁　基于五城市的调查》，社会科学文献出版社2013年版，第137~138页。

表 1-1　1983—2008 年历次调查家庭结构对比〔1〕

家庭结构	2008 年的调查	1993 年的调查	1983 年的调查
单身家庭	12.0%	1.8%	2.4%
核心家庭	70.2%	67.0%	66.4%
主干家庭	14.0%	25.3%	24.3%
联合家庭	0.2%	2.2%	2.3%
隔代家庭	2.7%	2.2%	
同居家庭	0.8%		
其他	0.1%	1.7%	4.6%
合计	100%	100%	100%

注：因百分比四舍五入取小数点后一位，存在求和不等于百分之百的情况，为正常现象。

五、家庭功能趋向现代化

所谓家庭功能，是指家庭对于人类的功用和效能。通常认为，家庭功能包括“生产、消费、生育、教育、赡养、抚育与感情满足”等功能；改革开放以来，我国开始了工业化、城市化和现代化进程，在此影响下，我国的家庭功能变迁也呈现现代化趋势。〔2〕

（一）家庭核心功能由生产功能向情感功能转变

传统家庭的两大功能是生产和生育。工业革命使传统家庭解

〔1〕马春华等：《转型期中国城市家庭变迁　基于五城市的调查》，社会科学文献出版社 2013 年版，第 140 页。单身家庭中包括 1.6%的集体户被访者；2008 年的核心家庭包括了标准核心家庭、同居不共财的核心家庭、不同居共财的核心家庭、单亲家庭、无子女的夫妻家庭和空巢的夫妻家庭。

〔2〕杨善华编著：《家庭社会学》，高等教育出版社 2006 年版，第 7 页。

体，家庭的生产功能与生活功能相分离，生育与教育功能相分离。从20世纪50年代开始，计划经济体制下的高度集权把生产功能从家庭转移到社会外部，我国传统的家庭生产功能逐渐退化。20世纪70年代末，我国开始实行农村家庭联产承包责任制，20世纪90年代开始城镇私有经济新兴，这些推动了我国家庭生产功能在一定范围内的恢复。[1]随着市场经济的发展和农村乡镇企业的异军突起，大批原来被束缚在土地上的剩余劳动力开始转移到其他行业或产业之中。农业生产作为小生产者的农民家庭的生产功能在家庭经济中所占地位越来越低，家庭的生产功能开始萎缩，并更多地从农业转移到其他方面。这时农民家庭生产功能的变化趋势是从离开核心功能的地位到逐渐消失。在城市中，除少数个体劳动者和工商业者外，家庭生产功能越来越社会化，绝大多数的家庭已不再担当生产功能。此外，“在家庭职能社会化的同时，又出现了家庭职能部分回归的现象，如夫妻工厂、夫妻商店等”。[2]然而这不能改变家庭生产核心功能的转变。家庭核心功能不可扭转地从生产功能单位转变为情感满足功能的单位，缔结婚姻、组织家庭的目的主要在于满足人们的感情需求。[3]

（二）生育、教育与赡养功能的变化

在生育、教育与赡养功能方面的变化主要体现在以下几个方面。(1) 20世纪70年代末，我国在全社会推行计划生育政策，人口再生产被列入国家计划，家庭生育子女的数量普遍减少到一个，生育率大幅降低，家庭的生育功能开始削弱，家庭生育功能

---

〔1〕邓伟志、徐新编著：《家庭社会学导论》，上海大学出版社2006年版，第61页。
〔2〕王义祥：《当代中国社会变迁》，华东师范大学出版社2006年版，第20页。
〔3〕杨善华编著：《家庭社会学》，高等教育出版社2006年版，第60~61页。

呈现退化的趋势。面对这一状况，考虑我国人口老龄化问题，国家对生育政策作出相应调整。2013 年开始正式实施“单独二孩”政策，2016 年我国又实施全面放开二孩政策，2021 年 8 月 20 日，全国人民代表大会常务委员会会议表决通过了关于修改人口与计划生育法的决定，规定一对夫妻可以生育三个子女。这些政策在一定程度上必然促进家庭生育功能的恢复。（2）教育功能出现分化，家庭不再是子女社会化的重要场所。在中国传统社会中，教育本是家庭的一项重要功能。20 世纪 80 年代以来，在工业化和现代化的进程中，教育功能开始从家庭中分离出来，由社会兴办的学校来替代，家庭只承担了部分的儿童社会化的功能。（3）赡养功能开始弱化。赡养老人是我国的优良传统，并在我国婚姻家庭法中被确立为子女的义务。但家庭生育功能的退化也使家庭养老面临着严峻的挑战，伴随着家庭结构的小型化，夫妇式家庭增多，传统直系家庭的“同居共财”的模式发生改变，在一定程度上削弱了家庭的赡养功能；〔1〕核心家庭的“新户居”增多，传统直系家庭减少，产生了一些空巢家庭和老龄鳏寡孤独家庭，“在很大程度上削弱甚至割裂了老人与子女在赡养方面的日常生活照顾和情感联络”。〔2〕人口流动和居住模式的变化拉大了亲子之间的空间距离，降低了子女照料父母的便利性；现代通信技术的发展冲淡和减少了面对面的情感联络和思想沟通交流，使赡养中的情感慰藉功能弱化。〔3〕

---

〔1〕 邓伟志、徐新编著：《家庭社会学导论》，上海大学出版社 2006 年版，第 62 页。

〔2〕 唐灿：“中国城乡社会家庭结构与功能的变迁”，载《浙江学刊》2005 年第 2 期。

〔3〕 杨菊华、何炤华：“社会转型过程中家庭的变迁与延续”，载《人口研究》2014 年第 2 期。

（三）消费功能多元化

社会发展程度对家庭的消费能力、消费水平、消费行为模式和消费观念产生影响。改革开放以后，随着经济持续发展，我国居民收入迅速提高，居民的消费能力得到很大提高，居民的消费层次迅速提升，消费方式呈现多元化。随着家庭消费水平的不断提高，消费构成由过去的“吃、穿、用”逐步转向“用、穿、吃”，并且家庭消费支出中家庭耐用消费品占据很大一部分。家庭中的消费越来越民主，改革开放后，随着家庭关系由纵向型向平权型转化，家庭收入的多元化，我国的家庭消费已经由家长决定逐步变成家庭成员互相协商、民主消费。〔1〕

改革开放以来，家庭功能的向现代化趋势发展，直接影响夫妻人身关系和财产关系、亲子关系制度，家庭功能核心化和多样化对未成年子女监护产生直接影响，要求在监护方式上予以完善；家庭教育和赡养功能的社会化对婚姻家庭制度立法中的传统性与现代性协调提出更大的挑战；消费功能的多元化对家庭中日常家事代理制度提出制度构建需求等。

六、家庭关系向平权型转变

家庭关系是指“家庭成员之间的关系，如夫妻关系、父母子女关系、兄弟姐妹关系等”。〔2〕在传统中国家庭中，纵向的代际关系要重于横向的夫妻关系。直到20世纪90年代，伴随着家庭的小型化，核心家庭居多数，家庭关系的重心逐渐由纵向向横向转移。从家庭关系的重心来看，家庭关系从以往的以亲子为中心

---

〔1〕杨善华编著：《家庭社会学》，高等教育出版社2006年版，第185~187页。

〔2〕杨善华编著：《家庭社会学》，高等教育出版社2006年版，第7页。

转向以夫妻为中心，夫妻关系在家庭关系中居于主导地位。从夫妻关系权力分配来看，伴随工业化的进程，女性开始就业，这使家庭经济收入和消费支出从过去主要由家庭中的户主劳动提供转变成由夫妻共同收入承担。女性经济的独立和家庭中丈夫与妻子的收入趋于平等使夫妻关系首先在家庭内部发生变化，丈夫开始和妻子共同分担做饭、照顾孩子与老人等家务劳动；妻子对家庭事务拥有更多的发言权，夫妻的家庭事务决定权也渐趋平等。从夫妻关系的功能实现来看，夫妻关系的维系已经不再是因为经济或家庭子女因素，人们更注重双方的情感满足。这主要是由于夫妇式家庭同扩大亲属及周围社区的联系减少，家庭和社区联系的削弱应该通过家庭成员之间更加亲密的情感和关系加以补偿，所以夫妇之间的情感依赖就更为需要了。〔1〕家庭关系的变迁影响婚姻家庭制度的倾斜性立法，对婚姻家庭制度中的平等内涵、夫妻约定财产制等提出新的要求。

---

〔1〕［美］马克·赫特尔：《变动中的家庭——跨文化的透视》，宋践等编译，浙江人民出版社 1988 年版，第 214~217 页。

第二章

社会变迁与婚姻家庭制度的关系模式

法与社会变迁的关系研究离不开宏观层面的考察，宏观层面的研究有助于从社会结构的大系统出发，分析经济、社会背景对法律的需求和影响，以及法律在社会中的作用，从而确定法律的发展方向，为法律制度的调适和法律观念的更新提供依据。改革开放以来，我国社会变迁与婚姻家庭制度宏观层面的关系研究，旨在探究宏观层面的社会变迁对婚姻家庭制度的需求和影响，以及婚姻家庭制度对社会变迁的回应，厘清二者的作用规律和特点，这对我国当下婚姻家庭立法的革新和未来发展均有裨益。

本章主要是从宏观层面考察改革开放以来我国宏观层面的社会变迁与婚姻家庭制度内在价值和外在规范的关系。这里的宏观层面包括两层含义：其一，此处探讨的社会变迁主要是宏观的，包括政治、经济、文化和社会的变迁，如前所述，影响我国婚姻家庭制度变迁的主要包括改革开放以来我国向市场经济体制转变的经济结构调整，政治日益民主化、法治化的政治结构调整以及具有多元化价值观特点的文化结构。其二，探讨社会变迁对婚姻家庭制度的宏观性影响，即社会变迁对婚姻家庭制度大的方面、整体方面的影响，笔者将其分为婚姻家庭制度内在价值和外在规范两个整体层面。这里需要另外提出的是宏观层面的社会变迁与微观层面的社会变迁对婚姻家庭制度的影响绝对不是截然分开的，两者是相辅相成、密切联系的，因此，本章在宏观性论述中不可避免地会穿插一些微观层面社会变迁的内容。

第一节　社会变迁对婚姻家庭制度价值的影响与回应

法律价值一般是指作为主体的人与作为客体的法之间需要和满足的关系。婚姻法的价值是指婚姻制度规范所具有的能够满足婚姻家庭主体需要的功能和属性。[1]婚姻家庭制度往往只有在社会文化与价值的层面形成才能发挥实际的效用，婚姻家庭制度同时也具有对普遍婚姻家庭文化与价值的导向与整合作用。在社会发生变迁的情形下，婚姻家庭制度内在价值与外在规范必须及时回应社会变迁，并且协调统一。

我国古代的婚姻家庭关系受伦理规范制约，传统的婚姻家庭制度价值即伦理道德，如三纲五常中亲子关系所体现的父权本位，夫妻关系所体现的男权本位。我国现代婚姻家庭制度的内在价值的规定主要体现在现行《民法典》婚姻家庭编的“一般规定”部分，婚姻家庭编规定了婚姻家庭法的基本原则，以此引导人们的婚姻家庭行为。这些原则包括婚姻自由，一夫一妻制，男女平等，保护妇女、儿童、老年人和残疾人合法权益四项原则。这些原则是在中华人民共和国成立后以及改革开放后随着社会变迁逐步确立的，但是宏观层面的社会变迁与婚姻家庭变迁的继续，必然赋予婚姻家庭制度的内在价值以新的内涵，影响婚姻家庭制度的内

〔1〕刘传刚、方利民：“论婚姻法的价值”，载《辽宁师范大学学报（社会科学版）》2003年第2期。

在价值的界定和构建，本部分将对此进行分析。

一、个人意思自治

意思自治是指“当事人依据自己的意志创设民法上的权利义务”。[1]在婚姻家庭关系中，意思自治即指在法律规定的条件限度内婚姻当事人按照自己的意志实施婚姻家庭行为，安排自己的权利和义务而不受他人非法干涉。

在婚姻家庭关系中，意思自治经历了一个逐步得到确认和丰富完善的过程。1950年《婚姻法》作为中华人民共和国成立以来的第一部《婚姻法》，确立了婚姻自由原则，肯定了意思自治在婚姻家庭关系中的适用。然而，事实上，该部《婚姻法》对婚姻自由原则的规定更多是基于当时特定的条件，其目的在于废除不平等的旧民主主义的婚姻制度，建立以婚姻自由为基础的新民主主义婚姻制度；实现妇女的解放，以满足当时社会生产生活的需要。[2]改革开放以来，政治结构的变迁、市场经济和文化教育的发展才真正开启了婚姻家庭关系中的意思自治。意思自治在婚姻家庭关系中在更广泛的范围和程度上得到承认。

(1) 婚姻缔结和解除上的个人意思自治。随着当代中国的经济体制从计划经济向市场经济转变，“以产权多元化和经济运作市场化为基本内容的经济体制改革直接促进了一个具有相对自主性的社会的形成”。[3]市场经济建立在个人主义和人格独立的价值

〔1〕 王卫国主编：《民法》，中国政法大学出版社2012年版，第12页。

〔2〕 马云驰：“《婚姻法》的变迁与社会价值观念的演变”，载《当代法学》2003年第8期。

〔3〕 孙立平等：“改革以来中国社会结构的变迁”，载《中国社会科学》1994年第2期。

基础之上，在这一价值导向下，人们追求个人权利的最大化，这必然激发人们的主体意识和自主精神，改革开放使人们开始注重个体、追求自由，这也必然促使人们越来越重视个人在婚姻家庭关系中的感受和价值。人们择偶自主性越来越强，基本完成了从包办婚姻向自主婚姻的转变，实现了婚姻选择决定权的完全自主。在市场经济的冲击下，择偶标准由重家庭条件、家庭背景转为更重个人条件、个人素质，从以家庭意志为主向以个人自主意志为主转变。在不违反法律强制性规定的前提下，是否缔结婚姻，与谁缔结婚姻，以及是否解除婚姻由婚姻当事人自己决定，实现了真正意义上的结婚自由和离婚自由。改革开放以来，我国在婚姻缔结和解除上的个人意思自治内容不断丰富和完善。①对婚姻缔结意思自治的规定。随着人们对离婚观念和再婚观念持更加宽容自由的态度，1980 年《婚姻法》删除了 1950 年《婚姻法》第 2 条规定的“禁止干涉寡妇婚姻自由”。2001 年修正的《婚姻法》第 2 条延续规定了婚姻自由原则，并在第 5 条和第 31 条明确规定结婚完全自愿和离婚自愿。《民法典》婚姻家庭编第 1041 条第 2 款沿袭了该条款规定。与此同时，不仅在调整婚姻家庭关系的基本法中规定婚姻缔结和解除上的个人意思自治，随着老年人情感生活和精神需求增加，早在 1996 年制定的《老年人权益保障法》明确规定老年人的婚姻自由受法律保护。②对婚姻解除意思自治限制的规定。目前，我国对婚姻当事人解除婚姻意思自治的限制主要包括两种情形：第一种是对男方离婚请求权的限制，1980 年《婚姻法》第 27 条规定“女方在怀孕期间、分娩后一年内，男方不得提出离婚”，2001 年《婚姻法》修正时，新增“中止妊娠后六个月内”这一限制情形，但对女方在上述期间的婚姻解除自由不做限制。第二种是配偶一方是军婚的情形，1980 年《婚姻法》第 26 条规定现役军人的配偶要求离婚，须征得军人同意，2001 年《婚姻法》修正时，新增了一个但书条款“但军人一方有重大过错的除外”，这在一定程度上放宽了对非军人配偶一方婚姻解除的限制，保障了其婚姻解除的个人意思自治。可见，随着年代的推移和社会变迁，人们对婚姻家庭关系中的个人意思自治有不同的需求，婚姻家庭制度及其他相关制度应作出相应的回应。但是，婚姻缔结和解除上的个人意思自治在我国现行婚姻家庭制度中并没有得到完全的回应，如对于可以选择何种形式结合或不结合的自由（如同性结合、非婚同居、单身家庭等），我国婚姻家庭制度至今无法予以明确回应或正面回应。

（2）在婚姻登记程序上，伴随着政治结构改革的不断深入，我国的婚姻登记程序不断完善，以保障婚姻当事人婚姻缔结和解除的程序自由。改革开放以来，随着政治结构的变迁，政治日益民主化和法律化，政治生活的民主性和开放度得到提高。在国家和个人的利益关系上，“个人的利益需求日益得到关注，并日渐成为社会利益格局博弈的主体”。[1]在国家对个人事务管理的范围上，国家对于个人的管理范围正在缩小，个人的自主性明显增强。但在婚姻登记程序上，为了规范婚姻行为，保证我国《婚姻法》的实施，1986 年民政部发布了《婚姻登记办法》，明确规制婚姻登记行为。随着经济体制改革的进一步深化，1988 年的中央政府改革明确了转变政府职能，1992 年党的十四大提出建立社会主义市场经济体制，要求建立适应社会主义市场经济发展需要的政府

---

〔1〕 孙立平：“利益关系形成与社会结构变迁”，载《社会》2008 年第 3 期。

组织机构，我国开始实施行政管理体制和国家机构改革，减少行政管理的高度集中性和全面强制性。响应政府机构改革的号召，1994 年发布了《婚姻登记管理条例》，只是该条例更多是从国家机构改革的角度强调和规范了婚姻登记机关的行政管理职能；直到 2003 年《婚姻登记条例》，将条例名称中的“管理”二字删除，以个人签字声明取代婚姻状况证明，逐步淡化了婚姻登记的行政管理色彩，更加体现我国婚姻法尊重当事人的个人意思自治。〔1〕继 1992 年党的十四大提出政府职能应从指令性、计划性管理逐渐转换到为市场服务上来，我国不断推进政府职能转变，改变计划经济下的全能型政府模式。2007 年党的十七大首次提出建设服务型政府。2013 年党的十八届三中全会明确将加快推进政府职能转变。这一系列改革促进我国婚姻登记部门由管理职能向服务职能转变，2012 年 7 月 24 日，民政部宣布已建立省级婚姻登记工作网络平台和数据中心，实现了在线婚姻登记和婚姻登记信息全国联网审查；并有望实现结婚异地登记，这将更有利于婚姻当事人婚姻自由的实现。〔2〕

（3）在家庭关系上的意思自治，表现为夫妻权利内容增多且更加自主。意思自治“体现了私法的核心价值，私法最重要的特点即为个人自治或其自我发展的权利”。〔3〕改革开放后，人们逐渐放弃了对私权神圣和私法自治的批判态度，转而确立了私权神圣和私法自治理念，在物权、合同等领域确立了私法自治

---

〔1〕 巫昌祯、夏吟兰：“改革开放三十年中国婚姻立法之嬗变”，载《中华女子学院学报》2009 年第 1 期。

〔2〕 “民政部召开婚姻登记信息全国联网新闻发布会”，载民政部官网，https://www.gov.cn/gzdt/2012-07/24/content_2190555.htm，最后访问时间：2015 年 12 月 13 日。

〔3〕 ［德］罗伯特·霍恩、海因·科茨、汉斯·G. 莱塞：《德国民商法导论》，楚建译，中国大百科全书出版社 1996 年版，第 90 页。

理念。[1]在婚姻家庭法中伴随着意思自治观念的渗透，权利观念也在婚姻家庭关系中得到张扬。配偶权、婚姻权利在理论上被广泛探讨，而且在立法上更多地确认和保障夫妻权利。其一，在夫妻财产关系上。随着经济结构的变迁，人们财富不断增长直接影响夫妻个人对婚姻家庭财产的支配，并且随着家庭关系由纵向型向平权型转化，以及家庭收入的多元化，家庭消费发生从以家庭为单位到以个人为单位的转变，个人对家庭财产的支配自由度增强，家庭财产支配权更加自主。鉴于此，夫妻约定财产制和个人特有财产制在婚姻法的发展中得到确认和完善。其二，在家庭事务决定权上。我国家庭结构趋于小型化，当代家庭构成呈现核心家庭水平降低、直系家庭稳定和单人户家庭上升的格局，夫妻关系成为家庭关系的轴心。这些必然引起我国家庭在家庭权力分配上由过去的“父母权”转变为“夫妻权”，而夫妻权又由夫主妻从型向平权型转变。夫妻共同体相对于直系家庭的父母、夫妻个人相对于夫妻共同体在家庭事务决定权上更加自治。如我国《婚姻法》一直规定了“平等处理权”，这一规定赋予了夫妻对共同所有的财产的使用、处分等权利，而且享有财产处理权的主体只能是夫妻。其三，在夫妻人身关系上，夫妻人身权利在更大范围内得到保障。随着我国《民法通则》确立自然人的生命健康权、姓名权、婚姻自主权等人身权，人们对人身权的权利观念更加深刻，我国婚姻家庭法律也相继规定夫妻间拥有独立的姓名权、人身自由权和生育自由权等内容。1980 年《婚姻法》在 1950 年《婚姻法》的基础上对夫妻双方婚姻关系存续期间的人身自由给

〔1〕 柳经纬：《当代中国私法进程》，中国法制出版社 2013 年版，第 9~10 页。

予更加明确的界定，在“选择职业、参加工作和参加社会活动的自由”的基础上，增加了“学习”的自由；2011 年《最高人民法院关于适用〈中华人民共和国婚姻法〉若干问题的解释（三）》第 9 条间接地增加了对妻子生育自由权的规定。

二、平等价值

平等的类型一般体现为法律面前的平等、法律中的平等和不得歧视的特别命令。[1]我国《宪法》（2004 年修正）第 33 条第 2 款规定了公民在法律面前一律平等，第 48 条第 1 款规定妇女在政治、经济、文化、社会和家庭生活等方面享有同男子平等的权利。我国现行民事立法也确认了平等原则，已经废止的《民法通则》第 3 条规定：“当事人在民事活动中的地位平等。”《民法典》婚姻家庭编第 4 条继续确立了平等原则，规定民事主体在民事活动中的法律地位一律平等。平等原则要求民事主体之间平等相待；既强调民事主体抽象意义的人格平等，又注重弱势意义上的平等对待。[2]在婚姻家庭法学理论中，平等主要表现为男女平等原则，是指男女两性在婚姻关系和家庭生活的各个方面都享有平等的权利，承担平等的义务。[3]在婚姻家庭关系中，1950 年《婚姻法》规定了“男女权利平等”“夫妻家庭地位平等”“夫妻双方对于家庭财产平等的所有权与处理权”和“非婚生子女与婚生子女的同等权利”。1980 年《婚姻法》和 2001 年修正的《婚姻法》继

---

〔1〕 徐国栋：“平等原则：宪法原则还是民法原则”，载《法学》2009 年第 3 期。

〔2〕 王轶：“论民法诸项基本原则及其关系”，载《杭州师范大学学报（社会科学版）》2013 年第 3 期。

〔3〕 杨大文主编：《婚姻家庭法》，中国人民大学出版社 2015 年版，第 53 页。杨立新：《家事法》，法律出版社 2013 年版，第 16 页。

续作出了同样规定，只是将“男女权利平等”修改为“男女平等”，将“财产的平等所有权和处理权”修改为“共同财产的平等处理权”。《民法典》婚姻家庭编第1042条第2款和第1062条第2款承袭了上述规定。可见，在我国婚姻家庭立法中，婚姻关系中的“平等”主要表现为家庭成员中男女平等、夫妻法律地位平等、共同财产平等处理权以及非婚生子女与婚生子女同等权利。改革开放以来，随着社会变迁，婚姻家庭关系中的平等在主体、内容、范围上发生了相应的变化。

（一）婚姻家庭中平等主体的变迁

随着我国政治、经济、文化等社会变迁，我国婚姻家庭中的平等主体，从应然角度，应该是经历一个男女平等—代际平等—夫妻平等—家庭成员之间的平等的发展路径。在这一变迁过程中，有的平等主体形态在婚姻家庭制度中得到回应，有的没有得到及时回应。（1）男女平等，即我国现行婚姻法中所述的男女两性在婚姻关系和家庭生活的各个方面都享有平等的权利，承担平等的义务。男女平等一直是我国婚姻家庭立法的中心。在婚姻家庭法立法早期，为了根除我国男尊女卑、重男轻女的封建思想和传统的男权思想，以及基于妇女解放以恢复和发展生产力服务的需要，1950年《婚姻法》便提出男女权利平等和法律地位平等。改革开放以来，性别平等和妇女发展依然一直是政府和社会关注的重大问题。20世纪70年代末至80年代，男女平等被确定为“社会主义原则”，1992年《妇女权益保障法》更加系统具体地阐述“男女平等”。1995年在北京召开的联合国第四次妇女大会通过《北京行动纲领》，明确提出男女平等作为我国的基本国策，性别意识和性别平等再一次被强调。进入21世纪，我国政府将性别平等作为构建社会主义和谐社会的重要内容，男女平等被视为社会和谐的重要特征之一。[1]这一系列法律、政策以及国际文件对男女平等的强调，也促使我国婚姻法一直强调以男女平等来调整婚姻家庭关系，建设家庭内的社会性别平等秩序。(2) 代际平等，主要是指在直系家庭中，父母与一起生活的已婚子女夫妇在家庭生活中法律地位的平等。在传统中国家庭中，家庭关系以纵向的代际关系为主，横向的夫妻关系往往处于从属地位。在改革开放早期，家庭关系的轴心开始由亲子关系向夫妻关系转变，但是由于生产的需要和住房限制，父母辈与已婚子女辈同居共财的居住模式在短时间内并没有改变，因此，在改革之初，代际平等应是婚姻家庭法的调整中心，以加速家庭关系及其相关婚姻家庭制度的现代化发展。直至 90 年代初，由于人们长期深受代际不平等的父权传统的影响，加上这一时期夫妻财富增长速度和数量不那么明显和普遍，代际平等并没有在相关立法中引起回应。(3) 夫妻平等。直到 20 世纪 90 年代，伴随着家庭的小型化，核心家庭居多数，家庭关系的重心逐渐由纵向转移到横向，在家庭关系中，夫妻关系越来越受到重视，纵向的代际关系处于次要地位。在当代社会，家庭收入往往由夫妻收入共同构成，女性不仅能更加自主决定自身事务，而且在日常事务决定与家庭重大事项上与丈夫享有平等的权利。此时，夫妻平等成为婚姻家庭法的调整重心，要求在夫妻人身关系制度和财产关系制度上加强夫妻权利平等的立法。但是我国对夫妻平等的立法始终伴随男女平等这一立法原则，注重夫妻权利平等，停留在保障女性一方在婚姻家庭生活中能够平等

---

〔1〕 韩贺南、张李玺："改革开放以来男女平等概念的基本内涵与演变"，载《妇女研究论丛》2014 年第 3 期。

地享有和行使与男性同等的权利这一倡导性意义的立法，没有注意到婚姻家庭关系中夫妻平等地履行义务才能保障平等地行使权利。比如缺乏平等承担家务劳动等相关规定，实际上妻子是很难有时间和精力去参加社会娱乐活动的。(4) 家庭成员之间的平等。进入21世纪，核心家庭虽然是当代主要的家庭结构类型，但是新型的当代直系家庭依然存在；虽然已经不再是固守过去严格的同居共财的方式，但是以夫妻为核心的家庭成员均有机会参与家庭事务，家庭范围内不适宜用“男女平等”来指称，仅以“男女平等”这一表述不能反映婚姻家庭领域的自身特点。2001年修正的《婚姻法》在肯定男女平等和夫妻平等的基础上，在第4条规定“家庭成员间应当……维护平等……婚姻家庭关系”，将平等原则扩展到适用于家庭所有成员，并且在父母与子女关系方面回避“亲权”，将“管教和保护”修改为“保护和教育”，强调父母与子女地位平等。〔1〕因此，笔者认为现代意义上的婚姻平等应指称以夫妻平等为核心的家庭成员之间的平等，不应局限于男女平等的表述。

（二）婚姻家庭中平等的内容和范围变迁

20世纪50年代，基于当时的政治和生产发展需要，国家大力提倡男女平等，多数妇女得以走出家门，投入社会化大生产，促使了女性的解放和两性权利义务的平等。但“远远没有获得完全的个体意义上的解放”。〔2〕改革开放以来，一方面，受国际趋势的影响，1994年在开罗召开的联合国人口与发展大会通过的《行

〔1〕 彭黎：“社会性别视角下的婚姻家庭立法理念研究”，东北师范大学2013年硕士学位论文。

〔2〕 左际平：“20世纪50年代的妇女解放和男女义务平等：中国城市夫妻的经历与感受”，载《社会》2005年第1期。

动纲领》确立了促进男女平等原则，我国政府对男女平等予以强调，制定了大量的法律政策以实现男女平等，如1995年国务院颁布了关于促进性别平等与妇女发展的专门规划《中国妇女发展纲要（1995—2000年）》。另一方面，改革开放以来，伴随着经济的独立，女性寻求“独立、自主、平等、发展”的意识也逐渐增强。在文化教育上，女性享有与男性平等的受教育权利和机会；市场经济的快速发展扩大了女性自由择业的空间。2005年8月国务院发布的《中国性别平等与妇女发展状况》白皮书中，男女平等的内涵进一步深化，更加关注不同性别的人拥有的人格尊严和价值平等及在权利、机会和责任方面的平等。[1]在婚姻家庭制度中，婚姻家庭领域的平等必然以夫妻个体平等为前提，上述法律政策和变迁对婚姻家庭的直接影响就是男女平等成为我国婚姻家庭立法的指导原则，促使我国的婚姻家庭立法确立和强化了夫妻个体在姓名权、人身自由权、子女教育权、财产所有权和处理权、扶养请求权、财产继承权等人身权利和财产权利上的平等。再则，改革开放以来，随着妇女政治、经济和文化教育地位的提升，夫妻共同成为家庭的经济支撑，夫妻权力分配总体呈现夫妻平权增强的趋势，居住模式“新户居”逐渐增多。平等在婚姻家庭关系中的含义和意义也发生了相应的变化，家庭成员从早期总括性的法律地位平等，发展成为人身权利和财产权利的平等，以及家庭生活中家庭权力分配上、家庭事务决定权上的婚姻家庭生活的各方面平等。从我国婚姻家庭的立法过程来看，夫妻人身权利的平等自1950年《婚姻法》以来一直得到确认和规定；夫妻财产权利

〔1〕 谭琳、姜秀花主编：《中国妇女发展与性别平等：历史、现实、挑战》，社会科学文献出版社2012年版，第72~77页。

平等经过婚姻法的多次修改和司法解释的补充性规定得到更多的确认和保护，如约定财产制、删除个人财产转化的规定等；但是有关婚姻维持的夫妻婚姻家庭生活中的平等少有提及。

（三）婚姻家庭中形式平等向实质平等的转变

一般而言，平等观有两种：实质平等和形式平等。实质的平等是结果的均等，形式的平等是机会的平等。现代民法上的平等原则是既强调抽象的人格平等，又注重实质意义上的平等，即对弱势一方的倾斜性保护。在我国传统社会的婚姻家庭中，男方一般是处于强势意义的一方，女方一般是处于弱势意义的一方。改革开放以来，女性在教育、就业等方面获得了与男性同等的法律地位，女性的法律地位和社会地位得以提升。但在婚姻家庭中，女性的家庭地位仍然是处于弱势的一方：其一，家庭收入格局。改革开放以来，妻子的经济独立使家庭收入格局发生了变化，但从总体上来看，家庭中男方收入往往高于女方。其二，婚居模式。改革开放以来，随着经济的发展、商品房制度的改革、城镇化发展、农民职业结构和收入结构的变化等为独立门户进一步创造了条件，并进一步地改变了婚后居处方式，“新户居”逐渐增多，但是“从妻居”婚居模式所占比例依然很低，传统的“从夫居”婚居模式仍然是主要的婚居模式。其三，家务分工。改革开放以来，女性社会地位获得大幅提升，男女平等观念增强，夫妻家务劳动分工出现了新的变化。两性家务劳动时间差距逐渐缩短，但是这种缩短并没有从本质上改变家务分工主要由妻子承担的模式，妻子一方的负担依然大大重于丈夫。在婚姻家庭中，妻子在收入、婚姻住所和家务分工上总体处于弱势一方，一旦婚姻关系解除，处于弱势一方的妻子往往面临失去住所、生活困难以及在婚姻期间因家务劳动失去了自我增值的机会难以再就业或更好就业等利益无从保护的情形。为了保护婚姻中弱势一方的利益，2001 年《婚姻法》修正案完善了原有的离婚困难经济帮助制度，增设了离婚损害赔偿制度和家务劳动补偿制度，将男女平等、夫妻平等向婚姻家庭关系中强势一方与弱势一方的平等转变，实现了婚姻家庭关系中的实质平等。2020 年，《民法典》婚姻家庭编沿袭了上述规定，继续将平等原则实质地贯彻在婚姻家庭关系之中。

三、个人财产确认和保护

在传统中国社会较长的发展时期，家庭成员一直秉持着“同居共财”的生活和组织方式。“同居”即指家庭成员并不都是完全独立的个体，只是家庭中伦理身份意义上的组成；“共财”即指财产属于家庭整体共有，由父亲代为管理，家庭财产主要依靠“分家”“继承”等方式在家庭内部流动。[1]用现代的所有权理论分析中国传统的家庭财产制度，其本质特征是单个的家庭成员对家庭财产只有占有权而没有所有权，这就很少有个人财产的概念。[2]

在我国，从法律上将家庭财产认定为个人的私有财产最早始于《大清民律草案》。我国 1950 年《婚姻法》沿袭了“家庭财产”的概念，并承认了家庭财产的共享性。在 1950 年《婚姻法》中，仅在第 10 条对夫妻财产问题作出简要规定，规定了夫妻双方对于家庭财产有平等的所有权与处理权，对夫妻财产制的形态、

〔1〕 张剑源：“同居共财：传统中国的家庭、财产与法律”，载《北方民族大学学报（哲学社会科学版）》2015 年第 5 期。

〔2〕 王习明：“当代中国农民的家庭财产观念演变及其对家庭伦理的影响”，载《马克思主义研究》2012 年第 10 期。

夫妻个人特有财产等未涉及。这主要是由于当时妇女经济尚未完全独立，家庭成员个人收入有限，基本生活消费支出后剩余财产少，较少存在个人财产的情形；且家庭财产主要用于生活消费，比较注重家庭成员对家庭财产的管理和支配权。

改革开放以后，随着社会变迁，我国婚姻家庭的财产关系经历了夫妻财产独立于家庭财产和个人财产独立于夫妻财产两个发展过程。

（一）夫妻财产独立于家庭财产

家庭财产是基于家庭成员的共同生活和财产投入而产生的。夫妻财产是指夫和妻之间的财产关系。[1]同居共财、诸子均分是中国传统家庭财产制度的基本特征。长期以来在我国家庭财产作为全体家庭成员的共同财产，由所有家庭成员共同占有和使用，我国大多数民众没有家庭财产属于个人的观念。1978年实施改革开放，城乡生产方式和居住模式的变迁影响了家庭财产关系。在城市，一方面，生产方式的改变使家庭成员绝大多数人的收入有了不同程度的提高，家庭成员的独立性日益增强，妇女充分就业的状况在很大程度上改变了家庭的供养格局——由靠男子承担变为夫妻共同承担，促使夫妻作为一个独立于原生大家庭的经济共同体而存在；另一方面，住房状况改善，城市的居住模式呈现夫妻新居的模式，拥有自己住房民众的比例明显扩大，从1997年沈崇麟教授调研的数据来看，在城市调查点中，被调研者婚后居住类型居首位的是“自立门户”，夫妻作为一个独立的生活共同体独立于原生大家庭；夫妻财产概念也应运而生。在农村，家庭联

---

〔1〕 杨立新：《家事法》，法律出版社2013年版，第289页。

产承包责任制使大多数农民成年后脱离大家庭成为独立的户主，包干到户，夫妻成为一个独立的经济共同体。从居住模式上看，据1997年沈崇麟教授调研的数据可知，在农村调查点中，婚后的居住类型比例居首位的是“住男家”，占68.82%；其次是“自立门户”，占27.99%。[1]因此，与城市相比，夫妻财产虽然主要由夫妻创造，独立于家庭财产，但是基于农村传统的居住模式和赡养传统，夫妻财产往往为所有家庭成员集体共享。

此外，虽然夫妻成为独立于家庭的经济生活共同体，但是由于当时经济水平和收入有限，收入主要用于家庭生产和消费，夫妻还无法成为独立的个人经济体，尚未形成大量的剩余财产，个人财产概念不强。对于这一变化，1980年《婚姻法》作出适当调整，不再使用“家庭财产”概念，只是提出了“夫妻共同财产”的概念，但是并没有提及个人财产。

（二）个人财产独立于夫妻财产

个人财产权是人的自然权利，从自然法中衍生出来。在传统计划经济体制中，个人完全依附于国家和单位，自由择业、自主消费、自由迁移、拥有独立财产的权利受到限制。市场经济的发展需要能够自由从事市场活动的民商事主体，要求个体具有充分的经济选择权，社会主义市场经济市场化的程度和发展的速度往往取决于个人财产的支配状况；“在个人实际不拥有财产或只拥有很少量财产的情况下，难以形成有效和繁荣的市场”。[2]在由计

---

〔1〕 沈崇麟主编：《中国百县市国情调查第四批调查点问卷调查　调查报告和资料汇编》，中国社会科学出版社2001年版，第290页。

〔2〕 余建新、钱国靖：“从个人财产权利变化看经济转型”，载《理论导刊》2005年第5期。

划经济向市场经济转型的过程中，婚姻家庭中的财产关系结构发生了相应变化。个人财产独立于夫妻财产在很大程度上得到确认和保护。

（1）个人财产的增多要求在婚姻家庭关系中被确认和保护。改革开放以来，我国个人收入呈现不断稳定增长的趋势，进入90年代后，我国的个人收入的增长速度进一步加快。从1978年到2012年城镇居民家庭人均可支配收入迅速增长，从1978年的343.4元，到1991年的1700.6元，2001年的6859.6元，再到2012年的24 564.7元；农村居民家庭人均可支配收入从1978年的133.6元，到1991年的708.6元，2001年的2366.4元，再到2012年的7916.6元。城镇单位就业人员平均工资总额从1995年的5348元迅速增长到2012年的46 769元；农村居民家庭平均每人纯收入从1990年的686.31元快速上升到2012年的7916.58元。[1]同时，家庭的收入水平与收入格局发生了改变，家庭规模结构逐渐缩小，家庭关系由亲子型向夫妻型转变，过去主要由户主劳动提供家庭供养的形式变成由夫妻共同提供，改变了夫妻之间的经济关系，明显提高了女性配偶的家庭地位。相应地，我国《宪法》《物权法》等法律法规强化了个人财产所有权的确认和保护。

（2）财产形式的多样化丰富了家庭财产构成，增强了对个人财产在婚姻家庭关系中的确认和保护需求。在市场经济建立和发展的过程中，人们的财产不仅在数量上日益增长，而且在财产种类、范围、形式上已经大大突破了传统财产概念和界限，改变了家庭财产的构成。在农村，家庭财产个人所有的观念在21世纪被

---

〔1〕 中华人民共和国国家统计局编：《中国统计年鉴（2013）》，中国统计出版社2013年版，第133页、第378页、第399页。

越来越多的农民接受。一方面，市场化和工业化弱化了家庭的生产功能，改变了家庭的收入格局，进而改变了家庭财产的构成。有劳动能力的成年男女进入城市工作，获得收入，未婚青年往往不将自己的工资收入交回家庭，而是由个人拥有和支配。另一方面，广东等地区开始实行土地股份制改革，将土地及其收益量化到人，2008 年成都等地开始进行农村产权改革，将现有承包的耕地和林地、宅基地的使用权明晰到个人，便于个人在财产形态上支配该项使用权。农民集体所有权逐渐被虚化，农民个体的承包权逐渐被强化，农村家庭承包地的经营权和宅基地的使用权变成了可以分割、转租、自由转让等流转的个人财产。在城市，个人财富不断增长，财产数量增多，财产的形式更加多元化，财产的构成更加多样化，家庭财产的构成更加丰富。第一，商品房市场的大力发展，住宅商品房销售面积从 1998 年的 10 827.10 平方米增长到 2012 年的 98 467.51 平方米，房产成为家庭财产的主要构成。[1]个人收入的绝大部分往往用于房产消费，明晰夫妻房产权属也成为必然。第二，大宗耐用消费品增多，成为家庭财产的重要构成。大宗耐用消费品包括摩托车、洗衣机、电冰箱、彩色电视机、照相机、空调、组合音响、计算机、摄像机、微波炉、健身器材、移动电话、家用汽车，其中前六项城镇居民家庭平均每百户年底拥有量分别从 1990 年的 1.94、78.41、42.33、59.04、19.22、0.34 增长到 2012 年的 20.27、98.02、98.48、136.07、46.42、126.81；其他项平均每百户年底拥有量分别从 1990 年的零拥有增长到 2012 年

〔1〕 中华人民共和国国家统计局编：《中国统计年鉴（2013）》，中国统计出版社 2013 年版，第 205 页。

的23.63、87.03、10.00、62.24、4.27、212.64和21.54。[1]这些耐用消费品价值大且可以在价值上进行分割，为了便于婚姻关系解除时离婚财产分割，我国婚姻家庭制度应明晰这些财产的权利归属。第三，除了实物财产，还有债券、股权、合伙企业份额和知识产权等无形财产。这些无形财产的流转需要首先明确权利归属，而且鉴于经营的需要和无形财产产生方式的特殊性，这些无形财产具有一定的身份专属性，这些促使夫妻财产的独立性价值观念日益增强。当代直系家庭已经不再是固守过去严格的同居共财的管理方式，在夫妻财产逐步独立于家庭的同时，夫妻财产中丈夫和妻子的财产也逐步相互独立分化。

因应上述变化，2001年修正的《婚姻法》明确区分和列举了共同财产和个人财产，引入了夫妻个人财产的概念，进一步完善了约定财产制的约定方式、选择范围；《最高人民法院关于适用〈中华人民共和国婚姻法〉若干问题的解释（一）》（以下简称《婚姻法司法解释（一）》）否定了1993年《关于人民法院审理离婚案件处理财产分割问题的若干具体意见》中“婚前财产转化为共同财产”的规定，明确“婚前财产不因婚姻关系延续而转化为共同财产”；《最高人民法院关于适用〈中华人民共和国婚姻法〉若干问题的解释（二）》（以下简称《婚姻法司法解释（二）》）规定“个人财产投资取得的收益为夫妻共同财产”；《最高人民法院关于适用〈中华人民共和国婚姻法〉若干问题的解释（三）》（以下简称《婚姻法司法解释（三）》）规定“个人财产在婚后产生的收益，孳息和自然增值为夫妻一方个人财产”，强调婚姻主

---

〔1〕 中华人民共和国国家统计局编：《中国统计年鉴（2013）》，中国统计出版社2013年版，第384页。

体的独立人格地位，拓宽了夫妻个人财产的范围，逐步强化了婚姻家庭关系中个人财产权的保护。[1]

四、婚姻诚信

诚信是我国传统道德中的重要规范，伦理道德范畴的诚信是指“一个人在心意、言语和行动上对自身、他人、社会真诚无妄、诚实无欺、信任无疑”。[2]市场经济虽然带来了一些重利轻义的观念，但是从有利于市场经济长远发展的角度来看，市场经济应是以信用为基础的经济，因为市场经济的正常运行不仅需要法律，也需要诚信来维系。我国正处于市场经济的关键发展时期，社会主义市场经济体制完善更加需要诚信的价值支持。[3]在婚姻家庭领域，从字面含义，婚姻诚信[4]主要指婚姻承诺、婚姻约定，是指婚姻中双方实践许下的诺言，并愿意承担婚姻中各项义务与责任。婚姻关系是男女双方以长期共同生活为目的而形成的关系，因此在长期的共同生活中，在最初缔结婚姻时，双方必须诚实守信告知可能影响对方婚姻缔结意愿的情形；夫妻双方在婚姻关系存续期间不仅需要遵守婚姻家庭法规定的夫妻间的权利义务，还需要建立一种相互信任、相互帮助的诚信关系，婚姻关系本质上是一种诚信关系。然而，在当代社会，人口流动频繁、信息不对称加剧、拜金主义观念形成等情形，加上相应的诚信体系和联网

---

〔1〕何丽新：“论婚姻财产权的共有性与私人财产神圣化”，载《中州学刊》2013年第7期。

〔2〕杨方：“诚信内涵解析”，载《道德与文明》2005年第3期。

〔3〕杨秀香：“诚信：从传统社会转向市场社会”，载《道德与文明》2002年第4期。

〔4〕本部分使用“婚姻诚信”，而不是婚姻家庭关系中的诚信，是基于婚姻家庭关系的诚信缺失现象主要发生在夫妻之间；且目前我国婚姻法学界也一般使用该术语。

机制尚未建立健全，这些滋生了大量婚姻诚信缺失现象。有调查分析诚信是“80后”独生子女婚姻美满的主要因素，而96%离婚调查对象离婚的主要原因是个人不诚信，如经济上双方互相隐瞒、感情上不专一、婚姻承诺不遵守、性不忠诚等。婚姻诚信缺失逐渐成为离婚的主要原因。[1]

徐国栋教授提出，诚信可分解为客观诚信与主观诚信。在我国，客观诚信是主体的一种行为义务，主观诚信是主体对其行为符合法律或道德的个人确信，主观诚信通常被解释为“善意”。[2]在婚姻诚信中，夫妻双方必须诚实无欺地处理婚姻中的人身关系事务和财产关系事务。可以说，在婚姻家庭领域，诚信包括人身关系中的诚信与财产关系中的诚信。在人身关系中，夫妻双方在缔结婚姻时应诚实告知对方自身有可能影响另一方婚姻缔结意思表示的情形；在婚姻关系存续期间，夫妻双方应对共同生活中的家庭事务、子女抚养、老人赡养、性生活以及其他影响婚姻继续存续的情形及时诚实告知；在解除婚姻关系时，夫妻双方应如实告知各自解除婚姻的理由等。在财产关系中，具体表现为，夫妻双方在缔结婚姻时应诚实告知对方自身的财产及债权债务状况；在婚姻关系存续期间，夫妻双方应及时诚实告知共同生活的家庭开支、共同财产状况以及自身财务状况等；在解除婚姻关系时，夫妻双方应如实告知对方自身的财产及债权债务状况，并不得恶意转移财产。在婚姻诚信中，还涉及婚姻对内诚信与对外诚信问题。上述所举多为对内诚信，就对外诚信而言，如在人身关系中，夫

---

〔1〕 张欣：“诚信道德对80后独生子女婚姻观的影响”，西安石油大学2013年硕士学位论文。

〔2〕 徐国栋：“诚实信用原则二题”，载《法学研究》2002年第4期。

妻双方应将已婚状况告知利害关系人；在财产关系中，主要表现为夫妻财产制的公示。[1]

上述对婚姻诚信的界定，可以说更是一种道德上的要求，能够纳入法律规整的婚姻诚信毕竟是很有限的。比如在国外，婚姻法中的诚信问题最集中体现在婚姻效力认定的相关制度中，如德国《民法典》第1314条规定恶意欺诈缔结婚姻的废止。在我国婚姻家庭法领域，婚姻诚信的规定具体表现为：第一，对夫妻性生活诚信的宣示性规定，主要表现为2001年修正的《婚姻法》第4条夫妻忠实义务的规定。而这一条的规定，从字面含义上看，忠实的义务主体是"夫妻"，因此，这一义务的适用仅限于夫妻关系存续期间，不涉及婚姻外第三人破坏他人婚姻诚信的责任。第二，我国婚姻法对于婚姻诚信规定采取比较消极保守的方式，未明确婚姻不诚信及其责任。如对于欺诈缔结的婚姻未作出规定，对于不诚信缔结婚姻的规定只是间接体现在婚姻无效的规定之中。比如，因重婚而致婚姻无效的情形之一是一方当事人在不知情的情形下与对方缔结婚姻，这种婚姻的法律效力是无效的，无论是对过错方还是无过错方，这一规定主要基于一夫一妻原则对原配婚姻的保护，对于无过错一方的婚姻当事人的婚姻效力未予以确认，只是规定按照同居的情形来确认无过错一方的财产关系效力和人身关系效力（2001年《婚姻法》第12条）。对于这一规定，还存在的问题是，当发生婚姻当事人一方隐瞒婚姻无效情形时，直接适应无效的婚姻效力，对于违反婚姻诚信的一方的民事责任缺乏规定。第三，在财产关系上，规定了对外婚姻诚信。如《婚

[1] 徐国栋："我国主要民事单行法中的诚信规定考察报告"，载《河北法学》2012年第4期。

姻法司法解释（一）》第17条[1]规定了在夫妻共同所有财产处分上对善意第三人的保护，即要求婚姻当事人在与第三人交易时应保持诚实守信。

从上述分析来看，我国在婚姻诚信中的规定存在一些不足，我国对于婚姻中善意的诚信一方当事人缺乏权益保护的规定，对于违反诚信一方当事人缺乏民事责任的规定。婚姻诚信的缺失既会损害善意当事人的利益，又会危害婚姻家庭的稳定，因此，从维护婚姻稳定和婚姻正义角度来看，我国在设计婚姻家庭制度时应适时地回应婚姻的诚信价值需求，加强婚姻诚信规制。[2]

第二节　社会变迁对婚姻家庭制度规范的需求与供给

本节探讨的是当代中国社会变迁与婚姻家庭外在规范之间的关系。根据法社会学的观点，法律其实是在两种意义上使用：一是指规则意义上的法律；二是指秩序或行动意义上的法律。国家正式法律仅是一个特定社会中全部法律的一部分，甚至是一小部分。大量的法律是内在于人们的社会生活中，指导人们行为的民俗、习惯、规则与程序。一个社会中存在的所有的法律，不管是国家正式法还是其他形式的法律，它们与社会结构和社会秩序的互构关系才是真正值得研究的课题。[3]在婚姻家庭领域，婚姻家

〔1〕《婚姻法司法解释（一）》第17条第2项规定："夫或妻非因日常生活需要对夫妻共同财产做重要处理决定，夫妻双方应当平等协商，取得一致意见。他人有理由相信其为夫妻双方共同意思表示的，另一方不得以不同意或不知道为由对抗善意第三人。"

〔2〕王歌雅：《中国亲属立法的伦理意蕴与制度延展》，黑龙江大学出版社2008年版，第139页。

〔3〕朱景文主编：《法社会学》，中国人民大学出版社2013年版，第95~96页。

庭制度规范一般包括四个层面：直接涉及婚姻家庭的制度规范、直接影响婚姻家庭的制度规范、背景规范（background rules）即间接影响婚姻家庭的制度规范、被认可的婚姻家庭社会规范和实践。〔1〕

第一层面的婚姻家庭制度规范在我国主要表现为以婚姻家庭命名的婚姻家庭法律法规和直接涉及婚姻家庭事务的法律法规。第二层面的婚姻家庭制度规范主要是指直接影响婚姻家庭的制度规范。第三层面的婚姻家庭制度规范在我国主要指间接影响婚姻家庭的制度规范。第四层面的婚姻家庭制度规范主要是指具有法律约束力的习惯法。这四个层面的法律规范和社会规范共同作用于我国的婚姻家庭关系。第一层面的婚姻家庭制度规范是规制婚姻家庭生活的直接核心规范；后三个层面的婚姻家庭制度规范为第一层面的规范提供较好的政治经济和文化制度背景，有助于婚姻家庭立法宗旨的实现；并且在第一层面制度规范未能及时回应社会变迁时，后三个层面的制度规范能够给予一定的辅助和补充。

一、直接涉及婚姻家庭的制度规范

婚姻家庭的制度规范在范围上包括婚姻关系和家庭关系；在性质上包括婚姻家庭方面的人身关系和婚姻家庭方面的财产关系；在内容上包括结婚制度、家庭关系制度、离婚制度。第一层面的婚姻家庭制度规范的现代形式是指调整核心家庭内基础关系的形成和解除的规范，包括婚姻、其他在家庭形成中替代婚姻的关系、

〔1〕 Ann Schalleck, "Introduction: Comparative Family Law: What is the Global Family-Family Law in Decolonization, Modernization and Globalization, American University Journal of Gender", *Social Policy & the Law*, Vol. 19, Issue 2 (2011), pp. 449-458.

离婚、监护、抚养、赡养、财产分割等，以及与父母身份和父母权利职责有关的事务。[1]这一层面的家庭法通过国家对偏离家庭的事务的规制来发挥作用。[2]这一层面的婚姻家庭制度规范在我国主要表现为以婚姻家庭命名的婚姻家庭法律法规和直接涉及婚姻家庭事务的法律法规。

(一)《民法典》婚姻家庭编及其司法解释

综观中华人民共和国成立以来婚姻家庭立法的全过程，我国经历了1950年和1980年的婚姻家庭立法活动，2001年的《婚姻法》修正，以及2020年《民法典》婚姻家庭编的法制发展过程。1950年《婚姻法》除了"原则"和"附则"部分共分为六章，依次为"结婚""夫妻间的权利和义务""父母子女间的关系""离婚""离婚后子女的抚养和教育""离婚后的财产和生活"，其中"原则"共两条，分别从正反两个方面阐述了婚姻法的基本原则，设立了男女婚姻自由、一夫一妻制、男女权利平等、保护妇女和子女合法权益四项原则。可以说，1950年《婚姻法》奠定了婚姻家庭立法的基础。改革开放以来，我国的经济、文化、社会发生了重大变化，也引起婚姻家庭立法的相应变革，我国倾向于制定趋向于市场经济和现代化的婚姻家庭制度。

1. 1980年《婚姻法》及其修改

改革开放初期，政治、经济、文化、社会开始发生剧烈变化，

---

[1] Janet Halley and Kerry Rittich, "Critical Directions in Comparative Family Law: Genealogies and Cotempary Studies of Family Law Exceptionalism", *Introduction to the Special Issue on Comparative Family Law*, *The American Journal of Comparative Law*, Vol. 58, (2010), p. 761.

[2] Ann Schalleck, "Introduction: Comparative Family Law: What is the Global Family–Family Law in Decolonization, Modernization and Globalization, American University Journal of Gender", *Social Policy & the Law*, Vol. 19, Issue 2 (2011), p. 451.

随之人们的婚姻家庭观、家庭结构、家庭关系、家庭功能也发生迅速变迁，婚姻家庭制度在现代婚姻家庭生活中开始显现滞后和不足。因此，国家需要对婚姻家庭关系进行重新规范，起草制定新的婚姻家庭法。与1950年《婚姻法》相较，1980年《婚姻法》主要在以下几个方面作出修改：（1）在篇章结构上，该法更加简约，篇章结构编排也更合理。该法包括“总则”“附则”“结婚”“家庭关系”和“离婚”共五章，将夫妻关系和父母子女关系统括为家庭关系一节，将离婚的人身关系和财产关系统括在离婚一节。改革开放后，我国民法学科开始学习借鉴德国、日本等地的先进立法，立法技术逐步成熟，这也反映在我国婚姻家庭立法中。（2）在基本原则上，继续沿用了1950年《婚姻法》婚姻自由、一夫一妻、男女平等三项基本原则的规定，并增补了计划生育和保护老人合法权益两项基本原则。这一修改主要是基于我国当时提出计划生育的基本国策，以及适应国际上对妇女、儿童和老人权益加强保护的国际趋势。（3）在调整范围上，家庭关系方面增加了兄弟姐妹和祖孙之间的权利义务。这一修改一方面是对计划生育政策实施前的多子女家庭关系的确认，另一方面是对传统的婚姻家庭伦理道德的尊重。（4）在具体内容上，其一，提高法定婚龄，扩大禁婚亲范围。这一规定主要是基于我国当时年轻男女结婚意愿推迟和提倡晚婚晚育政策的影响，但是这里也体现了我国市场经济转型对劳动生产力的需求，进而影响结婚年龄的发展规律。现代化和社会化大生产希望家庭中的子女推迟结婚年龄，能够更多地参与社会生产。其二，确立了夫妻感情破裂原则，家庭功能由生产功能向情感满足功能转化，婚姻的缔结和解除必然以情感为基础，这也是这一内容修改的主要原因。其三，修改离婚程序。改革开放以来，人口的流动性、人们自主性增强等也影响了人们的婚姻观念和婚姻家庭的稳定性，出现了离婚高发期，我国婚姻家庭立法亟须完善离婚的程序性规定，促使婚姻解体的经济成本最小化，我国1980年《婚姻法》在离婚程序上作出较多新的规定，规定一方要求的离婚，可由有关部门调解或者直接起诉离婚，调解为法定程序。这些修改适应了我国改革开放初期市场经济发展的需要，我国的婚姻家庭法得到较大发展，这反过来也促进了我国经济社会的发展。

2. 2001年《婚姻法》及其修正

进入21世纪，我国的经济结构、政治文化、婚姻家庭观念、法治观念等发生了巨大变化。随着人们个人主体意识增强和个人财产增多，离婚率上升、婚内出轨、闪离、家庭暴力等问题逐渐凸显，婚姻家庭秩序受到冲击，完善现有的婚姻家庭制度成为重要课题。2001年4月28日，第九届全国人民代表大会常务委员会第二十一次会议通过了《婚姻法》的修改决定。与1980年《婚姻法》相较，2001年《婚姻法》修正案的修改内容主要表现在：（1）在篇章结构上，增加“救助措施与法律责任”一章，形成了权利、义务、责任的完整法律规则体系。救助措施与法律责任的设定是对传统婚姻家庭家长专制的彻底否定，家庭成员一方的行为若损害了另一方的利益，应承担相应的个人责任，这是民法意思自治和责任自负基本精神的体现，有助于家庭成员的个体独立意识的培育和平等的家庭地位的形成，在《婚姻法》中形成了权利—义务—责任较为完整的婚姻家庭制度规范体系。（2）在基本原则上，增加了基本原则的配套性规范。在总则部分增加维护婚姻家庭关系的内容。一是规定“夫妻应当互相忠实”“禁止有配偶者与他人同居”，这与“禁止重婚”共同构成一夫一妻制原则的重要内容。二是规定“家庭成员间应当敬老爱幼，互相帮助，维护平等、和睦、文明的婚姻家庭关系”和“禁止家庭暴力”，这主要是基于近些年“包二奶”等违反一夫一妻制的现象增多，家庭暴力严重侵犯家庭成员中处于弱势的妇女、儿童和老人的合法权益。（3）在具体内容上，基于保护婚姻当事人人格利益、夫妻个人财产的需要，以及平衡婚姻家庭关系中强势一方与弱势一方的利益、婚姻当事人与交易第三人利益等，婚姻家庭法在内容上作出一些增删，填补了法律空白，包括其一，在禁婚规定上的修改。随着我国医疗水平的提高，麻风病成为可以治愈的疾病，从保护人们的婚姻权利出发，作出了删除麻风病人禁婚的规定。其二，在婚姻效力规定上的修改。随着我国民法理论的发展，婚姻家庭法学界普遍认为婚姻行为属于民事法律行为，相应地应设计民事法律行为的无效和可撤销制度，于是我国增设了婚姻无效制。其三，在夫妻财产制上的规定。这是我国此次婚姻法做了较多和较大幅度修改的地方，包括增设个人特有财产制，完善约定财产制，这主要是基于保护婚姻当事人的财产权益和意思自治的考虑。其四，在离婚事由的规定上。此次修改将法定离婚事由具体化，规定了可确认为夫妻感情破裂的具体情形；对离婚法定事由具体化的规定一方面为司法实践提供了更具有操作性的规定，另一方面是我国市场经济发展的要求。进入 21 世纪，我国的离婚率又出现高峰值状态，市场经济发展对效率的要求必然希望作为生产力的婚姻当事人能够尽快结束不愉快的离婚纠纷，恢复到生产当中。其五，设立探望权。离婚率的提高，必然带来离婚后子女的抚养问题，我国目前离婚后子女比较常见的是由父母一方单独直接抚养，在实践中常常出现父母另一方与子女被迫切断感情联络的情形，从保护子女健康成长的需要和保护不直接抚养子女的父母一方的"父母权利"，探望权的设立是必然的。其六，改革开放后，虽然很多妇女开始工作，但是妇女的经济收入普遍比男性低，妇女在家庭中也承担了更多的家务劳动，使家庭主妇失去了未来就业或增值的机会，从保护离婚中弱势一方利益出发，此次修正增设了离婚损害赔偿和离婚时经济补偿请求权，扩大了生活困难帮助范围。其七，改革开放以来，家庭赡养功能出现社会化的情形，但是我国尚未建立健全养老保障体系，赡养仍然需要家庭予以辅助，保障老年人的婚姻家庭权益也成为此次修法的重点，因此，特别规定了保障老年人的受赡养权和婚姻自由权等。〔1〕

3.《婚姻法》五个司法解释

2001年《婚姻法》颁布后，随着社会的发展变化，我国先后颁布了三个婚姻家庭法的司法解释，这些司法解释在司法实践过程中对婚姻家庭制度规范作出明确的解释，便于司法人员正确地适应法律和公正地审判案件。

（1）在2001年《婚姻法》实施后8个月，针对《婚姻法》中的一些程序性和亟须解决的问题，最高人民法院颁布了《婚姻法司法解释（一）》，内容涉及界定家庭暴力、无效婚姻和可撤销婚姻、事实婚姻、夫妻财产关系、父母子女关系和离婚救济等。

（2）2001年《婚姻法》实施2年后，基于审判实践中亟待解决的无效婚姻、离婚财产分割、夫妻债权债务等问题，2003年制定了《婚姻法司法解释（二）》，共29个法律条文，其中20个条

〔1〕 蒋月："中国改革开放三十年婚姻家庭立法的变革与思考"，载《浙江学刊》2009年第3期。

文规定的是夫妻财产关系问题。显然，《婚姻法司法解释（二）》实质上主要是为了解决司法实践中夫妻财产纠纷而制定的，同时对离婚损害赔偿、无效婚姻和同居关系作出相关解释，具体包括彩礼、离婚房产分割、夫妻共同财产和个人财产归属、知识产权收益归属、一方专用价值较大生活用品归属等、夫妻共同债务和个人债务的责任划分等规定。[1]

（3）2001 年《婚姻法》实施十多年，随着国家经济社会进一步发展，市场交易日益繁荣，财产类型愈加多样化，个人主体意识进一步增强，保护夫妻双方的财产权益和第三人的交易安全成为《婚姻法》必须面临的重大问题。2011 年制定了《婚姻法司法解释（三）》，共 19 条，主要包括申请婚姻无效的限制、亲子关系、婚内子女抚养费、无民事行为能力配偶的监护、生育权和婚姻财产关系问题。其中婚姻财产关系问题的解释有 13 条。

（4）《婚姻法司法解释（二）》第 24 条规定颁布后，它的法律适用问题持续受到关注，该条规定被指与婚姻法精神相悖，过分保护债权人利益，损害了未举债配偶一方利益。最高人民法院也陆续接到一些反映，认为该条规定剥夺了不知情配偶一方合法权益，让高利贷、赌博、非法集资、非法经营、吸毒等违法犯罪行为形成的所谓债务以夫妻共同债务名义，判由不知情配偶承担，甚至夫妻一方利用该条规定勾结第三方，坑害夫妻另一方等，有损社会道德，与婚姻法精神相悖，造成不良社会影响。鉴于此，2017 年 2 月 28 日公布了最高人民法院审判委员会第 1710 次会议讨论通过的《最高人民法院关于适用〈中华人民共和国婚姻法〉

〔1〕马忆南、周征：“《婚姻法》司法解释二的解读与评论”，载《法律适用》2004 年第 10 期。

若干问题的解释（二）的补充规定》，对该司法解释第 24 条增加规定了第 2 款和第 3 款，即夫妻一方与第三人串通，虚构债务，第三人主张权利的，人民法院不予支持。夫妻一方在从事赌博、吸毒等违法犯罪活动中所负债务，第三人主张权利的，人民法院不予支持。

(5)《婚姻法司法解释（二）》第 24 条的主观规范目的是保障债权人利益，而该条文的实际效果却走向了另一面，夫妻中的非举债方因此负担巨额债务，或配偶一方与“债权人”串通损害非举债方的利益。鉴于此，2018 年 1 月 8 日最高人民法院审判委员会第 1731 次会议通过《最高人民法院关于审理涉及夫妻债务纠纷案件适用法律有关问题的解释》。在该司法解释中，夫妻共同债务的成立有三种情况，一是夫妻双方通过签字或事后追认所表示的合意；二是“家庭日常生活需要”，这类债务有一种排除情形，即夫妻双方婚姻关系存续期间所得财产归各自所有，且债权人知道该约定；三是对于超出家庭日常生活需要的债务，需要由债权人举证该债务用于夫妻共同生活、共同生产经营或者基于夫妻双方共同意思表示，方得认定为共同债务，这显然侧重于保护非举债配偶一方。

4. 2020 年《民法典》婚姻家庭编

2020 年 5 月 28 日我国通过并公布了《民法典》，于 2021 年 1 月 1 日施行。《民法典》共 7 编，1260 条，包括总则、物权、合同、人格权、婚姻家庭、继承、侵权责任，以及附则。《民法典》将以往单行的《婚姻法》进行修改纳入其中，位于法典的第五编。《民法典》婚姻家庭编共 5 章，79 条，包括一般规定、结婚、家庭关系、离婚和收养五部分。与 2001 年《婚姻法》相较，《民法典》婚姻家庭编主要做了四个方面的修改，其一，考虑到收养关系属于父母子女关系的内容，将以往的单行《收养法》纳入婚姻家庭编，并考虑到《收养法》长久以来已经形成相对完整独立的体系性，不将收养内容归入家庭关系一章，而是继续保留收养制度的相对独立性，将“收养”作为独立的一章，位于婚姻家庭编的第五章。其二，将《婚姻法》司法解释的部分内容提升到法典高度，并入《民法典》婚姻家庭编，比如将原《婚姻法司法解释（三）》第 4 条的婚内共同财产分割制度提升为《民法典》第 1066 条，将原《婚姻法司法解释（三）》第 2 条关于亲子关系确认的规定提升为《民法典》第 1073 条；将 2018 年《最高人民法院关于审理涉及夫妻债务纠纷案件适用法律有关问题的解释》关于夫妻共同债务认定的规定提升为《民法典》第 1064 条。其三，删除了某些条款，比如为了与国家鼓励生育三孩的政策相呼应，删除了计划生育原则；为了保持法典的体系性，对 2001 年《婚姻法》第 22 条子女姓氏的规定进行修改，移至《民法典》人格权编第 1015 条姓氏选取的规定。其四，新增了某些条款，比如新增了第 1045 条关于“亲属、近亲属与家庭成员”的规定，第 1053 条“隐瞒重大疾病的婚姻撤销”的规定，第 1060 条“日常家事代理制度”，以及第 1077 条“离婚冷静期制度”。具体而言，《民法典》婚姻家庭编主要内容及修改情况如下。

（1）关于一般规定。

《民法典》婚姻家庭编第一章继续沿袭了婚姻自由、一夫一妻、男女平等婚姻家庭领域的基本原则和规则，删除了计划生育原则，并在 2001 年《婚姻法》基础上主要做了以下完善：一是为贯彻落实习近平总书记关于加强家庭文明家风家教建设的重要讲话精神，更好地弘扬家庭美德，规定了家庭应当树立优良家风，弘扬家庭美德，重视家庭文明建设的基本原则。二是将收养的内容纳入法典婚姻家庭编后，为了更好地维护被收养未成年人的合法权益，明确收养应当遵循最有利于被收养人的原则。三是为了体现《民法典》的体系性，在立法上首次明确了亲属、近亲属和家庭成员的范围，便于《民法典》其他各编和其他民事法律规范中相关概念的法律适用。

（2）关于结婚的规定。

《民法典》婚姻家庭编第二章规定了婚龄、结婚的实质要件、结婚登记、婚姻效力、婚姻效力瑕疵及其法律后果等基本结婚制度，并在2001年《婚姻法》的基础上主要做了以下完善：一是贯彻婚姻自由原则，尊重婚姻当事人的意思自治，废除了原《婚姻法》疾病婚无效的条款，调整为隐瞒重大疾病的婚姻可撤销。二是考虑到结婚登记行为性质上为行政确认行为，将婚姻关系的确立由“取得结婚证”修改为“完成结婚登记”。三是将受胁迫一方请求撤销婚姻的期间起算点由“自结婚登记之日起”修改为“自胁迫行为终止之日起”，以保持与《民法典》总则编民事法律行为制度规定的一致性，并最大限度保护受胁迫婚姻当事人一方的合法权益。四是增设了“无过错方损害赔偿请求权”的规定，使我国婚姻效力瑕疵制度体系更加科学完善，以更加有利于保障无效婚姻和可撤销婚姻中无过错方的合法权益。

（3）关于家庭关系的规定。

《民法典》婚姻家庭编第三章分两节规定了“夫妻关系”和“父母子女关系和其他近亲属关系”，规定了夫妻关系的人身性和财产性权利义务、父母子女关系的抚养、赡养、继承等权利义务，以及其他近亲属之间的扶养权利义务，并在2001年《婚姻法》基础上主要做了以下完善：一是为了满足夫妻双方处理日趋多样化、复杂化的家庭事务和社会事务的需求，新增了日常家事代理权。二是回应社会密切关注的夫妻债务承担问题，明确了夫妻共同债务的认定规则，注重婚姻当事人利益与第三人利益、个人利益与社会利益的协调统一，既做到维护交易安全，也保障婚姻当事人的合法利益。三是随着当事人在婚姻关系存续期间诉求分割夫妻共同财产的情形日益增多，规定了婚内共同财产分割制度。四是规定了亲子关系确认和否认之诉，以更有利于保障非婚生子女的合法权益。

（4）关于离婚的规定。

《民法典》婚姻家庭编第四章规定了协议离婚和诉讼离婚条件、离婚财产分割、离婚子女抚养以及离婚救济制度等制度，并在 2001 年《婚姻法》基础上主要做了以下完善：一是回应高离婚率和轻率离婚情形，增设了离婚冷静期制度，以期防止冲动型离婚，维护婚姻家庭的稳定。二是增加“经人民法院判决不准离婚后，双方又分居满一年，一方再次提起离婚诉讼的，应当准予离婚”之规定，以进一步保障婚姻当事人的离婚自由。三是回应离婚经济补偿在实践中适用的困难，将离婚经济补偿的适用条件从原来的分别财产制扩大到法定共同财产制，以进一步保障对家庭负担较多义务的婚姻当事人一方的权益。四是回应离婚损害赔偿的适用情形过于僵化的问题，增加了“有其他重大过错”这一兜底适用情形，以更加有利于保障无过错方的合法权益。

（5）关于收养的规定。

《民法典》婚姻家庭编第五章规定了收养关系的成立、法律效力以及收养关系的解除等基本收养制度，并在原《收养法》的基础上主要做了以下完善：一是回应收养的现实情况，扩大被收养人范围，将被收养人年龄上限由 14 周岁统一提高到所有未成年人（18 周岁以下），以更有利于保障困境的未成年人的合法权益。二是回应国家计划生育政策的调整，将收养人的条件由须无子女的要求修改为收养人无子女或者只有一名子女。三是强化了收养人的条件和收养程序，在收养人的条件中增加规定“无不利于被收养人健康成长的违法犯罪记录”；并在收养程序上，增加规定民政部门的收养评估制度，以更加有利于保护被收养人的权益。

5. 2020 年《最高人民法院关于适用〈中华人民共和国民法典〉婚姻家庭编的解释（一）》

为正确审理婚姻家庭纠纷案件，2020 年 12 月 25 日最高人民法院审判委员会第 1825 次会议通过《最高人民法院关于适用〈中华人民共和国民法典〉婚姻家庭编的解释（一）》(以下简称《民法典婚姻家庭编司法解释（一）》)，自 2021 年 1 月 1 日起施行。《民法典婚姻家庭编司法解释（一）》共计 91 条，包括一般规定、结婚、夫妻关系、父母子女关系、离婚和附则六个方面的内容。

《民法典婚姻家庭编司法解释（一）》是在《民法典》基础上对原有司法解释的清理而形成的，并非制定全新的司法解释，也不是简单的司法解释汇编，而是对现行的有关婚姻家庭司法解释的有机整合，对不符合《民法典》规定的条款予以删除，对已经被《民法典》吸收的内容不再重复规定，废止了 5 个司法解释，[1]

〔1〕 废止的婚姻法相关司法解释分别为《最高人民法院关于人民法院审理离婚案件如何认定夫妻感情确已破裂的若干具体意见》《关于人民法院审理未办结婚登记而以夫妻名义同居生活案件的若干意见》《关于人民法院审理离婚案件处理财产分割问题的若干具体意见》《最高人民法院关于审理离婚案件中公房使用、承租若干问题的解答》和《最高人民法院关于审理涉及夫妻债务纠纷案件适用法律有关问题的解释》。

并对其中6个司法解释进行体系化整合[1]而成。《民法典婚姻家庭编司法解释（一）》作出的重大修改主要有以下几点。（1）删除了原有四个条文中关于“一年期间”的规定。《婚姻法司法解释（一）》第30条，《婚姻法司法解释（二）》第5条、第9条、第27条中均有“一年期间”的规定，有的涉及离婚损害赔偿请求权诉讼时效问题，有的涉及撤销权行使期间问题，考虑到上述一年期间的规定没有法律依据，相应权利行使应按照不同权利性质分别适用相关规定，故删除上述条款中关于期间的规定。[2]（2）明确受胁迫婚姻撤销权排除适用5年的除斥期间，以保护婚姻当事人的婚姻自主权。（3）对宣告婚姻无效案件的诉讼程序进行调整。考虑到法律适用程序的体系性和一致性，将宣告婚姻无效案件从一审终审的特别程序改为普通程序。（4）关于父母为子女出资购房规定的修改，删除双方父母出资情况下房产按份共有的规定，修改为尊重父母为子女购房出资的意思自治。

6. 2023年《最高人民法院关于审理涉彩礼纠纷案件适用法律若干问题的规定》

为正确审理涉彩礼纠纷案件，针对实践中的彩礼纠纷中出现的新情况，2023年11月13日由最高人民法院审判委员会第1905次会议通过《最高人民法院关于审理涉彩礼纠纷案件适用法律若

[1] 体系化整合的司法解释分别为《最高人民法院关于人民法院审理离婚案件处理子女抚养问题的若干具体意见》《婚姻法司法解释（一）》《婚姻法司法解释（二）》《婚姻法司法解释（三）》《最高人民法院关于适用〈中华人民共和国婚姻法〉若干问题的解释（二）的补充规定》《最高人民法院关于夫妻离婚后人工授精所生子女的法律地位如何确定的复函》。

[2] 最高人民法院民事审判第一庭编：《最高人民法院民法典婚姻家庭编司法解释（一）理解与适用》，人民法院出版社2021年版，第3页。

干问题的规定》（以下简称《彩礼规定》），自 2024 年 2 月 1 日起施行。《彩礼规定》共 7 条，内容包括彩礼的界定、彩礼纠纷的当事人确定、彩礼返还情形、彩礼返还的考量因素等内容。

经过七十余年的婚姻家庭立法过程，我国的婚姻立法逐步完善，建立了完整的婚姻家庭法律制度体系。2021 年 1 月 1 日，《民法典》和《民法典婚姻家庭编司法解释（一）》实施之时，原《收养法》《婚姻法》及其司法解释已经被废止。现行的直接涉及婚姻家庭的制度规范是《民法典》婚姻家庭编、《民法典婚姻家庭编司法解释（一）》《彩礼规定》。

（二）涉及婚姻家庭事务的其他私法规范

除《民法典》婚姻家庭编、《民法典婚姻家庭编司法解释（一）》《彩礼规定》外，在其他私法规范中也有涉及婚姻家庭事务的规定，主要包括如下内容。

(1)《民法典》总则编中的规定。《民法典》总则编第二章第二节“监护”第 26 条至第 39 条，共 14 条对监护予以规定。内容包括父母对未成年子女的义务和成年子女对父母的义务（第 26 条），监护人的范围和确定（第 27 条、第 28 条、第 30 条、第 31 条），遗嘱监护（第 29 条），国家监护（第 32 条），成年意定监护（第 33 条），监护职责（第 34 条），监护事务的执行（第 35 条），监护的撤销（第 36 条、第 37 条），监护资格的恢复（第 38 条）和监护关系终止（第 39 条）。监护本是婚姻家庭法的重要组成内容，虽然《民法典》总则编中关于监护的规定是作为对限制民事行为能力人和无民事行为能力人的补充而作出的，但在一定程度上弥补了《民法典》婚姻家庭编对未成年子女监护和民事行为能力受限的成年人监护规定欠缺的不足。《民法典》总则编第五章“民事权利”第 110 条规定了婚姻自主权，第 112 条规定自然人因婚姻家庭关系等产生的人身权利受法律保护。上述规定将《民法典》婚姻家庭编中婚姻自由与保护妇女儿童和老人的合法权益的原则具体转化为重要的民事权利，强化了对民众婚姻自由和婚姻家庭权益，老人、妇女和儿童合法权益的民法保护。

（2）《民法典》人格权编中的规定。《民法典》人格权编第 997 条规定的人格权保护禁令，为婚姻家庭关系中人身权利保护提供了保障。第 1015 条关于姓氏选取的法律规定，直接回应了婚姻家庭关系中的子女姓氏决定权的问题。

（3）《民法典》侵权责任编中的规定。《民法典》侵权责任编第三章“责任主体的特殊规定”第 1188 条规定了被监护人致人损害的侵权责任，第 1189 条规定了委托监护中被监护人致人损害的侵权责任。上述规定从侵权的角度确认了监护权的民法保护，是对婚姻家庭中人身关系的重要补充。

（4）《反家庭暴力法》中的规定。2016 年 3 月 1 日施行的《反家庭暴力法》对家庭暴力的范畴、预防、处置、人身安全保护令和法律责任作出规定。改革开放后，婚姻家庭关系中丈夫和妻子的角色趋于平等，与传统的家庭角色发生冲突，出现了大量家庭暴力。据最高人民法院 2014 年统计，全国约有 24.7%的家庭存在不同程度的家庭暴力，近 10%的故意杀人案件涉及家庭暴力，每年约有 10 万个家庭因为家暴而解体。[1]我国《民法典》婚姻家庭编第 1042 条第 3 款“禁止家庭暴力”的原则性规范并

〔1〕 白阳、罗沙、王存福：“最高法统计显示 24.7%家庭存在不同程度家暴”，载央视网，http://news.cntv.cn/2015/12/28/ARTI1451236084412328.shtml，最后访问时间：2016 年 3 月 4 日。

不足以满足制止家庭暴力的迫切要求。《反家庭暴力法》是对“禁止家庭暴力”的原则性规范作出的具体法律规定，更好地保护家庭成员的人身权益，有助于维护平等、和睦、文明的婚姻家庭关系。

（三）涉及婚姻家庭事务的公法规范

(1)《宪法》中的规定。《宪法》第 49 条对婚姻家庭事务作出原则性规定，包括夫妻的计划生育义务、父母对子女的抚养义务、子女对父母的赡养义务等规定。宪法和婚姻家庭法的关系是“母法”和“子法”的关系，宪法规定了婚姻家庭法的指导思想和发展方向，婚姻家庭法根据宪法关于婚姻家庭的原则来制定，是宪法原则性规定的具体化和系统化。[1]

(2)《刑法》中的规定。《刑法》第 257 条“暴力干涉婚姻自由罪”、第 258 条“重婚罪”、第 259 条第 1 款“破坏军婚罪”、第 260 条“虐待罪”、第 260 条之一“虐待被监护人、看护人罪”、第 261 条“遗弃罪”，[2]从刑法的角度保护婚姻自由、婚姻家庭中的人身权益等婚姻家庭权益。

---

〔1〕杨大文主编：《婚姻家庭法》，中国人民大学出版社 2015 年版，第 47 页。

〔2〕《刑法》第 257 条“暴力干涉婚姻自由罪”：“以暴力干涉他人婚姻自由的，处二年以下有期徒刑或者拘役。犯前款罪，致使被害人死亡的，处二年以上七年以下有期徒刑。第一款罪，告诉的才处理。”“重婚罪”第 258 条：“有配偶而重婚的，或者明知他人有配偶而与之结婚的，处二年以下有期徒刑或者拘役。”第 259 条第 1 款“破坏军婚罪”：“明知是现役军人的配偶而与之同居或者结婚的，处三年以下有期徒刑或者拘役。”第 260 条“虐待罪”：“虐待家庭成员，情节恶劣的，处二年以下有期徒刑、拘役或者管制。犯前款罪，致使被害人重伤、死亡的，处二年以上七年以下有期徒刑。第一款罪，告诉的才处理……”第 260 条之 1 第 1 款“监护人、看护人虐待罪”：“对未成年人、老年人、患病的人、残疾人等负有监护、看护职责的人虐待被监护、看护的人，情节恶劣的，处三年以下有期徒刑或者拘役。”第 261 条“遗弃罪”：“对于年老、年幼、患病或者其他没有独立生活能力的人，负有扶养义务而拒绝扶养，情节恶劣的，处五年以下有期徒刑、拘役或者管制。”

(3) 婚姻程序法中的规定。2003 年 10 月 1 日施行的《婚姻登记条例》是关于结婚登记和离婚登记的规定。通过公权力机关的登记规范监督民众的婚姻行为，保障婚姻当事人的合法婚姻家庭权益。

(4)《涉外民事关系法律适用法》中的规定。2010 年公布的《涉外民事关系法律适用法》第 3 章"婚姻家庭"规定了涉外婚姻的结婚条件、结婚手续、夫妻人身关系和财产关系、协议离婚和诉讼离婚、父母子女关系、收养、扶养和监护的法律适用。这一规定在一定程度上也是为了适应我国改革开放以后大量跨国婚姻、跨国家庭所引发的涉外婚姻家庭纠纷不断增多的需求。

二、直接影响婚姻家庭的制度规范

第二层面的婚姻家庭制度规范不被用于规制家庭生活，而是将婚姻家庭仅作为规制其他生活领域如移民、税收体系或者社会福利体系规则运行或结构中的一个范畴。这些法律制度规范不如我们正式意义上所称的家庭法律那样直接影响家庭的运行，但有时候也影响家庭事实上如何形成和解除。例如，移民法包括许多涉及对家庭有重要影响的关系的规定；社会福利法决定照顾受抚养人的家庭性质和在家庭中谁能够为了与家庭有关的目的获得政府福利；劳动法规定了哪些人可以为了家庭相关的目的请假。[1]因此，无论是家庭的日常生活，还是家庭的长期规划都涉及表面上与家庭和家庭法毫无联系，但影响着家庭成员间关系和家庭中权力、

---

〔1〕 Ann Schalleck, *Conference*: "Comparative Family Law: What is the Global Family-Family Law in Decolonization, Modernization and Globalization, American University Journal of Gender", *Social Policy & the Law*, Vol. 19, Issue 2 (2011), p. 452.

资源、工作和流动性分配的法律规范的广泛领域。[1]在我国，第二层面的婚姻家庭制度规范主要是指直接影响婚姻家庭的制度规范。所谓直接影响即指这些制度规范设置的目的在于规制影响婚姻家庭生活。

（一）影响婚姻家庭关系的制度规范

（1）《人口与计划生育法》中的规定。2001 年公布、2021 年修正的《人口与计划生育法》第三章“生育调节”规定了公民生育的权利和义务，夫妻双方负有计划生育的共同责任。该规定从提高人口素质，实现人口与经济、社会、资源、环境的协调发展的角度规范婚姻家庭中夫妻的生育权利，也促使形成核心家庭关系。

（2）《治安管理处罚法》中的规定。2005 年公布、2012 年修正的《治安管理处罚法》第 45 条“对虐待家庭成员、遗弃被扶养人行为的处罚”的规定，[2]为家庭成员的人身安全提供了行政法上的保障，倡导家庭的和谐和平等，有利于建立平权型家庭关系。

（3）《预防未成年人犯罪法》中的规定。1999 年公布、2020 年修订的《预防未成年人犯罪法》第 16 条未成年人的父母或者其他监护人对未成年人的法制教育职责，第三章“对不良行为的干预”和第四章“对严重不良行为的矫治”均规定了在未成年人法制教育和预防犯罪上父母的家庭权力分配，影响了家庭的父母子

〔1〕 Janet Halley and Kerry Rittich, “Critical Directions in Comparative Family Law: Genealogies and Cotempary Studies of Family Law Exceptionalism”, *Introduction to the Special Issue on Comparative Family Law*, The American Journal of Comparative Law, Vol. 58 (2010), p. 761.

〔2〕 2005 年 8 月 28 日通过并公布、2006 年 3 月 1 日施行，2012 年 10 月 26 日修正、2013 年 1 月 1 日施行的《治安管理处罚法》第 45 条规定：“有下列行为之一的，处五日以下拘留或者警告：（一）虐待家庭成员，被虐待人要求处理的；（二）遗弃没有独立生活能力的被扶养人的。”

女关系。〔1〕

（二）平衡弱势一方家庭成员利益的制度规范

（1）《未成年人保护法》中的规定。2020年修订的《未成年人保护法》第二章“家庭保护”是关于未成年人监护的规定，规定了父母对未成年子女的监护内容，首先对父母和其他监护人的监护职责和抚养义务作了原则性规定（第15条），规定了父母和其他监护人对未成年人负有抚养义务。包括积极方面规定了父母和其他监护人对未成年人的生理、心理和行为的引导和教育义务，使未成年人接受并完成义务教育的义务（第16条）。从消极方面规定了禁止对未成年人实施家庭暴力，禁止虐待、遗弃未成年人等，规定不得允许或者迫使未成年人结婚或订立婚约（第17条）。〔2〕《未成年人保护法》“家庭保护”的规定从保护未成年人权益的角度大大丰富了婚姻家庭中有关父母的监护职责的规定。

（2）《妇女权益保障法》中的规定。2022年修订的《妇女权益保障法》第七章专门设立了“婚姻家庭权益”一章，规定了妇女的平等婚姻家庭权利、婚姻自主权、平等的夫妻共同财产权、平等的监护权、生育自由等婚姻家庭权益。考虑到妇女长期处于婚姻家庭中的弱势一方，对婚姻家庭中的妻子一方给予更多倾斜性的保护规定，以实现平等、和谐的婚姻家庭关系。

（3）《老年人权益保障法》中的规定。2009年修正的《老年

---

〔1〕《预防未成年人犯罪法》第16条规定：“未成年人的父母或者其他监护人对未成年人的预防犯罪教育负有直接责任，应当依法履行监护职责，树立优良家风，培养未成年人良好品行；发现未成年人心理或者行为异常的，应当及时了解情况并进行教育、引导和劝诫，不得拒绝或者怠于履行监护职责。”

〔2〕高丰美：“我国人身性监护职责法律界定的若干思考”，载《铜陵学院学报》2013年第4期。

人权益保障法》第二章“家庭赡养与扶养”第10条规定了家庭成员对老年人的关心和照料义务；2012年修订的《老年人权益保障法》第18条第2款特别规定“与老年人分开居住的家庭成员，应当经常看望或者问候老年人”。2018年修正的《老年人权益保障法》规定了赡养的内容、老年人的婚姻自由、老年人的监护人的确定等。2022年11月1日施行的新修订的《甘肃省老年人权益保障条例》第15条第1款，鼓励家庭成员与老年人共同生活或者就近居住，照料老年人的日常生活。通过《老年人权益保障法》的特别规定保障处于婚姻家庭中弱势一方的老年人的婚姻家庭权益。

(4)《残疾人保障法》中的规定。2008年修订的《残疾人保障法》第9条[1]规定了残疾人的扶养人、监护人和亲属的义务。这在一定程度上平衡了家庭关系中处于弱势一方的利益。

(三) 影响家庭成员财产分配的制度规范

《民法典》继承编第二章“法定继承”的规定、2002年施行的《海域使用管理法》第27条第3款“关于海域使用权的继承”的规定、[2]2004年修正的《票据法》第11条第1款关于“无对价的票据取得”的规定、[3]2006年修订的《合伙企业法》第50

[1] 1990年12月28日通过、2008年4月24日修订并公布、2008年7月施行的《残疾人保障法》第9条规定：“残疾人的扶养人必须对残疾人履行扶养义务。残疾人的监护人必须履行监护职责，尊重被监护人的意愿，维护被监护人的合法权益。残疾人的亲属、监护人应当鼓励和帮助残疾人增强自立能力。禁止对残疾人实施家庭暴力，禁止虐待、遗弃残疾人。”

[2] 2001年10月27日公布、2002年1月1日施行的《海域使用管理法》第27条第3款规定：“海域使用权可以依法继承。”

[3] 1995年5月10日通过、2004年8月28日修正的《票据法》第11条第1款关于“无对价的票据取得”的规定：“因税收、继承、赠与可以依法无偿取得票据的，不受给付对价的限制。但是，所享有的票据权利不得优于其前手的权利。”

条第 1 款关于“合伙人死亡时财产份额的继承”的规定、[1]2018 年修正的《农村土地承包法》第 31 条关于“妇女结婚的承包地取得和收回”的规定[2]和第 32 条关于“承包收益和林地承包权的继承”的规定[3]和 2015 年修订的《保险法》第 31 条第 1 款关于“人身保险利益”的规定,[4]明确了家庭继承财产的范围,影响了家庭内部财产资源的分配。

（四）程序性保障的制度规范

（1）《民事诉讼法》中的规定。2023 年修正的《民事诉讼法》第 23 条“关于一般地域管辖的规定”和第 65 条“离婚诉讼代理的特别规定”便利了婚姻当事人及时地解除婚姻关系，保障婚姻当事人婚姻自由的实现。[5]

---

〔1〕 1997 年 2 月 23 日通过、2006 年 8 月 27 日修订的《合伙企业法》第 50 条第 1 款关于“合伙人死亡时财产份额的继承”的规定：“合伙人死亡或者被依法宣告死亡的，对该合伙人在合伙企业中的财产份额享有合法继承权的继承人，按照合伙协议的约定或者经全体合伙人一致同意，从继承开始之日起，取得该合伙企业的合伙人资格。”

〔2〕 2002 年 8 月 29 日通过、2018 年 12 月 29 日修正的《农村土地承包法》第 31 条规定：“承包期内，妇女结婚，在新居住地未取得承包地的，发包方不得收回其原承包地；妇女离婚或者丧偶，仍在原居住地生活或者不在原居住地生活但在新居住地未取得承包地的，发包方不得收回其原承包地。”

〔3〕《农村土地承包法》第 32 条关于“承包收益和林地承包权的继承”的规定：“承包人应得的承包收益，依照继承法的规定继承。林地承包的承包人死亡，其继承人可以在承包期内继续承包。”

〔4〕 1995 年 6 月 30 日通过、2015 年 4 月 24 日修正的《保险法》第 31 条第 1 款关于“人身保险利益”的规定：“投保人对下列人员具有保险利益：（一）本人；（二）配偶、子女、父母；（三）前项以外与投保人有抚养、赡养或者扶养关系的家庭其他成员、近亲属；（四）与投保人有劳动关系的劳动者。”

〔5〕 1991 年 4 月 9 日公布、2023 年 9 月 1 日修正的《民事诉讼法》第 23 条规定：“下列民事诉讼，由原告住所地人民法院管辖；原告住所地与经常居住地不一致的，由原告经常居住地人民法院管辖：（一）对不在中华人民共和国领域内居住的人提起的有关身份关系的诉讼；……”第 65 条规定：“离婚案件有诉讼代理人的，本人除不能表达意思的以外，仍应出庭；确因特殊情况无法出庭的，必须向人民法院提交书面意见。”

（2）《公证法》中的规定。2005 年通过、2017 年修正的《公证法》第 11 条明确“婚姻状况、亲属关系和收养关系”可以作为公证事项办理公证，为婚姻家庭关系的形成提供了程序性保障。

（3）《户口登记条例》中的规定。1958 年《户口登记条例》第 19 条关于“公民户口变更登记”的规定：“公民因结婚、离婚、收养、认领、分户、并户、失踪、寻回或者其他事由引起户口变动的时候，由户主或者本人向户口登记机关申报变更登记。”该规定以户口登记的方式确认结婚、离婚所带来的婚姻家庭关系的确立和解除的法律效力。

（4）《母婴保健法》中的规定。2017 年修正的《母婴保健法》第二章“婚前保健”第 12 条和 2023 年修订的《母婴保健法实施办法》第二章“婚前保健”第 10 条规定结婚登记应当进行婚前医学检查。[1]这些规定完善补充了婚姻家庭法中结婚程序要件中的规定。

三、间接影响婚姻家庭的制度规范

第三层面的婚姻家庭制度规范被称为背景规范，即指在背景规范的作用过程中对家庭具有重大影响，而不是直接涉及婚姻家庭的规范。例如，虽然个人权利的体系构成了反歧视法，但是保护免于专断或偏见地干预诸如与工作或教育相关的领域将影响家庭成员如何及何时在如教育或雇用的基本社会活动中，寻求到在

〔1〕 1994 年 10 月 27 日通过、2017 年 11 月 4 日修正的《母婴保健法》第二章“婚前保健”第 12 条规定：“男女双方在结婚登记时，应当持有婚前医学检查证明或者医学鉴定证明。”2001 年 6 月 20 日公布、2023 年 7 月 20 日修订的《母婴保健法实施办法》第二章“婚前保健”，第 10 条规定：“在实行婚前医学检查的地区，准备结婚的男女双方在办理结婚登记前，应当到医疗、保健机构进行婚前医学检查。”

家庭决策和运作起中心作用的事务的进入途径或者保障；容忍公共教育性别差异的法律影响家庭资源和工作的分配，当一些家庭成员被挑选出来集中精力于通过获取新技能来学习和提升，而其他家庭成员仍然负责满足一个家庭的日常需要；限制关于工资和劳动条件保护的劳动法适用于一个家庭的工作在很大程度上决定了一个家庭责任的组织和分配，乃至家庭的组成。〔1〕当背景规范通过创设或容忍收入、提升或安全的性别差异影响劳动市场参与的时候，它们同样形构（shape）一个家庭中的角色。第三层面的婚姻家庭制度规范将这些婚姻家庭背景规范的后果视为那些法律领域的中心并且视为家庭法探究的基础。〔2〕第三层面的婚姻家庭制度规范在我国主要是指间接影响婚姻家庭的制度规范。这些制度规范让女性和男性享有平等的社会法律地位，让妇女享有平等的受教育、平等工作等基本社会活动的权利，提高了妇女在家庭中的地位，使妇女在家庭决策和运作中发挥越来越重要的作用。

（1）劳动法规范。在我国立法中，1994 年公布、2018 年修正的《劳动法》第 12 条、第 13 条和第 46 条第 1 款的规定〔3〕赋予

---

〔1〕 Ann Schalleck, "Conference: Comparative Family Law: What is the Global Family–Family Law in Decolonization, Modernization and Globalization, American University Journal of Gender", *Social Policy & the Law*, Vol. 19, Issue 2 (2011), pp. 451–452.

〔2〕 Janet Halley and Kerry Rittich, "Critical Directions in Comparative Family Law: Genealogies and Cotempary Studies of Family Law Exceptionalism", *Introduction to the Special Issue on Comparative Family Law*, *The American Journal of Comparative Law*, Vol. 58, (2010), p. 762.

〔3〕 1995 年 1 月 1 日施行的《劳动法》第 12 条规定："劳动者就业，不因民族、种族、性别、宗教信仰不同而受歧视。"第 13 条规定："妇女享有与男子平等的就业权利。在录用职工时，除国家规定的不适合妇女的工种或者岗位外，不得以性别为由拒绝录用妇女或者提高对妇女的录用标准。"第 46 条第 1 款规定："工资分配应当遵循按劳分配原则，实行同工同酬。"

妇女平等地参与劳动，并获得同等的报酬的权利，让妇女进入劳动力市场，从而改变了家庭分工。而《劳动法》第36条和第40条[1]的规定赋予劳动者同等的休息权，让妇女同时也能照顾家庭，担当基本的家庭职责。《劳动法》第70条关于社会保险制度的规定及其他配套的规定[2]使传统反哺式的家庭供养制度模式呈现减少态势。

（2）教育法规范。1995年公布、2021年修正的《教育法》第20条、第37条，1996年施行的《职业教育法》第5条和第10条第5款，[3]规定了女子和男子平等地接受职业教育和继续教育的权利，使妇女进一步从家庭中抽离出来。

（3）妇女权益保障法。《妇女权益保障法》第10条、第13条、第18条、第35条、第41条、第53条和第60条的规定赋予

---

〔1〕 1994年7月5日公布、2009年8月27日第一次修正、2018年12月29日第二次修正的《劳动法》第36条规定："国家实行劳动者每日工作时间不超过八小时、平均每周工作时间不超过四十四小时的工时制度。"第38条规定："用人单位应当保证劳动者每周至少休息一日。"第40条规定："用人单位在下列节日期间应当依法安排劳动者休假：（一）元旦；（二）春节；（三）国际劳动节；（四）国庆节；（五）法律、法规规定的其他休假节日。"

〔2〕 1995施行的《劳动法》第70条规定："国家发展社会保险事业，建立社会保险制度，设立社会保险基金，使劳动者在年老、患病、工伤、失业、生育等情况下获得帮助和补偿。"

〔3〕 1995年3月18日通过、2009年8月27日第一次修正、2015年12月27日第二次修正、2021年4月29日第三次修正的《教育法》第20条规定："国家实行职业教育制度和继续教育制度。各级人民政府、有关行政部门和行业组织以及企业事业组织应当采取措施，发展并保障公民接受职业学校教育或者各种形式的职业培训。国家鼓励发展多种形式的继续教育，使公民接受适当形式的政治、经济、文化、科学、技术、业务等方面的教育……"第37条规定："受教育者在入学、升学、就业等方面依法享有平等权利。学校和有关行政部门应当按照国家有关规定，保障女子在入学、升学、就业、授予学位、派出留学等方面享有同男子平等的权利。"1996年5月15日通过、2022年4月20日修订的《职业教育法》第5条规定："公民有依法接受职业教育的权利。"第10条第5款："国家保障妇女平等接受职业教育的权利。"

妇女与男子平等的政治权利、文化教育权利、劳动权利、财产权利、人身权利和婚姻家庭权利，进一步确立了女性在社会、政治、经济、文化教育和婚姻家庭中的地位。

四、被认可的婚姻家庭社会规范和实践

在制定法之外，还存在第四层面的婚姻家庭制度规范，即被认可的婚姻家庭社会规范和实践，虽然这些社会规范和实践没有被作为权威材料记录下来，但其作为一种法律在发挥作用，因为它们被视为家庭的治理规则有效地规制婚姻家庭。[1]有一些习惯、惯例和通行的做法在相当一部分地区被公认并被视为具有法律约束力，它们被称为习惯法。习惯法是独立于国家制定法之外，依据某种社会权威和社会组织，具有一定强制性的行为规范的总和。[2]

在婚姻家庭领域，在农村尤其少数民族地区，订婚、结婚、家庭关系、离婚和分家析产等事务上存在大量的风俗习惯，这些习惯在当代通行，为当地认可，具有约束力和权威性。

(1) 订婚。在一些民族习惯法中，订婚是缔结婚姻的必要条件。如在甘肃东乡族地区，婚约是结婚的必经程序，婚约一旦订立不得悔改。[3]在侗族习惯法中，按照侗族婚姻家庭习惯法的规定，“订婚对双方当事人具有一定的约束力，如果一方反悔的，应当承担一定的责任，比如向对方赔偿一定数额的金钱和谷物作为

〔1〕 Ann Schalleck, “Conference: Comparative Family Law: What is the Global Family-Family Law in Decolonization, Modernization and Globalization, American University Journal of Gender”, *Social Policy & the Law*, Vol. 19, Issue 2 (2011), pp. 453-454.

〔2〕 高其才：《法理学》，清华大学出版社 2011 年版，第 75 页。

〔3〕 高其才主编：《当代中国少数民族习惯法》，法律出版社 2010 年版，第 211 页。

处罚”。[1]

(2) 结婚。对于结婚的年龄、禁婚亲、结婚的程序有不同的习惯。在西藏康区昌都地区一夫一妻占50%以上。[2]又如，当代东乡族婚姻习惯法规定深受宗教影响，东乡族婚姻习惯法对于婚姻的程序及仪式规定较为详细，结婚一般都遵循“找赤、订茶、结婚”这个几个程序。请“阿訇”为亲人念“尼卡哈”是东乡族婚姻习惯法上的必备仪式。[3]

(3) 家庭关系。在侗族习惯法中，非常重视尊老爱幼的规定。侗族人将尊老爱幼的传统习惯纳入习惯法，以对人们具有更强的约束力。[4]

(4) 离婚。关于离婚，“在侗族，严格限制离婚，夫妻双方自愿离婚的，应当受到处罚，即向寨子上交一定的金钱”。[5]东乡族关于离婚的规范按照习惯，夫妻之间确实属于感情破裂，无法继续共同生活，经公证人调解仍无效时，双方都有要求离婚的同等权利。这些习惯规范还在一定范围内存在。[6]

(5) 分家析产习惯法。分家制度属于习惯法的一种，在广大农村地区广泛存在，并且依然有效，虽然不是制定法，但在农村

---

〔1〕 袁泽清：“侗族传统婚姻家庭习惯法的伦理思想”，载《贵州民族研究》2014年第5期。

〔2〕 高其才主编：《当代中国婚姻家庭习惯法》，法律出版社2011年版，第106页。

〔3〕 高其才主编：《当代中国少数民族习惯法》，法律出版社2010年版，第211~217页。

〔4〕 袁泽清：“侗族传统婚姻家庭习惯法的伦理思想”，载《贵州民族研究》2014年第5期。

〔5〕 袁泽清：“侗族传统婚姻家庭习惯法的伦理思想”，载《贵州民族研究》2014年第5期。

〔6〕 高其才主编：《当代中国少数民族习惯法》，法律出版社2010年版，第211~217页。

社会，其在效力上不弱于制定法。如河北围场王村即还存在这种分家制度。〔1〕分家析产是指我国传统家庭分裂过程中家业在父子间的代际传递和家产在诸子之间的横向分配，包括家业继承、家产分配、家计分裂和家庭独立等。分家析产制度虽然已经退出了国家法领域，但作为一种习惯法仍然广泛存在于我国民间尤其是农村社会，实际影响我国民众的生活和行为。〔2〕分家析产习惯法有自己的规范，如主体条件是当事人家庭有一个及以上的儿子，至少有一个儿子已经结婚，客体条件是当事人家庭有同居共财。在财产分配规范上，一般是以诸子均分财产制为主，长子与幼子可多分财产为辅，保留父母必要份额等。〔3〕又如，在浙江省慈溪市附海镇蒋村，有自己的分家主体规范、客体规范、分家程序和分家协议，分家时基本持平等协商、权利与义务一致、中证等习惯法原则，且分家往往与养老、赡养联系在一起。〔4〕

这些习惯法之所以仍然存在并发挥作用，是因为它们与当地宗教、民族习惯、道德传统相契合，符合当地人们对婚姻家庭的心理预期。在当今，随着经济发展变化，现代法治理念逐渐深入以及习俗改革的开展，婚姻家庭习惯法中许多习惯规则发生了变化，国家法律对习惯法有较大的影响。比如，受我国《婚姻法》《继承法》等法律法规的影响，分家越来越强调男女平等，而且

---

〔1〕 高其才主编：《当代中国婚姻家庭习惯法》，法律出版社2011年版，第353页。

〔2〕 高其才主编：《当代中国分家析产习惯法》，中国政法大学出版社2014年版，第171页。

〔3〕 高其才主编：《当代中国分家析产习惯法》，中国政法大学出版社2014年版，第36~46页。

〔4〕 高其才主编：《当代中国分家析产习惯法》，中国政法大学出版社2014年版，第73~74页。

计划生育的推行，核心家庭不存在分家问题。但随着三孩政策的逐步推行，分家习惯是否继续在更广泛范围存在值得进一步观察和探究。[1]

五、社会变迁对婚姻家庭制度规范的供需

在社会变迁的大背景下，上述四个层面的法律规范和社会规范共同作用于我国的婚姻家庭关系。法律永远处于一种流动的状态，不断提出新的问题，需要用法律来解决。婚姻家庭关系的变化速度与写进书面的法律的认定速度并不一样，它们是每天、每小时地变化。与社会法律的永续发展相比，僵硬、固定的国家法绝大多数时候都落在后面。[2]伴随宏观层面的社会变迁和微观层面的婚姻家庭变迁，我国婚姻家庭法也在不断修改完善，进行不断的调适。然而婚姻家庭本是复杂的社会生活，具有极强的社会性和伦理传统性，单单第一层面的婚姻家庭制度规范不足以满足婚姻家庭生活的制度规范需求。

后三个层面的婚姻家庭制度规范为第一层面的规范提供较好的政治经济和文化制度背景，有助于婚姻家庭立法宗旨的实现；并且在第一层面制度规范未能及时回应社会变迁时，后三个层面的制度规范能够给予一定的辅助和补充。第一，我国婚姻家庭法强调男女平等原则，相应地，我国劳动法、教育法、妇女权益保障法等确立了妇女与男子平等的各项权利，为妇女实现家庭关系

---

〔1〕 高其才主编：《当代中国分家析产习惯法》，中国政法大学出版社 2014 年版，第 77 页。

〔2〕［奥］尤根·埃利希：《法律社会学基本原理》，叶名怡、袁震译，中国社会科学出版社 2009 年版，第 302 页。

中的平等地位提供了文化教育、经济地位等条件。第二，由于婚姻家庭法作为私法策略使国家在介入婚姻家庭领域时基本处在消极地位，为实现对婚姻家庭关系的改造，需要公法策略促使国家主动作为去推行法律。[1]我国治安管理处罚法、刑法等对重婚、遗弃、虐待等侵害家庭成员权益行为的法律规制，以公法的调整策略保障了婚姻家庭成员的基本权益。第三，公证法、民事诉讼法等对婚姻家庭纠纷程序规则的规定为婚姻家庭成员的权益救济提供了途径保障。第四，婚姻家庭本身具有较强伦理性和道德性，婚姻家庭习惯法必将在一定时期和一定范围继续存在，这些习惯法有助于解决当地的婚姻家庭纠纷和维护当地婚姻家庭秩序。

上述四个层面的婚姻家庭制度规范能够为人们的婚姻家庭生活提供全面完善的制度规范供给，更好满足人们对婚姻家庭制度的需求，便利人们的婚姻家庭生活，构建平等、和谐、稳定的家庭秩序。然而，目前我国的四个层面的制度规范供给存在不平衡、不协调的问题。其一，我国在第三层面的制度供给上比较薄弱，应充分利用税收、住房、劳动等立法发挥对婚姻家庭生活的规制和引导作用。其二，我国第四层面的习惯法与制定法的冲突和差异。首先传统习惯法中的积极因素必须予以肯定。习惯法在很多方面与国家制定法追求同样的价值，保护同样的权益不受侵害。[2]在尊重婚姻习惯法的基础上，加大国家法制的宣传力度，加大公检

---

〔1〕 黄建武：《法律调整——法社会学的一个专题讨论》，中国人民大学出版社2015年版，第123~124页。

〔2〕 高其才主编：《当代中国分家析产习惯法》，中国政法大学出版社2014年版，第160页。

法等执法部门专业人才的引进力度，加大教育投资力度。[1]其三，严格意义上讲，法制变迁也属于社会变迁的范畴，应加强四个层面的婚姻家庭制度规范的内在协调，相互及时更新和回应，及时废止不相适应的制度规范，并及时回应宏观层面的社会变迁和微观层面的婚姻家庭变迁。

第三节　我国社会变迁与婚姻家庭制度的互动关系

一、社会变迁对婚姻家庭制度的作用方式

社会变迁对婚姻家庭制度的作用方式，需区分宏观层面的社会变迁和微观层面的社会变迁的作用方式。宏观层面的社会变迁是引起婚姻家庭制度变迁的外部因素，微观层面的社会变迁是引起婚姻家庭制度变迁的内部因素。改革开放以来，对我国婚姻家庭制度产生重大影响的宏观层面的社会变迁主要包括经济结构向市场经济转变、政治结构的民主化、现代新型阶层结构的形成和多元文化价值观；对我国婚姻家庭制度产生重大影响的微观层面的社会变迁包括择偶自主性增强、兼具传统与现代因素的婚姻维持、婚姻家庭解体加剧、核心化与多样化的家庭结构、趋向现代化的家庭功能及向平权型转变的家庭关系。微观层面婚姻家庭的变迁往往直接对婚姻家庭制度提出变革需求，从而引起婚姻家庭制度的变革。宏观层面的社会变迁对婚姻家庭制度的作用方式表现为：一是直接对婚姻家庭制度设计产生影响，这种情形较为少

〔1〕 高其才主编：《当代中国少数民族习惯法》，法律出版社 2010 年版，第 219~221 页。

见。二是通过其他政策、立法等对婚姻家庭制度产生影响，从狭义的婚姻家庭制度规范来看，上述第二层面和第三层面的制度规范对第一层面婚姻立法的影响即属于此类。三是通过影响微观层面的婚姻家庭变迁，进而对婚姻家庭制度产生间接影响。多数情况下，作为外部因素的宏观层面的社会变迁往往通过作为内部因素的微观层面的社会变迁来产生作用。在计划经济向市场经济的转变过程中，生产经营方式发生改变，人们的就业方式出现“自主择业”的趋势，人们的家庭经济收入方式突破了改革前单一地依赖家庭成员从工作单位中分配到国家统一确定的标准工资这种“单一标准工资”模式，呈现包括业外收入、自雇收入、打工收入等“多元自主交易”模式趋势。〔1〕生产方式的改变带来生产力的增长，以及人们收入的多元化和财富的增长，家庭收入的多元化和自主性，有助于平等的家庭关系的形成，生产方式的改变也使原有依靠大家庭的生产模式转向了夫妇式核心家庭模式，尤其是大量农村劳动力从农村和土地上解放出来后，加速了核心家庭结构的形成；生产方式的改变也对人们的文化观念和婚姻家庭观念产生了重大影响，人们的家庭观念经历了由服从管制到崇尚私权，由注重保护家庭财产到要求保护个人财产的价值观转变等。为适应这一变迁，我国婚姻家庭立法时规定婚姻自由、一夫一妻、男女平等作为婚姻法的基本原则；在人身关系制度设计时，规定了夫妻平等人身权利；在夫妻财产关系制度上，规定了个人特有财产和约定财产制等。上述宏观层面的社会变迁引起微观层面的婚姻家庭变迁，继而引起婚姻家庭制度的相应变革，要求在婚姻价

〔1〕 陈午晴：《当代中国的单位变革与家庭变迁》，河北大学出版社 2004 年版，第 92~105 页。

值上的丰富和更新，在婚姻家庭制度规范上的构建和完善。

二、社会变迁对婚姻家庭制度的作用内容

法律制度规范是内在价值和外在规范的统一。社会变迁对法律变革的作用内容表现为对法律的内在价值和外在规范的影响。内在价值变动，外在规范也随之发生变动，内在价值具有支撑作用；内在价值通过外在规范体现，以外在规范为载体。在婚姻家庭法领域，社会变迁对婚姻家庭内在的价值影响主要表现为婚姻内在价值通过上升为婚姻家庭法的基本原则，指导婚姻家庭立法和司法。社会变迁对婚姻外在规范的影响主要表现为两种方式：一是社会变迁通过影响婚姻内在价值，继而引起婚姻家庭制度规范随之作出相应变革；二是直接影响婚姻家庭制度规范的设计。改革开放以来，我国婚姻家庭制度的内在价值和外在规范都发生了变化。就当代中国社会变迁与我国婚姻家庭制度的作用关系来看，宏观层面的社会变迁往往更容易直接导致婚姻家庭制度的内在价值的变迁；微观层面的社会变迁往往倾向于带来婚姻家庭制度外在规范的变革；当然婚姻家庭内在价值的变迁也会引导外在规范的变革。就宏观层面的社会变迁而言，市场经济的发展以及政治的民主化对个人意思自治、个人财产保护和婚姻诚信均有影响，引起婚姻家庭制度对婚姻自由原则、平等原则、婚姻诚信等价值的确认，但这也引起了夫妻财产制的变革。就微观层面的社会变迁而言，婚姻维持方式中婚后居处、家务分工和夫妻权力分配直接引起婚姻家庭中夫妻权利义务的重新设计，家庭结构的变迁直接引起夫妻财产制和亲子关系制度的完善，家庭功能的变迁直接引起亲子监护和父母赡养制度的完善，家庭关系的变迁引起

夫妻人身关系和财产关系制度的完善等。

然而，应注意到社会变迁与婚姻家庭制度的变革不是一一对应的关系，有时候多个社会变迁会引起一项婚姻家庭制度的变化，有时候一个社会变迁会引起多项婚姻家庭制度的变化。社会变迁对婚姻家庭制度内在价值和外在规范的作用方式也不是截然分开的，宏观层面的社会变迁和微观层面的婚姻家庭变迁可能导致一项婚姻家庭制度的变革。在社会发生变迁的情形下，婚姻家庭制度内在价值与外在规范及时回应社会变迁，并且协调统一、共同发展。

三、婚姻家庭制度对社会的促进作用

根据法律社会学一般理论，法律作用于社会有两种方式，分别为直接作用和间接作用。所谓直接作用，是指法在作为社会变迁的工具直接加以运用时，通过法律规定的实施引起行为模式的变化。〔1〕所谓间接作用，是指法律通过影响各种社会制度变迁的可能性，包括依法形成各种社会制度、建立政府内部的各种组织机构、设定法律义务等，从而对社会变迁起到十分重要的间接作用。〔2〕

（一）婚姻家庭制度对社会的直接作用

婚姻家庭制度对社会的直接作用表现为通过婚姻家庭制度规范的实施引起人们婚姻家庭行为模式的变化，作为婚姻家庭关系调整工具的婚姻家庭法，对于社会变迁的促进或改造，是依托其规则对人的行为产生影响的。婚姻家庭制度的直接作用也更多地

〔1〕平旭、栾爽：《法律与社会》，光明日报出版社2014年版，第117页。

〔2〕［美］罗杰·科特威尔：《法律社会学导论》，潘大松等译，华夏出版社1989年版，第65~66页。

表现为对婚姻家庭生活的直接影响。比如，结婚制度中对婚龄的影响，在一定程度上起到推迟男女青年的结婚年龄的作用；民政部发布的《2021 年民政事业发展统计公报》显示，从 2021 年结婚登记人口年龄分布情况来看，20—24 岁年龄段人数有 252.9 万人；25—29 岁年龄段人数最多，为 539.3 万人；30—34 岁年龄段人数其次，为 305.2 万人；35—39 岁年龄段人数有 133.2 万人；40 岁以上年龄段人数有 297.9 万人。

我国的婚姻家庭制度包括四个层面，这四个层面的婚姻家庭制度可分为私法性的婚姻家庭制度和公法性的婚姻家庭制度。作为私法性的婚姻家庭制度包括《民法典》婚姻家庭编、《彩礼规定》、《民法典婚姻家庭编司法解释（一）》、《民法典》总则编（第二章第二节“监护”第 26 条至第 39 条）、《反家庭暴力法》、《民法典》人格权编（第 997 条、第 1015 条）、《民法典》侵权责任编（第 1188 条、第 1189 条）、《民法典》继承编（第二章）、《票据法》（第 11 条第 1 款）、《合伙企业法》（第 50 条第 1 款）、《保险法》（第 31 条第 1 款）等，它们对于社会的影响是和缓的、引导性的，社会主体完全可以在自治的条件下作出选择，这属于一种法律改造社会的私法策略，在这些婚姻家庭制度运行的过程中，国家基本处在消极地位，主要通过私法方式让社会和婚姻家庭当事人以自治的原则与方法实施婚姻家庭行为。当上述私法性的婚姻家庭制度规范与一定的社会环境产生冲突并对社会不能有效发挥作用时，有些婚姻家庭当事人也可以选择习惯的方式，因此，在很多少数民族地区和一些农村地区订婚、分家析产等婚俗习惯依然存在。

当上述私法策略完全失效时，公法策略将介入，即国家主动作为，保障婚姻家庭当事人及其他主体对婚姻家庭制度规范的遵守，实现对社会的改造，此时公法性的婚姻家庭制度规范将发挥作用。我国制定了规范婚姻家庭的程序性规定和强制性规范，《婚姻登记条例》、《民事诉讼法》（第23条、第65条）、《公证法》（第11条）、《户口登记条例》（第19条）、《母婴保健法》（第12条）及《母婴保健法实施办法》（第10条）等法律规定完善婚姻登记的程序性问题，便利了婚姻当事人确认和解除婚姻关系，保障婚姻当事人婚姻自由的实现，为《婚姻法》中婚姻自由的实现提供了程序性保障；《人口与计划生育法》（第三章）、《刑法》（第257条至第261条）、《治安管理处罚法》（第45条）等通过规范和惩治侵犯家庭成员的人身权利的行为，引导人们对私法性婚姻家庭制度规范的遵守，实现家庭成员的人身权益的保护和婚姻家庭和谐秩序，促进社会发展。

（二）婚姻家庭制度对社会的间接作用

如上所述，婚姻家庭制度对社会变迁的间接作用表现为通过婚姻家庭制度形成影响社会变迁的环境从而引起微观层面的婚姻家庭的变迁和社会政治、经济、文化等宏观层面的社会结构的变迁。古德指出，“社会是通过家庭来取得个人对社会的贡献，是基本的社会控制单位，家庭成员比外界人士可以更多地看到一个人的全部行为，以实现社会控制”；家庭同时也是与生产和分配有关的经济单位，如果家庭的职能发挥得不好，则社会就难以达到预期的目标。[1]婚姻家庭法确立了一夫一妻制，男女平等，婚姻自由，保护妇女、儿童和老人的合法权益的基本原则，营造平等、自由、和谐等婚姻家庭文化和价值导向，促进了社会和谐，保证

〔1〕［美］威廉·J. 古德：《家庭》，魏章玲译，社会科学文献出版社1986年版，第4~9页。

了良好的社会环境；在婚姻家庭制度中承认家庭成员的个人财产制和约定财产制，有助于个人资产的投资与流动，活跃了市场经济；婚姻形式要件和实质要件的规定，通过对婚姻形式的确认和对婚姻圈子的限制对人口变迁施加影响，建立人口新秩序等。此外，《劳动法》（第12条、第13条、第36条、第40条、第46条）、《教育法》（第20条、第37条）、《职业教育法》（第5条和第10条第5款）、《妇女权益保障法》（第10条、第13条、第18条、第35条、第41条、第53条和第60条）的规定赋予妇女与男子平等的政治权利、文化教育权利、劳动权利、财产权利、人身权利和婚姻家庭权利；《未成年人保护法》（第二章）、《妇女权益保障法》（第七章）、《老年人权益保障法》（第9条、第10条）对未成年人、残疾人、老年人和妇女在婚姻家庭关系中给予更多倾斜性的保护规定等，有助于构建平等、和睦、文明的婚姻家庭秩序和社会秩序。

四、社会变迁与婚姻家庭制度的互动关系

如弗里德曼所言，法与社会变迁的关系是双向的，社会变迁推动法律的发展，法律也可促进或影响社会变迁。[1]法律受制于社会，重大的法律变化也是随着社会变化而发生的，并取决于社会变化。同时，法律也能能动地反映社会，去重构和形塑社会。婚姻家庭制度和社会变迁之间是一种互动关系，婚姻家庭制度跟随社会变迁并适应它作出变革，同时也影响和疏导着社会变迁，在社会和婚姻家庭生活中扮演着重要角色。

---

〔1〕 何珊君：《法社会学新探：一个学科框架与知识体系的构建》，北京大学出版社2014年版，第108~109页。

当代中国社会变迁会引导和推动婚姻家庭法律制度的改革；婚姻家庭法律制度在社会变迁中并不是主动去适应社会变迁或者完全与社会隔离，婚姻家庭制度对社会的反映也不可能是单向性的和单维度的。社会变迁与婚姻家庭制在相互作用过程中形成了一种互动关系，在互动过程中，促进婚姻家庭制度与社会的相互进化和共同发展。

然而，我们要意识到婚姻家庭制度与社会变迁之间的回应与调整并不是一种严谨的因果对应关系，它们之间并不总是能有立竿见影的回应，有时候婚姻家庭制度与社会变迁并不完全一致。在计划经济向市场经济转变的过程中，一些与当时生产方式和经济不相适应的婚姻家庭制度在一定时期阻碍了社会变迁。比如，我国旧婚姻法解释曾经规定的夫妻个人财产经过八年转化为夫妻共同财产的规则，即与我国市场经济发展水平不适应，在司法实践中很难操作，不但不能解决夫妻之间的财产纠纷，反而促使夫妻转移财产等诚信缺失现象的出现。如何及时地回应社会变迁，进行婚姻家庭制度的调适是一个重要课题。

法与社会变迁的关系在法社会学视野下是一个宏大的课题，所以往往采用宏观研究的方法，但是“在一种宏大叙事的框架下，穿插微观场景的研究则更好”。〔1〕社会变迁与婚姻家庭制度的关系研究结合宏观和微观两个层面展开，将更有助于我们了解二者的作用规律和特点。在本章，我们从宏观层面考察了改革开放以来我国宏观层面的社会变迁与婚姻家庭制度内在价值和外在规范的关系。接下来的章节主要是从微观层面来考察社会变迁与婚姻

〔1〕 朱景文主编：《法社会学》，中国人民大学出版社 2013 年版，第 126 页。

家庭制度的关系。社会变迁与婚姻家庭制度关系的微观层面研究主要考察微观层面的社会变迁对具体婚姻家庭制度的实然影响，以及具体的婚姻家庭制度在社会变迁中应然回应，并以此为依据，提出对具体婚姻家庭制度的调适和完善建议。这项研究将使社会变迁与婚姻家庭制度的关系变得更加具体、明晰和直观，为我国婚姻家庭制度的完善提供现实依据。当然，这里仍需指明的是微观层面的社会变迁与宏观层面的社会变迁对婚姻家庭制度的影响也绝对不是截然分开的，两者相辅相成，因此，接下来的章节在微观性论述中不可避免地会贯穿宏观层面社会变迁的内容。

这里的微观层面也包括两层含义：其一，接下来的章节主要探讨的是微观意义的社会变迁。依据婚姻家庭社会学，微观意义的社会变迁主要包括婚姻层面的恋爱与择偶、婚姻的确认与维持、婚姻的解体与重组；家庭层面的家庭结构、家庭功能和家庭关系。改革开放以来，影响我国婚姻家庭制度的微观层面的社会变迁主要表现为择偶方式和择偶标准、婚姻确认方式、婚姻家庭解体、婚姻居处方式、夫妻家务分工、夫妻权力分配的变化及家庭结构的核心化、家庭功能的现代化和家庭关系的平等化等。其二，接下来的章节主要探讨微观层面的社会变迁与个别、具体的婚姻家庭制度的关系。婚姻家庭制度内容极其广泛，包括亲子关系、夫妻人身关系、夫妻财产关系等方面的制度规范。限于篇幅和能力，本书选取了近年来学界讨论较多、社会关注比较密切及修改比较频繁重大的婚姻家庭制度展开分析，这些同时也是受社会变迁影响比较明显的制度，分别是人身关系中的非婚同居问题、亲子关系中的监护制度，结婚关系中的疾病婚制度，夫妻财产关系中的夫妻财产制度，以及离婚关系中的离婚冷静期制度。

第三章

变迁中的非婚同居之法律规制

非婚同居一般是指没有婚姻关系的男女双方建立稳定的共同生活体。本部分着重从微观层面探讨社会变迁与非婚同居的关系问题，分析社会发展变化对非婚同居关系的影响和挑战，立足于现有的法律规制，进行法律调适，探讨适合我国社会发展变化的非婚同居法律规制模式。改革开放以来，现代婚姻确认方式与传统婚姻确认方式发生冲突，年轻人的婚姻观念变化等因素导致非婚同居现象逐渐增多。我国的非婚同居现象主要产生于客观因素和主观意愿两种情形。就客观因素而言，在农村、偏远地区和少数民族地区的一定地域范围内对现代的婚姻确认方式仍然不认可，以当地习俗订立婚约、以结婚仪式替代结婚登记的方式缔结婚姻，在客观上导致了非婚同居的大量存在。就主观意愿而言，自我国实行改革开放以来，我国家庭功能的变迁趋向现代化，使婚姻与家庭的联系不那么紧密，人们可以选择更为多样化的结合形式。

第一节 婚姻家庭变迁对非婚同居关系的影响

一、婚姻确认方式对非婚同居的影响

婚姻的确认，在法学意义上称为“婚姻的成立”，即结婚，指男女双方依照法律规定的条件和程序结成夫妻关系的行为。在古代社会，西周时期产生的“六礼”是婚姻确认的必经程序，在我国传统社会里，结婚往往须有订婚仪式，数据显示在1920年以前，55.4%的天津市被调研者有过订婚经历。〔1〕1950年《婚姻法》实施以来，我国现代婚姻以结婚登记为婚姻确认方式，订婚不是结婚的必经程序，有订婚经历的人在逐步减少。但在农村，婚姻关系确认过程中依然保留订婚仪式。改革开放后，1979—1986年，在上海郊区和河南潢川被调研者中有订婚经历的男户主分别占61.4%和71.4%。〔2〕1994—1998年，中国社会科学院组织、协调进行的一项调查报告显示，从总体上看，城乡两层或各调查点内部有订婚仪式者比例减少，均未超过50%。但城乡两层或各调查点内部有订婚仪式者的比例分布却是有较大差别的。农村点有订婚仪式者占48.75%，城市点则为22.45%，两者相差26.3个百分点。〔3〕

---

〔1〕马春华等：《转型期中国城市家庭变迁 基于五城市的调查》，社会科学文献出版社2013年版，第87页。

〔2〕雷洁琼主编：《改革以来中国农村婚姻家庭的新变化》，北京大学出版社1994年版，第186页。1986年，中国社会科学院刘英组织开展的对14个省（市）经济体制改革以来农村婚姻家庭基本情况的调查显示，有过订婚经历的占70%。中国农村家庭调查组编：《当代中国农村家庭——14省（市）农村家庭协作调查资料汇编》，社会科学文献出版社1993年版，第42页。

〔3〕沈崇麟主编：《中国百县市国情调查第四批调查点问卷调查 调查报告和资料汇编》，中国社会科学出版社2001年版，第290页。

高其才和罗昶教授于2010年11月13日对浙江慈溪蒋村戚周订婚进行考察，发现村民的订婚习惯法意识依然浓厚。[1]经过上述考察，我们发现现代订婚制度[2]虽然已经失去了国家制定法的地位，但作为一种民间习惯法还在我国广大地区普遍存在，这一方面是由于其悠久的历史传统，另一方面是它在调整婚姻关系中有着不可替代的作用。[3]

一般而言，婚姻既包含平行关系，也包含垂直关系，婚姻关系的确认包括平行关系的确认和垂直关系的确认。婚姻一方面是丈夫和妻子相互承诺共同生活的平行关系；在基督教奉行仪式婚的国家，垂直关系表现为夫妻之间的承诺，即“在神面前”所立的誓约。[4]在我国传统社会，婚姻的平行关系和垂直关系是通过结婚仪式来确认的。在结婚仪式里，“一拜天地、二拜高堂、夫妻对拜”的结婚仪式蕴含着在“天地”和“父母”面前立下共同生活、履行夫妻权利义务的誓约，“夫妻对拜”蕴含着丈夫和妻子缔结婚姻的平行关系。随着结婚年代的推移，尤其是1950年《婚姻法》实施以来，只有符合婚姻法律规定的结婚条件，且当事人完成结婚登记始确定婚姻关系。结婚登记中结婚的当事人向代表国家的婚姻登记机关表示共同生活的承诺，即确立婚姻的平行关系；男女双方面向婚姻登记员宣誓“不离不弃”，即是在“国家”

〔1〕 高其才、罗昶：“传承与变异：浙江慈溪蒋村的订婚习惯法”，载《法制与社会发展》2012年第2期。

〔2〕 现代意义的订婚和婚约，形式上更加简化，在本质上体现婚姻自由的观念，婚约的规制目的在于维护社会秩序的稳定和伦理道德观念的维持，而不在于干涉、包办。

〔3〕 吕廷君：“订婚制度的演变及其法理透视”，载主持人谢晖、陈金钊：《民间法（第一卷）》，山东人民出版社2002年版，第198页。

〔4〕 [美] 提摩太·凯勒、凯西·凯勒：《婚姻的意义》，杨基译，上海三联书店2015年版，第80页。

面前确立婚姻的垂直关系。婚姻登记制度的实施将婚姻垂直关系的“确立机构”由传统的天地、父母转变为国家。这一转变最初是1950年受苏联影响而采用的制度，婚姻登记制度的现代意义旨在加强结婚登记制度管理和确保婚姻当事人贯彻一夫一妻制等。

但是，这一转变并没有得到民间尤其是农村地区的广泛认可。数据显示，1986年对14省（市）的调研表明，总计78%的被调研者办理过结婚登记，而在安徽省被调研者有61.7%没有办理过结婚登记，贵州省和湖北省次之，分别为44.4%和34.9%。〔1〕1998年的调研数据表明，城镇和乡村被调研者初婚登记的比例占绝大多数，分别为88.67%和82.62%，但是湖南省安乡县和海南省儋州市的被调研者分别仅有53.63%和13.12%办理过结婚登记，这个比例远远低于调研平均值。〔2〕2003年，海南省人大常委会组织的一项调查显示，“除琼海市结婚登记率达到96%外，海南省大部分地区结婚登记率是60%，在个别地方是30%左右，相当部分的适婚男女没有履行登记而直接同居生活”。〔3〕2000年4月，全国妇联就修改婚姻法的调查显示，已婚未办理登记的占成年人总数的4.2%，在农村比例为6.9%。〔4〕结婚仪式仍然是确认婚姻的并列方式或者替代方式。深受传统习俗的影响，绝大多数婚姻当事

〔1〕 中国农村家庭调查组编：《当代中国农村家庭——14省（市）农村家庭协作调查资料汇编》，社会科学文献出版社1993年版，第42页。

〔2〕 沈崇麟主编：《中国百县市国情调查第四批调查点问卷调查 调查报告和资料汇编》，中国社会科学出版社2001年版，第292页。

〔3〕 翁朝健、邱大军：“结婚登记率不高 海南早婚重婚纳妾现象突出”，载新华网，http://news.xinhuanet.com/newscenter/2003-10/21/content_1133811.htm，最后访问时间：2016年1月2日。

〔4〕 郑小川、于晶编著：《亲属法 原理·规则·案例》，清华大学出版社2006年版，第12页。

人在办理结婚登记以后，仍然希望举行结婚仪式，因为在他们看来，只有举行结婚仪式的婚姻才是他们婚姻的确认方式；甚至举行结婚仪式而不办理登记的现象仍然在一定范围内存在，相对于结婚登记，社会成员更愿意根据习俗举行相应的结婚仪式。在城市地区，结婚仪式作为结婚登记的并列形式存在，在农村一些地区和少数民族地区，结婚仪式替代了结婚登记。数据显示，1920年以前举行婚礼是结婚仪式的主要形式，1950年《婚姻法》实施后家庭婚礼成为结婚仪式的主要形式。〔1〕1986年刘英绘制的结婚仪式汇总表显示，72.7%的结婚夫妻选择平常的简单仪式作为结婚仪式，而在福建省和贵州省也存在较高比例的拜天地的结婚仪式，分别占46.3%和39.4%。〔2〕2007年的四城市表数据显示，56.27%的被调研者选择婚宴作为结婚仪式，仍有6.96%的被调研者选择拜天地作为结婚仪式，仅有6.96%的被调研者没有办理结婚仪式。〔3〕在现代社会，大多数结婚当事人选择婚宴作为结婚仪式。在民众的婚姻观念里，确认婚姻的形式应当具有对外公示性和承诺性。现代婚姻在择偶方式上自主性增强，在通婚规则上以业缘关系为主，通过举行结婚仪式更能达成婚姻公示和承诺的目的。这一点在农村地区尤其突出。在结婚仪式里，出席婚礼的是双方家长和亲朋好友，一方面起到公示作用，另一方面表明婚姻当事人的婚姻关系受到双方家长和亲属的认可，双方的亲属同意

〔1〕 李银河：《中国婚姻家庭及其变迁》，黑龙江人民出版社1995年版，第86页。

〔2〕 中国农村家庭调查组编：《当代中国农村家庭——14省（市）农村家庭协作调查资料汇编》，社会科学文献出版社1993年版，第42页。

〔3〕 沈崇麟、李东山、赵锋主编：《变迁中的城乡家庭》，重庆大学出版社2009年版，第351~352页。调研从2006年9月开始，到2007年4月结束，对大连、上海、成都、南宁四个城市开展城乡社会变迁调查。

接受婚姻当事人成为本家族的成员。

二、家庭功能的变迁对非婚同居的影响

自我国实行改革开放以来，我国家庭功能的变迁趋向现代化，使婚姻与家庭的联系不那么紧密，人们可以选择更为多样化的结合形式。

其一，家庭核心功能变迁对非婚同居的影响。改革开放以来，我国家庭的核心功能逐步从生产功能向情感满足功能转变。家庭不再是生产功能单位，使个体独立于家庭，走向社会，人们缔结婚姻、组织家庭的目的主要在于满足男女之间感情的需要。随着传统的扩大家庭关系、家族关系、邻里关系等社会关系进一步解体，人们更加需要情感方面的支撑，家庭的情感慰藉功能的重要性得以凸显。此外，实施一夫一妻制后，中华人民共和国成立至改革开放初期，缔结婚姻、组建家庭是满足生理需求的唯一合法途径；改革开放后，随着性开放观念为人们所接受、避孕措施愈加完善，婚姻家庭满足生理需求的功能呈现减弱的趋势。家庭功能向情感功能的转变使婚姻丧失了一定的地位，在未来家庭中，婚姻不具有家庭基础的意义。婚姻与家庭之间的有机联系将变得松弛。[1]一部分男女可以选择其他方式来满足情感需求和生理需求，婚姻不再是唯一的方式，他们倾向于选择非婚同居。与婚姻相比，非婚同居不但可以满足情感需求和生理需求，而且使双方担负极少的婚姻法定义务。

其二，家庭生育、教育和赡养功能的变迁对非婚同居的影响。

[1] 邓伟志、徐新编著：《家庭社会学导论》，上海大学出版社2006年版，第285页。

20世纪70年代末，我国在全社会推行计划生育政策，家庭的生育功能不断削弱。虽然2016年施行的《人口与计划生育法》全面放开二孩，鼓励生育，但是人们的生育观念和生育选择的改变程度与改变方向仍然是与工业化的进程相一致的，现代社会不再需要依靠生育多子女来增加劳动力，家庭的生育功能将在一定时期内继续处于弱化状态。费孝通先生虽曾指出，从孩子需要全盘的生活教育和教育过程相当漫长这两点来看，双系抚育更有利于子女身心发展，而确立双系抚育的文化手段就是婚姻，“在社会公认之下，约定以永久共处的方式来共同担负抚育子女的责任”。[1]家庭生育功能的弱化，使得以生育和抚育孩子为目的而缔结婚姻、组建家庭情形减少；而且有些子女抚育制度可以使孩子即使在不具备婚姻的前提下也可以获得双系抚育，如德国家庭法规定通过子女的父母照顾权托付的方式实现共同父母照顾的制度。婚姻既不是家庭的垄断性基础，也不再是人类再生产的唯一合法形式。另外，家庭教育和赡养功能的社会化使家庭的社会地位弱化，家庭功能的实现与以婚姻为基础组成家庭的联系不那么紧密。

当所有家庭功能的实现都不必然与婚姻相联系时，婚姻已不再是满足人类需求的唯一方式。人们可能突破传统的婚姻家庭界定，可以不选择婚姻而生活。[2]然而，一种社会组织结构形式不仅是满足个体需要，从广义上讲，人们普遍认为，这也构成整个社会的集体需要，所以，一种社会组织结构形式往往受到国家或

---

〔1〕 费孝通：《乡土中国　生育制度》，北京大学出版社1998年版，第122~124页。

〔2〕 黄盈盈：“多样化‘婚姻’：拓宽社会学研究的想象力”，载《中国青年研究》2014年第11期。

地区一系列道德规范、价值观念、法律和社会压力的影响。[1]在我国，超越一夫一妻的非法同居明显违反法律规范，人们倾向于选择更易为法律认可的多样化家庭形式便是异性非婚同居。

由上可知，我国的非婚同居现象主要产生于客观因素和主观意愿两种情形。就客观因素而言，在农村、偏远地区和少数民族地区的一定地域范围内对现代的婚姻确认方式仍然不认可，以当地习俗订立婚约、以结婚仪式替代结婚登记的方式缔结婚姻，在客观上导致了非婚同居的大量存在。就主观意愿而言，婚姻作为国家基于家庭功能实现的一种“制度性的安排”，当婚姻与家庭功能关系疏离时，婚姻变成人们进行社会生活的方式之一，而不一定是必然的方式。[2]尤其是男性进入经济成熟期步伐减缓、女性经济上的独立性增强、离婚率上升等，同居为减少婚姻的不稳定性提供了一种有效机制，为减少对彼此承担的义务或为寻找理想的结婚对象提供了一种高度理性的选择，这些必将使同居变得比婚姻更有吸引力，城市地区大量年轻人在主观上倾向于选择非婚同居。[3]

第二节　我国法律制度对非婚同居关系的回应及其不足

非婚同居涉及同居者的人身关系和财产关系，以及非婚同居关系中非婚生未成年子女的利益保护，如何有效规制非婚同居关

---

〔1〕［美］威廉·J. 古德：《家庭》，魏章玲译，社会科学文献出版社 1986 年版，第 15~16 页。

〔2〕王金玲主编：《女性社会学》，高等教育出版社 2005 年版，第 115 页。

〔3〕［英］安东尼·吉登斯：《社会学》，赵旭东等译，北京大学出版社 2003 年版，第 145~160 页。

系，这对于保障当事人和未成年子女合法权益、维持社会稳定具有必要性和重要意义。随着社会不断变迁对非婚同居的挑战，我国婚姻家庭法律作出了相应的制度回应。

一、我国法律制度对非婚同居关系的回应

非婚同居一般是指没有婚姻关系的男女双方建立稳定的共同生活体。非婚同居关系一般具有两个基本特征：其一，双方通常不以结婚为目的共同生活。这是非婚同居有别于事实婚姻或“重婚”的重要特征。其二，双方必须持续、稳定地共同生活。如果双方仅在短期共同生活，没有形成较为稳定的家庭结构，就不能轻易认为双方之间构成了“非婚同居”。我国对非婚同居关系的法律规制，可以从法律规制方式、法律规制情形、法律规制内容三个方面加以分析。

（一）非婚同居的法律规制方式

从法律规制方式上来看，我国对于非婚同居关系的法律规制与事实婚姻的立法关系密切。1950 年《婚姻法》虽然规定登记婚，但是受传统仪式婚的影响，举行结婚仪式未办理结婚登记且以夫妻名义生活的非婚同居关系大量存在，1979 年 2 月 2 日《最高人民法院关于贯彻执行民事政策法律的意见》首次对事实婚姻做了概念性解释，提出“不登记是不合法的，要进行批评教育”；1984 年 8 月 30 日《最高人民法院关于贯彻执行民事政策法律若干问题的意见》中进一步明确指出“没有配偶的男女，未按婚姻法规定办理结婚登记手续，即以夫妻名义同居生活，是违法的”。1950 年至 1989 年，尽管非婚同居是违法的，但是对于符合结婚实质条件以夫妻名义非婚同居的情形，依然承认其具有婚姻效力予以婚

姻法规制。对此，1989 年 12 月 13 日最高人民法院印发《关于人民法院审理未办结婚登记而以夫妻名义同居生活案件的若干意见》予以专门规制，把以夫妻名义的非婚同居区分事实婚姻和非法同居。可见，我国早期采用婚姻模式的规制方式，将符合特定条件的非婚同居认定为事实婚姻，直接适用法律关于婚姻效力的规定。

1994 年发布的《婚姻登记管理条例》强调和规范了婚姻登记机关对当事人婚姻登记行为的行政管理，按照该条例，自 1994 年 2 月 1 日起未办理结婚登记而以夫妻名义同居生活的，不论是否符合结婚实质条件，都以非法同居处理。但是，鉴于非婚同居现象依然大量存在，2001 年《婚姻法司法解释（一）》第 5 条重新作出修正性规定："未按婚姻法第八条规定办理结婚登记而以夫妻名义共同生活的男女，起诉到人民法院要求离婚的，应当区别对待：（一）1994 年 2 月 1 日民政部《婚姻登记管理条例》公布实施以前，男女双方已经符合结婚实质要件的，按事实婚姻处理；（二）1994 年 2 月 1 日民政部《婚姻登记管理条例》公布实施以后，男女双方符合结婚实质要件的，人民法院应当告知其在案件受理前补办结婚登记；未补办结婚登记的，按解除同居关系处理。"在该规定下，对以夫妻名义非婚共同生活的非婚同居关系的婚姻效力认定，条件更加宽松，可通过补办结婚登记转化为婚姻。与此同时，不补办结婚登记的非婚同居关系不再被认定为非法同居关系。法律对非婚同居不再持一贯否定的态度。2003 年《婚姻法司法解释（二）》改变以往总是将非婚同居与以夫妻名义相联系的法律规制方式，除对"有配偶者与他人同居"予以明文禁止外，对于其他形式的非婚同居采取不鼓励、不禁止的法律规制态度。

2020年《民法典》立法时，没有直接回应非婚同居和事实婚姻的关系，但是2021年施行的《民法典婚姻家庭编司法解释（一）》给予了回应，该解释第7条沿袭了2001年《婚姻法司法解释（一）》第5条的规制方式，但是废除了对“有配偶者与他人同居”关系依法诉请法院解除的规定。可见，我国在立法上依然以司法解释的规制方式回应非婚同居的法律地位问题，没有直接回应。除对“有配偶者与他人同居”予以明文禁止外，对于其他形式的非婚同居采取不鼓励、不禁止的法律规制态度。

（二）非婚同居的法律规制情形

从法律规制情形上来看，我国法律区分非婚同居情形进行相应的法律规制。

其一，如果非婚同居违反我国法律确定的一夫一妻制原则，有配偶者与他人同居的，为非法同居。对于有配偶者与他人同居的，我国法律进行直接规制，明确禁止。我国《民法典》第1042条第2款明确规定，“禁止有配偶者与他人同居”，第1091条规定有配偶者又与他人同居导致离婚的，应承担离婚损害赔偿的法律责任。我国《刑法》第258条规定，有配偶而重婚的，或者明知他人有配偶而与之结婚的，处二年以下有期徒刑或者拘役。可见，对于非婚同居，如果违反了一夫一妻制原则，不受法律保护，为我国公法和私法所否定。

其二，对于不违反我国法律确定的一夫一妻制原则，男女的普通的非婚同居关系，法律不提倡，也不禁止。如果非婚同居关系当事人就同居期间的财产关系和子女抚养关系发生纠纷的，法律依法予以规制。《民法典婚姻家庭编司法解释（一）》第3条规定，当事人提起诉讼仅请求解除同居关系的，人民法院不予受理；已经受理的，裁定驳回起诉。当事人因同居期间财产分割或者子女抚养纠纷提起诉讼的，人民法院应当受理。可见，对于非婚同居的身份关系解除由于不属于民法调整对象，法律不予规制，但是非婚同居期间的子女抚养和财产纠纷属于民法调整的人身关系和财产关系，法律予以规制，法院也应予以依法裁判。

其三，对于夫妻名义同居情形，法律鼓励自愿补办结婚登记，但不干涉。所谓夫妻名义同居，是指按照农村习俗举办结婚仪式，没有办理结婚登记，也非事实婚姻的，对外以夫妻名义相称的男女同居。对夫妻名义同居期间发生的财产分割或者子女抚养纠纷，依据《民法典婚姻家庭编司法解释（一）》第 7 条来办理。对于属于事实婚姻的，按照合法婚姻关系进行法律规制；对于不属于事实婚姻的，按照非婚同居关系，依照《民法典婚姻家庭编司法解释（一）》第 3 条进行规制。

其四，对于婚姻无效或撤销后的同居关系。依照《民法典》第 1054 条的规定，无效的或者被撤销的婚姻自始没有法律约束力，当事人不具有夫妻的权利和义务。依据该条款的规定，婚姻无效或者被撤销后，男女双方自结婚登记起的关系为非婚同居关系。对于此种同居关系期间产生的人身关系和财产关系，现行立法予以直接回应。（1）对于同居关系期间产生的财产关系，依据《民法典婚姻家庭编司法解释（一）》第 22 条的规定，被确认无效或者被撤销的婚姻，当事人同居期间所得的财产，除有证据证明为当事人一方所有的以外，按共同共有处理，并且按照照顾无过错方的原则分割上述共同财产。（2）对于同居关系期间当事人所生的子女，直接适用《民法典》关于父母子女关系的规定。

（三）非婚同居的法律规制内容

从规制内容上看，涉及非婚同居的法律规定更多的是对于亲子关系和人身关系予以婚姻法规制，对于财产关系的婚姻法规制较少。我国 2001 年《婚姻法》第 25 条规定了非婚生子女享有与婚生子女同等的权利，并规定了不直接抚养非婚生子女的生父或生母承担抚养义务的方式，《民法典》第 1071 条沿袭了上述规定。旧《婚姻法司法解释（二）》规定，就同居期间的子女抚养纠纷提起诉讼的，人民法院应当受理。2021 年施行的《民法典婚姻家庭编司法解释（一）》第 3 条沿袭了上述规定。显然，对于非婚同居的亲子关系，我国法律一直都赋予非婚生子女与婚生子女平等的法律地位。在非婚同居的人身关系上，对非婚同居者关系的法律效力，我国既不承认夫妻的身份关系，也没有其他婚姻法意义上的身份关系，因此也不享有配偶或类似配偶的权利或承担相应的义务，人民法院一般不受理解除同居关系的诉讼。

但是与非婚同居者具有紧密关系的人身关系，在反家庭暴力法中有新的回应和突破，2016 年 3 月 1 日施行的《反家庭暴力法》第 37 条规定："家庭成员以外共同生活的人之间实施的暴力行为，参照本法规定执行。"这一规定间接承认了非婚同居生活者如果在同居期间的人格利益包括健康权、生命权、身体权等受到伤害时，可参照家庭成员的法律保护。在同居期间的财产关系问题上，我国现行法律没有专门规定。非婚同居双方一般依据自愿约定和协商解决同居期间的财产问题，但是依据《民法典婚姻家庭编司法解释（一）》第 3 条的规定，因非婚同居而引起的财产纠纷提起诉讼的，人民法院应当受理；而法院的裁判依据往往是《民法典》物权编第 308 条、第 309 条，即参照物权中的共有关系相关规定来进行裁判。对于子女抚养权归属纠纷，则参照适用《民法典》婚姻家庭编离婚中子女抚养相关法律规定。

二、我国法律制度对非婚同居关系回应的不足

目前，我国婚姻家庭制度对非婚同居关系的规制主要是以1994年2月1日作为认定非婚同居婚姻效力的依据；并以补办结婚登记的形式作为补充。这一规制模式实际上是存在不足的，我国婚姻家庭制度对非婚同居的回应还是有限的。首先，我国以时间来区分非婚同居的婚姻效力缺乏科学性。2000年4月，全国妇联就修改婚姻法的调查显示，已婚未办理登记的占成年人总数的4.2%，在农村比例为6.9%。[1]依据上述调研数据，1994年以后依然存在大量以夫妻名义共同生活的情形，这一时间规制并没有达到全面规范登记婚与消除事实婚姻的目的。其次，补办结婚登记在实践中缺乏操作性。在实践中，起诉离婚的非婚同居当事人双方被要求先补办结婚登记再解除婚姻关系对处于有利地位的一方一般不会同意补办登记，致使该制度无法发挥其预期作用。[2]最后，我国实践中存在大量非婚同居关系的立法滞后乃至真空状态。我国目前缺乏专门调整非婚同居关系的法律规定，司法实践中的裁判依据主要是《民法典》物权编的规定。1989年《关于人民法院审理未办结婚登记而以夫妻名义同居生活案件的若干意见》废止后，对于夫妻名义同居的财产分割缺乏直接的裁判依据。夫

〔1〕 郑小川、于晶编著：《亲属法　原理·规则·案例》，清华大学出版社2006年版，第12页。

〔2〕 何丽新："论事实婚姻与非婚同居的二元化规制"，载《比较法研究》2009年第2期。

妻名义同居有别于一般的非婚同居关系，简单适用物权法规则和债法规则，不免具有局限性。

第三节　对非婚同居关系的调适建议

一、非婚同居关系法律规制模式的选择

目前，各国对非婚同居关系法律规制模式可以概括为三种：一是作为婚姻的规制方式，将符合特定条件的非婚同居认定为事实婚姻、普通法婚姻或者推定婚姻，直接适用婚姻效力的法律规定。如《德国民法典》第1310条第3款的规定。二是作为事实状态的规制方式，非婚同居仅作为一种事实状态，当事人双方不基于非婚同居产生权利和承担义务，如《埃塞俄比亚民法典》即采用这一方式。三是作为独立制度的规制方式，通过确定当事人在非婚同居关系期间的权利义务设定行为模式，如家庭伴侣制度，以及美国的一些州认可同居合同，法院用合同法而不是家庭法来调整同居关系。[1]

如前所述，我国的非婚同居现象主要产生于客观因素和主观意愿两种情形。我国的非婚同居的存在由我国特定的社会变迁导致。因此，我们不宜盲目照搬国外模式，应结合我国实践进行调适。首先，对非婚同居关系作出明确规定，应明确同居关系的设立、同居关系期间的人身关系和财产关系处理、解除同居关系的方式和效力等，为当事人提供婚姻法律保障。非婚同居关系的解

〔1〕 但淑华："论我国非婚同居规制方式的立法选择——从比较法视角"，载《中华女子学院学报》2009年第2期。

除将影响双方当事人乃至子女的利益，影响社会稳定，法律对非婚同居作出规定旨在引导当事人更好地处理非婚同居关系。其次，区分同居关系类型进行婚姻法规制。判断非婚同居能否被认定为婚姻，是看其是否具备婚姻的实质要件，区分一般的同居与事实婚姻的标准应该是同居时间的长短，即长期共同生活，如德国规定为10年或5年，而不应当是法律强制设定的某一时间点。对于当事人具有结婚意愿，符合结婚实质条件，且经过一定年限的，可以作为事实婚姻予以保护。不符合婚姻的实质条件，但具有一定稳定性的非婚同居，将非婚同居作为事实状态予以规制，"法律主要是针对非婚同居关系终止或受到他人侵扰等情形设定解决方案，对当事人予以必要救济"。〔1〕最后，加强非婚同居关系的其他方面的法律调适。如通过未成年人保护法加强对非婚生子女的保护，通过反家庭暴力法加强对非婚同居关系当事人的人身保护等。

二、加强夫妻名义同居的法律规制

关于夫妻名义同居的法律规制，早在1989年《关于人民法院审理未办结婚登记而以夫妻名义同居生活案件的若干意见》中，便对夫妻名义同居予以特别对待，如承认夫妻名义同居期间财产所得属于一般共有；解除同居关系时，享有一次性帮助请求权。但是2021年《民法典婚姻家庭编司法解释（一）》废除了上述对夫妻名义同居的特别规定。在现行法律框架下，夫妻名义同居的财产归属和分割纠纷，直接适用《民法典》物权编第308条、

〔1〕 但淑华：《我国非婚同居的二元法律规制研究》，法律出版社2012年版，第22页。

第309条；父母子女关系适用《民法典》第1071条非婚生子女条款规定，并参照适用《民法典》婚姻家庭编离婚中子女抚养关系相关法律规定；至于其他经济困难帮助等法律规制，立法和实践少有回应。虽然现行法律倾向于对法律婚的保护，倡导以法律登记保护同居关系。但如果忽视目前存在的夫妻名义同居关系，同居关系中的弱势一方的权益必然难以获得保护。因为以夫妻名义同居的男女往往以未来长久共同生活为目的，在同居期间，以夫妻名义履行夫妻间的扶养、抚养子女、赡养老人等义务，共同积累家庭财产。在解除夫妻名义同居关系时，既不被认可为事实婚姻，不受事实婚姻保护；也没有补办结婚登记，不受法律婚保护；如此对于以夫妻名义同居中弱势一方显然不公平。

对于夫妻名义的非婚同居关系，区别于夫妻关系，也区别于普通男女的非婚同居关系，需要加以特别的法律规制。

其一，关于同居期间所得财产归属和分割的法律规制。夫妻名义同居期间的财产关系既不同于婚姻关系存续期间的财产关系，也不能完全等同于一般的物权共有关系。因此，既不能按照《民法典》婚姻家庭编的夫妻共同共有财产关系相关规定来处理，也不适宜按照《民法典》物权编的共有关系规定处理。夫妻名义同居期间，非婚同居的当事人不仅仅具有物质方面的付出，更多的是精神和感情方面的付出。同居当事人以感情为基础而共同生活形成的财产关系，与一般的民事主体之间的财产关系不同，实质上已经履行了基于夫妻身份产生的义务，也应享有基于夫妻身份的部分财产权利。鉴于上述，在财产归属时，应参照《民法典婚姻家庭编司法解释（一）》第22条的规定，当事人同居期间所得的财产，除有证据证明为当事人一方所有的外，按照共同共有处理。婚姻无效和撤销属于违反结婚的实质要件的违法婚姻情形，法律对于同居期间的部分财产关系给予了合法婚姻的法律地位。同理，夫妻名义同居属于违反结婚的形式要件的违法婚姻，法律也应予以同样的法律对待，赋予同居期间取得的部分财产属于共同共有的法律地位。在财产分割时，应参照适用《民法典》婚姻家庭编第 1087 条离婚规定，照顾妇女、儿童的利益，考虑财产的实际情况和双方的过错程度，妥善分割同居期间的共同共有财产。

其二，关于同居期间债务承担的法律规制。非婚同居期间，男女双方不免因日常生活需要如购买生活必需品、赡养老人、抚养子女而产生费用，也不免因同居期间的日常生活需要而产生债务。对于非婚同居期间产生的债务，在对内效力上，双方可以协议分担。但是在对外效力上，现行实践按照一般的债法规则处理，由作出意思表示的债务人承担债务。对于这个问题，原 1989 年《关于人民法院审理未办结婚登记而以夫妻名义同居生活案件的若干意见》规定，同居期间为共同生产、生活而形成的债务，可按共同债务处理。但是，夫妻名义同居期间，因日常生活需要所生的债务，如果是只有同居期间当事人一方的签字，按照一般的债法规则，则属于该方的个人债务，显然这对于债权人是不公平的。鉴于此，对于夫妻名义非婚同居所负债务，因共同生产、生活而形成的债务，同居当事人共享利益，应按共同债务处理。

其三，关于解除同居关系时经济帮助的法律规制。在婚姻关系存续期间，夫妻双方互负扶养义务；离婚时，如果一方生活困难，有负担能力的另一方应当给予适当帮助。在婚姻制度中，离婚经济帮助制度承担着保障离婚时生活困难一方的基本生存利益的重要功能。[1]相较而言，在非婚同居期间，非婚同居的男女双方并不负有扶养义务，因此，对其解除同居关系时也没有给予经济帮助的基础。但是，夫妻名义同居有所不同，同居当事人实质上已经履行了基于夫妻身份产生的扶养对方、抚养子女、赡养老人等义务。因此，基于权利义务一致原则，在解除同居关系时，应给予相应的照顾。

---

〔1〕 最高人民法院民法典贯彻实施工作领导小组主编：《中华人民共和国民法典婚姻家庭编继承编理解与适用》，人民法院出版社2020年版，第324页。

第四章

变迁中的监护制度

社会变迁对家庭带来的又一挑战，是对家庭中父母子女关系的影响，在婚姻家庭制度中，主要表现在父母对未成年子女的监护、对无民事行为能力或者限制民事行为能力的成年子女的监护，以及成年子女对年老失智父母的监护等监护制度上。监护是指为保护无民事行为能力和限制民事行为能力人的人身、财产及其他合法权益而由特定的公民、组织对其人身、财产及其他合法权益进行监督、管理和保护的制度。监护对于未成年人和民事行为能力受限的成年人的健康成长和合法权益的保护具有至关重要的意义。改革开放以来，随着经济、文化、社会变迁对人口结构、家庭结构、家庭功能、家庭观念的影响，监护制度也受到了影响。为了回应社会变迁，我国监护制度经过多次修改，不断调适、完善和发展，建立了相对体系性的监护制度。

第一节　社会变迁与未成年人监护制度

我国的传统社会是一个以家为本位的伦理社会，儿童抚育即使在亲生父母缺位的情形下，也会由亲属网络、邻里乡里构建的基层社会抚育网络予以补缺。改革开放以来，传统基层社会抚育网络开始瓦解，国家主导的儿童福利体系尚未建立，留守儿童、非婚生子女、离婚家庭子女的抚育成为人们关注和学者研究的热点。本节从微观层面的因素进行分析，主要包括婚姻解体、家庭功能的变化、家庭结构的变化分析这些因素如何影响我国未成年人的监护，以及社会阶层结构的变化对未成年人监护的影响，以更加客观地分析我国未成年人监护面临的问题。

一、社会变迁对未成年人监护的影响

改革开放以来，婚姻解体的加剧、家庭结构的变化、家庭功能的变化及社会阶层结构的变迁均对我国未成年人监护产生了不同程度的影响。

（一）婚姻解体与未成年人监护

改革开放以来，不断凸显的个体价值、物质生活的富裕、社会道德舆论对离婚谴责的弱化、对离婚设置的法律障碍减弱、家庭功能的改变等都不同程度地对我国离婚率产生影响。[1]离婚率的持续上升、中青年离婚居多对未成年子女监护产生了重大影响。

由于离婚率的上升，单亲家庭增多，削弱了家庭对未成年子女的教育和监护，不仅使未成年子女失去了双系抚养的机会，单亲家庭往往满足未成年子女物质与情感需要的能力也大幅降低，影响了未成年人身体和心理的健康成长。2006 年，我国有 800 多万个单亲家庭，并以每年 2.3% 的速度增长。[2]根据国家统计局 2011 年的数据，再婚人口数 2010 年上升为 281.1 万人，再婚往往

〔1〕 马云驰："《婚姻法》的变迁与社会价值观念的演变"，载《当代法学》2003 年第 8 期。

〔2〕 王义祥：《当代中国社会变迁》，华东师范大学出版社 2006 年版，第 24 页。

带来孩子和非监护父（母）关系的维持，继而产生家庭关系和继亲关系，在调查中，继父母子女关系好的占57%，但是也存在约20%的再婚家庭与继亲子无来往的情形。另外，2008年五城市调研数据显示，同居家庭占家庭类型的0.8%，非婚同居实质上也是婚姻解体的表现，同居家庭作为一种新的家庭形式出现，带来非婚生子女的监护问题。在未来家庭中，婚姻与家庭之间的联系变得复杂与松弛，子女与亲生父母的亲子关系和监护模式也将更多样化。

（二）家庭结构的变化与未成年人监护

我国的传统社会是一个以家为本位的伦理社会，扩大家庭、亲属网络、邻里乡里存在着守望相助的传统，对处于社会弱势地位的儿童，在亲生父母的照顾缺失时，他们往往自愿承担照顾儿童的义务，这自然地构建了一个牢靠的基层社会抚育网络。[1]改革开放后，随着社会生活的多元化和开放化，传统大家庭瓦解，人口流动频繁淡化了邻里乡里的稳定关系，夫妇式核心家庭成为主流家庭模式，儿童的抚育主要由未成年人的父母承担，扩大家庭、亲属网络、邻里乡里的互助抚育网络变得松散，在儿童抚育方面的互助功能也逐渐减弱。鉴于此，自原《民法通则》的监护相关立法以来，即将作为基层组织的居民委员会和村民委员纳入未成年人的监护主体的范畴。但事实上，对未成年人的监护涉及生活上的照料、学习上的指导、人身上的保护、财产上的管理等内容，居民委员会和村民委员会作为社区和农村的基层组织，往往不能很好地履行监护职责，亟须重新构建未成年子女的监护主

〔1〕 费孝通：《乡土中国　生育制度》，北京大学出版社1998年版，第124页。

体制度。

（三）家庭功能的变化与未成年人监护

随着我国经济社会发展和工业化、城镇化进程推进，家庭生产功能逐渐弱化，原来作为小生产者的农民家庭的生产功能开始萎缩，并更多地从农业转移到城市，远离家乡，外出务工、创业，但受工作不稳定和居住、教育、照料等客观条件限制，他们不得不将未成年子女留在家乡交由他人监护照料，导致大量农村留守儿童出现。全国妇联儿童工作部、中国人民大学人口与发展研究中心课题组根据第六次全国人口普查资料的样本数据推算，全国有农村留守儿童 6102.55 万，占农村儿童 37.7%，约占全国儿童的五分之一。我国留守儿童的大量存在严重冲击了我国传统的监护模式，形成了单亲监护、隔辈监护、上辈监护、同辈监护和自我监护等多种监护形式。以留守女童为例，早在 2009 年笔者对赣州市下属的 18 个县市的样本村镇就留守女童的监护问题做过一个实证调研。数据显示，6 周岁以下的农村留守女童，约 80%是由母亲照看；7 周岁至 15 周岁的农村留守女童，41%是由母亲一方照看，32%由爷爷、奶奶等隔代亲人照看，15%由亲戚代管，2%由同辈监护；15 周岁至 17 周岁的留守女童，约 80%是自我监护，他们大多就读于高中院校或在县城打工，寄宿在学校或者工厂宿舍等。在上述五种监护中，单亲监护是留守女童监护的主要方式，隔辈监护次之。在监护能力上，单亲监护—隔辈监护—上辈监护—同辈监护—自我监护呈现依次递减的状态。这些监护人大多数家务劳动繁重、文化素质较低、思想观念和教育落后，他们往往只能照顾留守女童的日常生活起居，甚至有些监护人年龄偏大，身体状况不好，留守女童要照顾他们的生活，从而出现了“逆向监护”现象。双亲监护的缺失严重侵害了未成年人的利益，危害未成年人的健康成长。如留守女童被性侵等频繁出现。[1]

此外，社会的转型业已造成家庭在儿童照顾方面的功能失调，子女抚育监护不再只是私人领域和家庭自治的范畴，夫妇式核心家庭面临沉重的育儿经济压力和负担、家庭照顾儿童负担加重等问题，服刑人员子女、留守儿童、患病儿童、残疾儿童等困境儿童的家庭抚育和教育功能弱化，家庭抚育和教育功能的弱化对国家监护提出了新的要求。

（四）社会阶层结构的变迁与未成年人监护

社会阶层结构变迁对未成年子女监护的影响主要体现在未成年子女监护主体的变化。2009 年《民法通则》第 16 条规定，未成年人的父母是未成年人的监护人。对担任监护人有争议的或者没有亲属或朋友担任监护人的，由未成年人的父、母的所在单位或者未成年人住所地的居民委员会、村民委员会在近亲属中指定监护人，或者担任监护人。1986 年我国《民法通则》通过时，我国正处于改革开放的初期，当时社会主义经济的发展目标是在公有制基础上的有计划的商品经济，显然，《民法通则》中的很多规定会带有计划经济体制的影子。单位制还没有完全解体，依然被赋予承担社会化职能的重任，居民委员会和村民委员会在当时作为城市和农村的基层组织依然对人们的婚姻家庭生活承担一定的管理职责。因此，当时未成年人的父、母的所在单位，居民委员会和村民委员会成了未成年人指定监护的机构和监护主体，此为当时经济社会背景使然。改革开放后，伴随着我国经济的发展

〔1〕 高丰美、高俊飞：“农村留守女童的受教育权与受监护权保障”，载《重庆社会科学》2010 年第 11 期。

和改革的深化，人民公社和单位的功能发生变迁，它们的社会职能逐渐解体。在我国经济体制改革过程中，国家鼓励多种所有制和经营方式并存，提出大力发展非公有制企业，激发了大批的中外合资企业、中外合作企业、外商独资企业及私营企业等非公有制企业的产生，在市场经济指挥棒的指导下，这些非公有制企业不再履行对企业员工的未成年子女的监护职责。随着我国的社会保障制度的发展，原本属于社会的职能逐步开始从单位中剥离出来，原有的单位制逐步瓦解，个人对单位的依赖性减低。而且伴随着经济结构的调整，很多人下岗，失去了“单位”这一依靠，越来越多的农村剩余劳动力进入城市务工，成为单位的临时工或者合同工，单位往往也不愿意承担他们未成年子女的监护职能。在这样的社会背景下，我国立法仍然将未成年人的父母所在单位规定为未成年人的监护人或者作为监护选定机构显然是不科学的，缺乏合理性，也缺乏操作性，最终将影响这些人员的未成年子女的健康成长。

二、我国未成年人监护制度的回应与待完善之处

回应改革开放以来的社会变迁，我国未成年人监护相关立法经过多次修改完善，逐渐形成了相对体系性的未成年人监护制度。对未成年人监护的规定，囿于当时立法技术，作为民事基本法的《民法通则》规定得极为简单，大量的具体规定分散于其他单行法中。因此，我国早期关于未成年子女监护的规定，形成以《民法通则》及其意见为基本法，同时辅之以婚姻家庭法这一子部门法，教育法、未成年人保护法、预防未成年人犯罪法等行政性法规立法的体系。这些单行法的位阶不同，效力层次也各不相同，

且不同法的规定之间互有重复，呈现出未成年子女监护立法体系比较松散混乱的局面。[1]2020 年公布的《民法典》以法典的形式将未成年人监护予以了更为体系性的回应。

(一) 我国未成年人监护制度的回应

我国未成年人监护制度由 1986 年《民法通则》确立，包括监护人及其资格和选任、监护事务、不履行监护的法律责任、监护的变更与终止等监护规定，由此构建了未成年人监护制度的基本框架。我国婚姻家庭立法一直确立了亲属对未成年人的抚养义务，从婚姻家庭法角度确立了亲属的监护资格和监护职责（抚养义务）。此外，我国《未成年人保护法》对父母和其他监护人的监护职责和抚养、教育义务做了原则性规定；《义务教育法》和《教育法》规定了适龄儿童、少年的父母或者其他法定监护人保证适龄儿童、少年按时入学接受并完成义务教育的义务；《预防未成年人犯罪法》强调未成年人父母和其他监护人对未成年人进行法制教育的义务；规定不得让不满 16 周岁的未成年人脱离监护单独居住等。上述一系列法律法规形成了我国未成年人监护制度的法制网络。[2]

不仅如此，为适应不断变化的形势和未成年人监护需求的增长，2006 年修订的《未成年人保护法》第 43 条设立了“临时监护制度”，明确规定民政部门设立的儿童福利机构和未成年人救助场所能够合法取得孤儿、无法查明父母或者其他监护人及其他生

〔1〕 陈玲：“我国法律关于监护职责之规定及其评析”，载《辽宁行政学院学报》2007 年第 11 期。

〔2〕 高丰美：“我国人身性监护职责法律界定的若干思考”，载《铜陵学院学报》2013 年第 4 期。

活无着落的未成年人的临时监护权。2014 年 12 月，最高人民法院、最高人民检察院、公安部和民政部联合印发的《关于依法处理监护人侵害未成年人权益行为若干问题的意见》完善了我国的监护资格撤销制度，该意见第 35 条明确了七种将被法院判决撤销监护资格的行为。该意见完善了我国的监护制度体系，使未成年人的监护制度立法又向前迈了一步。2016 年 2 月，国务院发布的《国务院关于加强农村留守儿童关爱保护工作的意见》明确指出强化家庭监护主体责任，加强对家庭监护和委托监护的督促指导，强化监护干预机制，完善农村留守儿童关爱服务体系。2017 年《民法总则》专门规定了监护一节，2020 年的《民法典》沿袭了上述规定。

《民法典》第二章第二节“监护”第 26 条至第 39 条，共 14 条对监护予以规定。其中第 26 条第 1 款“父母对未成年子女的义务”、第 27 条“未成年人法定监护人的范围和顺序”、第 29 条“遗嘱指定监护”、第 37 条“父母负担抚养费义务”是专门对未成年人监护作出的规定；第 30 条“协商确定监护人”、第 31 条“指定监护”、第 32 条“机构监护”、第 34 条“监护职责”、第 35 条“监护职责的履行”、第 36 条“监护资格的撤销”、第 38 条“监护资格的恢复”和第 39 条“监护关系的终止”是未成年人监护和成年人监护共同适用的规定。与《民法通则》和以往的未成年人监护相关立法相比，《民法典》对未成年人监护做了许多革新规定。

1. 两个基本原则的确立

《民法典》确立了尊重被监护人真实意愿原则和最有利于被监护人原则。这两项原则的确立体现了尊重人权和被监护人自主决定权的要求，承认被监护人的意思能力，要求有关机关和监护人按照这两项原则处理未成年被监护人的各项事务，这对于保护未成年被监护人具有重要意义。

尊重被监护人真实意愿要求在被监护人有意思能力的情形下应查明被监护人的内心真意，依照被监护人的真实想法和内心意愿处理相关事务。我国《民法典》在监护人的确立和变更及监护职责的履行相关规定中对此予以体现。(1) 监护人的确定。第 30 条规定了协议确定监护人的方式，强调协议监护人确定的自愿。第 31 条第 2 款指定监护中，明确规定指定监护人应考虑被监护人的真实意愿。(2) 监护人的变更。第 38 条规定被撤销监护人资格的父母申请恢复资格时，人民法院要考虑尊重未成年被监护人的真实意愿这一前提。(3) 监护职责的履行。第 35 条强调未成年人和成年人的监护人在履行监护职责时应尊重被监护人的真实意愿，并强调对未成年人的意愿尊重应基于被监护人的年龄和智力状况进行考量。监护人的确定和监护事务的执行与决定是关系未成年人自身的重大利益，在这两项事务中赋予未成年人相应的自主决定权，是儿童最大利益的要求。

最有利于被监护人原则要求所有的监护措施的标准只能是被监护人的最大利益，监护人必须以符合被监护人最大利益的方式处理被监护人的事务。《民法典》最有利于被监护人原则的规定具体表现为：(1) 在指定监护规定中，第 31 条第 2 款规定指定监护人应遵守最有利于被监护人的原则；第 36 条规定在监护人资格被撤销后，重新指定监护人时应按照最有利于被监护人的原则。(2) 在监护人履行监护职责中，第 35 条第 1 款明确规定监护人应当按照最有利于被监护人的原则履行监护职责。未成年人的最大利益的判断标准首先是未成年人自身的主观意愿，在无法确定主观意愿时，考虑被监护人的现实利益，考察被监护人事务的所有情况，作为一个善意的监护人应作出的客观判断。监护人确定和监护职责履行是监护制度运行最核心的环节，适格的监护人是监护制度顺利进行的关键，监护职责履行是一个漫长、持续和复杂的过程，《民法典》对这一原则的确立有助于最大限度地保护未成年人在被监护的过程中的合法权益。

2. 新增三种监护类型与措施

《民法典》新增的遗嘱指定监护、临时监护和机构监护〔1〕弥补了监护类型与措施的制度漏洞，为未成年人提供了更多元的监护措施和选择，对未成年人的权益保护至关重要，具有时代进步性。

（1）遗嘱指定监护。《民法典》第29条设立了遗嘱指定监护制度，负有监护义务的父母在即将死亡时通过遗嘱方式为其子女指定监护人。〔2〕只有具有监护资格的父母才能通过遗嘱方式为其子女指定监护人，限制了遗嘱指定监护的适用范围。父母是子女最佳利益的最佳判断者，与法定监护和指定监护相较，遗嘱指定监护能够最大限度地保护未成年人利益。〔3〕这也决定了遗嘱指定监护指定的监护人的顺序具有优先于法定监护和指定监护确立的监护人，只有在遗嘱指定监护指定的监护人不愿意或无法担任监

〔1〕 机构监护是与自然人担任监护人相对应的，指的是民政部门、居民委员会、村民委员会等机构或组织担任监护人的情形。

〔2〕 依据《民法典》第29条的规定，遗嘱指定监护不仅适用于父母为未成年子女的遗嘱指定监护问题，也包括为民事行为能力欠缺的成年子女指定监护人。本书仅探讨父母为未成年子女的遗嘱指定监护问题。

〔3〕 “对子女哺育、监护与教育是父母的天职，寻求并实现子女最大利益是父母的天性……在父母自己不能照护时，为子女选定最恰当的监护人是其本能。”叶英萍：“未成年人意定监护立法研究”，载《现代法学》2017年第5期。

护人时，才会考虑法定监护或指定监护的适用。遗嘱指定监护属于未成年人监护中的意定监护类型，这与未成年人的法定监护共同构成了完整的未成年人监护制度体系，为未成年人的监护设置了更为科学合理的监护措施。

（2）临时监护。《民法典》第 31 条第 3 款设立了临时监护措施。临时监护措施对未成年人权益保护的意义毋庸置疑，监护争议解决程序往往需要一定时间，以往的监护相关立法均未明确监护人确定争议期间未成年人的照顾和保护主体，《民法典》的临时监护措施弥补了上述制度的漏洞。依据该款规定，当监护人的确定发生争议时，在指定监护人之前，未成年人的权益处于无人保护的状态时，临时监护措施即会介入。换言之，即使无人申请，一旦出现上述情形，居民委员会、村民委员会、法律规定的有关组织或民政部门即应主动承担起临时监护人，强化上述组织的监护义务和责任，不至于使未成年人权益保护处于真空地带。

（3）机构监护。《民法典》第 32 条规定了机构监护制度，这一规定为监护设置了由国家“兜底”的制度，担任“兜底”监护人的包括民政部门、居民委员会和村民委员会三类主体，删除了未成年人父母所在单位担任监护人的规定，强化了民政部门的监护职责。随着国家经济实力和治理能力的增强，国家作为社会救助和保障的最后一道防线，在监护人缺位时担任“兜底”监护人对于保护未成年人权益具有重要意义。未成年人的健康成长除了物质需求，还有情感需求，民政部门、居民委员会和村民委员会作为机构监护人往往采取家庭寄养、代养或福利院抚养的方式，对未成年人的身心照顾和保护远不如一位基于血缘关系或亲密社会关系产生的适格的自然人监护更助于未成年人身心健康和发展。

故而，应严格限制机构监护的适用，只有在经过审查确定未成年人确实没有适格监护人时才可适用。

3. 强调父母对未成年子女的义务

基于未成年人与父母天生的血缘关系或法律拟制，未成年人的监护人大多是父母，父母对未成年子女承担抚养、教育和保护的义务。我国《民法典》将2001年《婚姻法》第21条第1款和第23条第1句中关于父母对未成年子女义务的规定，进行整合修改在《民法典》总则编中予以明确。《民法典》第26条第1款规定："父母对未成年子女负有抚养、教育和保护的义务。"抚养义务要求父母对未成年子女承担生活照料和精神照顾的义务，提供基本的生活条件，承担必要的生活费用、培训费用和医疗费用等；教育义务要求父母对子女进行家庭教育、法制教育，保障未成年子女接受学校教育及继续职业教育；保护义务要求父母保护未成年子女的人身和财产不受到非法侵害，并于其受到侵害时采取救济。通过上述三项义务的设定，使未成年子女人身和财产等合法权益得到全面保护。此外，《民法典》第37条规定特别强调父母即使被撤销监护人资格，依然对未成年子女继续承担抚养费的义务。父母对子女的抚养义务是一种天然的父母责任（Elterliche Verantwortung），而非社会或国家给予父母的任务，父母即使被剥夺监护资格，依然对未成年子女负有最终的照顾责任。依据《民法典》第36条的规定，父母被撤销监护人资格往往基于父母存在过错，因为父母存在严重损害未成年子女权益或者不当履行监护职责的情形，基于对父母的惩罚和未成年子女身心健康发展的需要，撤销父母的监护人资格，但是并不因此免除父母的抚养义务。虽然父母不能作为监护人直接照料教育子女，但是仍然应通过承担抚养费的方式履行义务。

（二）我国未成年人监护制度待完善之处

与未成年人监护的变化及其需求相比，我国关于未成年人监护制度的规定和回应也存在不足。

其一，在未成年子女监护观念上，政府主动提供和构建儿童抚育福利体系的观念有待加强。传统的国家管理、社会管理思维是将政府视为全能政府。但是，在家庭治理中，却刚好相反，政府不轻易介入干预家庭。国家对儿童抚育的干预介入局限在“弥补不足”的最低限度，缺乏主动提供和构建儿童抚育福利体系的观念。因此，近些年，国家关注点局限于留守儿童、流浪儿童等传统的困境儿童，没有足够重视整个未成年子女监护中存在的问题及未成年非婚生子女监护、单亲家庭子女监护等新形势下产生的困境儿童。

其二，从立法内容上来看，监护法律法规的精细化规定有待加强。《民法典》规定了未成年人监护的基本框架，但这些有关监护的规定明显过于笼统，缺乏可操作性，只能起到原则性规定的作用。一是关于监护职责的规定，没有明确区分，也没有专门单独规定监护的“人身”和“财产”的监护职责，而是采用概括统一的立法模式，导致我国监护职责立法体系混乱。[1]二是关于监护主体的规定。社会转型导致单位制的逐渐解体，传统的以单位为监护主体的规定无法实行；农民工的全面转型，大量外来务工的农民工或将子女带入务工城市，或让子女留在原农村住所地，使居民委员会、村民委员会的补充监护主体资格面临困境。此外，

〔1〕 高丰美：“我国人身性监护职责法律界定的若干思考”，载《铜陵学院学报》2013年第4期。

对于民政部门等机构担任监护人时的职责承担、资格要求的规则也不明确。三是《民法典》虽然规定了遗嘱指定监护，但是，对于遗嘱指定监护的效力规则却一直不明确，如遗嘱指定监护与《民法典》继承编的法律适用关系如何，遗嘱指定监护的法律效果如何，遗嘱指定监护不生效力时的处理方式等问题，均没有明确的规则。四是关于监护方式的规定。离婚后未成年子女的监护、非婚生子女的监护有别于传统的未成年子女的家庭监护，这些对传统的监护方式提出了严峻挑战。

三、我国未成年人监护制度的调适建议

针对我国成年人监护制度存在的不足和挑战，提出以下调适建议。

（一）明确细化监护职责的规定

我国未成年人监护制度应明确监护人的监护职责，改变我国目前人身性监护职责和财产性监护职责总括立法的状况，对于监护职责的规定，在总括性规定中明确区分并使用“人身”和“财产”的表达，同时分别作出具体规定；鉴于成年人与未成年人需要照顾的内容和意思自治程度的不同，应明确区分成年人和未成年人监护职责，从而有利于明确未成年人监护人的监护职责。〔1〕同时应细化未成年人监护人的监护职责，规定符合未成年人实际需求的监护职责内容和类型。

未成年人的人身性监护职责的内容和类型包括：(1) 生活抚养照顾。这主要是指照顾被监护人的生活，包括照顾人、照顾方

〔1〕 高丰美：“我国人身性监护职责法律界定的若干思考”，载《铜陵学院学报》2013 年第 4 期。

式、保障人身安全、日常生活有关事项等内容。这方面的法律规定主要体现在我国《民法典》婚姻家庭编中的抚养照顾，但是缺乏具体的内容设定。（2）身体健康。保护被监护人的健康状况，在被监护人生病时，采取必要措施保障被监护人身体健康。但是，这里应当注意的是，除了一般身体健康事务，对于患有精神病的未成年人，尤其强调治疗护养、医疗措施等。（3）教育。采取正确的方式对未成年人进行管理和教育，选择和促进未成年子女的学校教育和职业培训，监护人提供必要条件保障被监护人的学校教育以及与被监护人自身条件相适应的职业教育和培训。〔1〕(4）决定权。决定权包括居所决定权、社会交往和通信决定权。监护人应指定被监护人居所并确保居所安全；监督被监护人的社会交往和通信。(5）就未成年人监护人〔2〕而言，考察德国、瑞士、日本等国的规定，未成年人监护人的监护职责与亲权人具有同样的权利义务，只是对前者附加一定的限制，如日本规定需经监护监督人同意（《日本民法典》第857条）。未成年监护的人身性监护职责除了上述规定，还应包括子女交还请求权、惩戒权、职业许可权、子女身份上行为及身份上事项的同意权和代理权。〔3〕

从最有利于被监护人利益出发，监护人履行财产性监护职责，包含以下内容：（1）明确被监护人财产的范围，制作财产目录，呈交给监护监督人，并提交给法院。(2）对被监护人的财产使用和处分必须限定为“为被监护人利益”。如《德国民法典》第

〔1〕［德］迪特尔·施瓦布：《德国家庭法》，王葆莳译，法律出版社2010年版，第318~319页。

〔2〕在德国，在人的照顾方面，监护人依照《民法典》有关父母照顾的条文对被监护人行使监护（《德国民法典》第1800条，第1631~1633条）。

〔3〕马俊驹、余延满：《民法原论》，法律出版社2007年版，第869~870页。

1649条（子女财产收益的使用）、第1805条（为监护人的利益而使用）。(3) 明确某些财产处分必须经过监护监督人或法院批准。如《德国民法典》第1832条（监护监督人的批准）。需要经过批准处分的财产性事项包括处分不动产、赠与、投资，供被监护人居住房屋之借用事项或租赁事务，其他会使被监护人财产损失或负担财产性债务的事项。

（二）设立多元的监护方式

单亲家庭、隔代家庭、离婚家庭及非婚家庭等使未成年子女丧失了获得双系抚育的机会。《民法典》仅对离婚家庭和非婚生子女的监护作出一些规定。对于离婚家庭子女，父母仍是子女的监护人，子女往往由父母中的一方直接监护，另一方以承担生活费和教育费以及行使探望权的方式来履行监护职责。对于非婚生子女的监护，基于怀孕和护理的生理学考虑，孩子与母亲具有一种生物学的共生联系，孩子出生后首先是由母亲监护，生父由于不知情或者由于职业情况或者身体条件等原因，很少有可能和能力去照顾抚养非婚生子女。[1] 由此，非婚生子女的监护表现为父亲或母亲一方单独履行，且母亲单独履行的情形居多，呈现监护方式单一化的特点。《民法典》第1071条第2款规定不直接抚养非婚生子女的一方以"承担生活费和教育费"方式来履行监护职责，这一规定将另一方的监护职责限定在负担生活费和教育费的范围内，对于照料、教育、监督子女、决定居留地和决定与第三人的交往等其他符合儿童最大利益的监护职责内容未作规定。

从子女身心发展的角度来看，双系抚育是最理想的抚育监护

〔1〕 Renate Isabel Heil, *Das Personensorgerecht der Eltern nichtehelicher Kinder*, Regensburg 1993, S. 147 ff.

方式。我国立法价值导向应该是给予那些丧失了获得双系抚育机会家庭的未成年子女获得较好的抚育，也给不直接履行监护职责的一方一个参与未成年子女成长的机会，从而更有利于未成年子女的健康成长和良好发展。为此，有必要丰富未成年子女的监护方式，将未成年子女的身份与父母的婚姻相分离。父母对未成年子女的抚养照顾作为天赋的父母权利，“不是专属于婚姻效果的权利，而是从婚姻开始到解体以及作为一种生物——社会事实与父母身份相连接的权利”。[1]一方面，在父母无法共同监护未成年子女的情形下，由父母一方直接承担监护职责，但是可以将某些另一方擅长的或专业性的监护职责托付给另一方履行，并且规定在一方全部履行监护职责的情形下，另一方应承担子女必要的抚养费用和教育费用，在不损害儿童最大利益的前提下，依情形也应确保不直接监护未成年子女的父母另一方与子女正常交往等其他义务和权利。[2]另一方面，借鉴德国的父母照顾的混合形式，对于子女有重大意义的事务由具有监护义务的父母双方共同履行，子女的日常生活事务由与子女共同生活的一方单独履行。[3]

（三）加强和完善国家监护

早期的家庭事务实行家庭自治，当家庭自治异化为家长对家庭成员的专制权力而严重损害被监护人利益时，国家法律就必须强制介入家庭领域。我国传统监护制度在理念上固守家庭监护的传统监护观念，监护属于家庭内部事务，而非社会事务，对国家

---

〔1〕 Jörg Mohr & Astrid Wallrabenstein, Die elterliche Sorge als Sorgenkind des BVerfG, *Jura*. 2004, S. 195.

〔2〕 Barbara Veit, *Beck'scher Online-Kommentar zum BGB* § 1626a, Rn. 8 ff.

〔3〕 [德] 迪特尔·施瓦布：《德国家庭法》，王葆莳译，法律出版社 2010 年版，第 376 页。

责任和公权力干预持相对保守的态度。然而，近些年，由于监护人监护不力和监护职责缺失的问题引发的未成年人权益受侵害事件频频发生，如广东佛山小悦悦事件、毕节5名少年垃圾箱被闷死等事件。就法律层面的原因，我国监护制度设计存在国家监护不足，监护监督缺失，监护监督主体不明确等问题。这些也反映了我国国家公权力对监护制度介入的被动。从保护被监护人利益出发，加强国家公权力对监护的干预，有效防止家庭自治中监护人滥用权力，精细构建我国国家监护制度和立法体系具有必要性。

从各国立法来看，监护制度中国家公权力干预方式主要有以下几种。一是对特定事务的批准或决定权。如《法国民法典》规定了监护法官对未成年人重要财产处分的批准权或决定权，对亲属会议的直接或间接决定权；规定家事法官对于子女人身相关的亲权的批准权或决定权。二是监护监督制度。公力监督使司法机关和行政机关在监护人怠于履行监护职责时，化被动为主动，积极介入保护被监护人的活动中。三是监护保障制度。主要表现为国家监护制度，主要有两种方式。其一，由国家专门的监护机构直接替代原监护人履行监护职责；其二，由国家专门的监护机构对其监护行为予以协助、辅助、指导或监督。〔1〕

在我国国家监护制度设计中，应以家庭自治监护为主，辅助以临时监护和机构监护等国家监护的监护制度体系。但是，对于民政部门等机构担任监护人的相关制度和配套措施需要进一步明确。

〔1〕高丰美："公私法融合作用及其对监护制度的影响"，载《法界天平》2015年第12期。

1. 明确多个机构均有监护职责时的处理规则

《民法典》第32条规定的机构监护条文中使用了“也可以”的表述，从文法结构的通常含义理解，这倾向于提倡将民政部门设置为第一位的监护人，如果民政部门无法担任，再寻求居民委员会和村民委员会担任监护人。第32条中的“也可以”指的是什么情形，该条表述的不明确可能给以后机构监护的实施造成法律适用的不明确，实践中容易使人认为居民委员和村民委员会作为基层组织，对被监护人情况更为了解，更适宜担任机构监护人，以致实施过程中出现互相推诿的后果。因此，三个“兜底”监护人的关系需要在未来司法解释时予以明确，如果采用民政部门作为主要承担主体，那么需要明确列举“也可以”是具体指在什么情形下才由居民委员会或村民委员会担任。《民法典》第31条第3款临时监护也是如此，从文义解释来看，居民委员会（村民委员会)、有关组织和民政部门是一个并列关系，多个机构都有监护职责。一项调研显示，没有出现居民委员会、村民委员会担任监护人的事例，但有一半以上的受访者认为居民委员会或村民委员会救助照顾“三无”人员的行为属于监护；另外，80%的村民委员会主任或治保主任明确表示监护是民政部门的事，自身只有协助义务。[1]从调研来看，由于规定多头、多机构并列承担监护职责，又缺乏明确的职责分工，导致实践中机构监护无所适从。在未来司法解释中，需要进一步细化各个机构监护主体的职责分工和范围，加强各机构监护承担人的工作协调。

〔1〕 时任全国人大常委会法工委副主任张荣顺在江西省景德镇市调研的结果，参见《民法总则立法背景与观点全集》编写组汇编：《民法总则立法背景与观点全集》，法律出版社2017年版，第601页。

2. 明确有关组织的任职资格和程序

《民法典》第 31 条第 3 款规定有关组织也承担临时监护的职责，这里的有关组织具体包括哪些组织？从未成年人保护实际来看，这里的有关组织一般包括儿童福利院、孤儿院等福利机构，也不排除未来一些公益性组织或职业监护机构的介入。未来相关司法解释需要明确有关组织的任职资格和程序。比如《德国民法典》第 1791a 条规定有权利能力的社团（Rechtsfaehiger Verein）可以担任监护人，依据《德国社会法典》第八编第 54 条和第 73 条等相关规定，从任职资格来看，该社团必须是依据《德国民法典》第 21 条登记的非以经济上的营业经营为目的并取得权利能力的社团；从任职程序来看，该社团必须经过青少年福利局的允许，并且依法院的裁定始能确立该社团的监护人地位。为了使《民法典》规定的有关组织临时监护发挥作用，相关配套规范需要明确有关组织的任职资格、从业规则和任免程序，明确机构监护的工作规则，并加强监护监督。

3. 为机构监护提供配套措施和支持

不赞成将居民委员会和村民委员会列为监护人的主要原因之一是居民委员会和村民委员会不具备监护能力，缺乏经费、人力和物力的支撑。一项在江苏省的调研显示，村民委员会或居民委员会担任监护人的，被监护人生活费用由社区或村负责；20%的村民委员会或居民委员会表示在人力物力有保障的情况下可以担任监护人。显然，发挥居民委员会和村民委员会这一基层性自治组织在监护事务中的作用的一个关键问题是人力和财力的支撑。在《民法典》界定村民委员会和居民委员会的监护人职责和地位时，为了让它们切实发挥作用，为未成年人提供有效监护，需要加强对它们的监护工作指导，在财政资金、人员培训等方面给予相应支持。

（四）明确遗嘱指定监护的效力规则

遗嘱指定监护是父母以遗嘱方式指定监护人，因此，指定监护人的遗嘱首先必须符合《民法典》继承编对遗嘱生效要件的规定；不同形式的遗嘱效力确定规则也应遵循《民法典》继承编的规定。此外，遗嘱指定监护人是涉及身份关系的终意处分行为，也具有不同于《民法典》继承编遗嘱规定的效力规则，具体表现为以下内容。

1. 遗嘱指定监护的监护监督人

依据《民法典》继承编的规定，自然人在订立遗嘱时可以指定遗嘱执行人，以确保按照遗嘱分割遗产。在未成年人的父母通过遗嘱指定监护人时，不单单是指定某人为监护人，还可以在遗嘱中明确监护人履行监护职责的内容、方式和限制等。遗嘱指定监护在立遗嘱人死亡时即开始生效，为了保障未成年人的权益，需要遗嘱执行人通知监护人、督促监护人按照遗嘱履行监护职责。只是在遗嘱指定监护中的遗嘱执行期间始于立遗嘱人死亡，终于遗嘱失效，但监护是一个长期持续的过程，需要设置遗嘱指定监护监督人对今后的整个监护过程进行监督。父母可以视情形通过遗嘱指定一名监护监督人，如果没有适格的自然人担任监护监督人，则由居民委员会、村民委员会或民政部门担任，监护监督人必须注意督促监护人尽到一个监护人的职责。[1]

---

[1] 遗嘱指定监护属于个人意思自治的范畴，在父母死亡的情形下，居民委员会、村民委员会或民政部门作为监护监督人介入是有必要的，父母作为未成年子女最佳利益判断者已经不在了，国家公权力机关有义务直接或授权相关部门通过监督或协助等方式关注未成年人的成长和发展。

2. 遗嘱指定监护的法律效果

遗嘱指定监护属于单方民事法律行为，只要符合生效要件即会产生法律效果，遗嘱指定监护属于意定监护的一种，其法律效果首先表现为遗嘱指定监护优先于法定监护，排除法定监护的适用。遗嘱指定监护本质上属于单方意思表示，对被指定监护人的效力还需被指定监护人对该意思表示是接受还是拒绝。遗嘱指定监护是具有身份性质的遗嘱，不能完全地适用财产遗嘱的处理方式，因此，对于被指定的监护人应加以限制，赋予其拒绝权，但必须有合法正当的理由。合法正当的理由包括疾病或突发状况等不能适当地履行监护职责等。当然，相应地，当被指定监护人接受遗嘱时，应及时向遗嘱监护监督人作出回复，履行相应的交接和报告义务。无论被指定的监护人是拒绝还是接受，都应当在合理期间内以书面形式予以明确回复。

3. 遗嘱指定监护不生效力时的处理方式

遗嘱指定监护生效要件不具备，被指定监护人拒绝、死亡或丧失监护能力时，遗嘱指定监护将无法产生预期的法律效果。遗嘱指定监护属于意定监护，在法律适用上优先于法定监护，当意定监护不生效力时，法定监护须介入，若对法定监护人有争议时，再由相关机关指定确定监护人。对于这一处理方式需在遗嘱指定监护的完善规则中予以明确，或者在《民法典》婚姻家庭编的相关司法解释中明确规定意定监护优先于法定监护，以为遗嘱指定监护不生效力时的处理提供法律依据。

（五）增设非婚生子女的父母照顾权

我国目前的未成年子女监护中，没有区分父母照顾和监护，本部分以非婚生子女的父母照顾为例，来探讨父母照顾对未成年子女监护的完善。我国现行立法中没有使用父母照顾权这一概念，相对应的概念是父母对子女的抚养义务。

父母照顾是“父母对未成年子女养育、照顾与保护的义务和权利”（die Pflicht und das Recht），包括人身照顾和财产照顾。父母照顾权是一种“义务权”（Pflichtrecht），实质是一项父母对子女的义务；这里的权利主要包括一定的决定权限，如对子女交往的决定权限（Bestimmungsbefugnisse ueber Umgang des Kindes）等。[1]综观德国非婚生子女父母照顾的法律发展历程，经历了从非婚生子女处于母亲的单独照顾之下、排除父亲对子女的人身照顾，到承认父亲对非婚生子女的父母照顾，并取消母亲在共同父母照顾权上的否决权；从通过结婚、婚姻声明获得共同父母照顾人资格，到规定通过结婚、照顾表示（Sorgeerklaerungen）等方式使父母有权共同进行父母照顾，再到父亲可以部分或者单独照顾非婚生子女的转变。当前德国非婚生子女的父母照顾权有以下三种行使方式。

1. 母亲一方单独行使父母照顾权

由于母亲与子女天生的联系，父母未结婚的，自子女出生时起，子女的父母照顾权由母亲享有。但最初立法者认为未婚的母亲存在照顾经验不足，且认为子女和母亲之间存在利益冲突，不能恰当地代表子女的利益。因此，《德国非婚生子女法律地位法》规定了未婚的母亲对孩子进行人身照顾，但是在父亲身份确认、抚养、继承等事务上受到官方保佐（Amtspflegschaft）的限制。后来学者们提出现在的未婚母亲和已婚母亲一样具有照顾经验，而

[1] Dieter Schwab, *Familienrecht*, 22. Aufl., Muenchen 2014, S. 289.

且仅仅是因为子女是非婚生的即对母亲的父母照顾权进行限制是非常不合理的。[1]因此，《德国亲子关系改革法》赋予母亲不受限制的父母照顾权。依据《德国民法典》第1626a条规定，除共同父母照顾表示、父母结婚和家庭法院裁判三种情形外，母亲对非婚生子女具有父母照顾的义务和权利，这是一种法定的优先义务和权利。

2. 父亲与母亲行使全部或部分共同父母照顾权

子女出生前未结婚的父母在以下三种情形下有权进行共同父母照顾。

(1) 父母作出表示愿意承担共同父母照顾的意思表示。到2008年为止，德国约51%的生父依据照顾表示成为照顾权人。就形式要件而言，《德国民法典》第1626d条规定照顾表示没有期限限制，可以在子女出生前作出或者在子女满18周岁前作出。作出共同父母照顾的表示必须是母亲和父亲共同作出愿意承担共同父母照顾的意思表示，父亲单独作出不生效；这种照顾表示可以共同作出，也可以分别作出，分别作出时，以第二份表示作出的时间为生效时间。作出照顾表示后未结婚的父母具有平等的共同父母照顾权，即使在父母亲分居以后。只是在父母分居的情形下可以依据《德国民法典》第1671条将父母照顾权赋予另一方。[2]

(2) 父母结婚。子女出生后通过结婚同样可以获得共同父母照顾。当父母缔结婚姻时，父母对子女的共同父母照顾自动取得。[3]

---

〔1〕 Henrich. Dieter, *Familienrecht*, 4. Aufl., Berlin/New York, 1991, S. 250.

〔2〕 Barbara Veit, *Beck'scher Online-Kommentar zum BGB*, § 1626a, Rn. 8 ff.

〔3〕 Isabell Götz, *Palandt BGB*, 72. Aufl. München: Verlag C. H. Beck, 2013, § 1626a, Rn. 7.

（3）法院将父母照顾赋予父母双方。父母照顾的全部和部分被赋予父母双方，如对于涉及子女重大决定的事务可以由未结婚父母申请经法院裁判由未结婚父母双方行使共同父母照顾权。共同父母照顾权的法院裁判不因职权而发生，父母一方的申请是启动程序的唯一条件。

3. 父亲一方单独行使父母照顾权

父亲一方单独行使父母照顾权的方式包括全部或部分单独照顾，在法院裁判将部分照顾赋予父亲单独照顾的情形下，裁判赋予部分以外的事项仍由未结婚父母进行共同父母照顾。依据《德国基本法》第 6 条第 2 款第 1 句的规定，父母权利无区别地属于父亲和母亲；这种父母权利是一种“义务权”，是一种对孩子的法定责任，原则上不可放弃。但是《德国民法典》第 1672 条规定，父母分居情形下，母亲的同意是父亲提出申请要求获得单独照顾权的必备要件。密歇埃尔·科斯特（Michael Coester）教授指出《德国民法典》第 1672 条第 1 款的规定不仅违反了父亲的父母权利，也违反了子女的基本权利，在父母分居情形下，“父母双方的共同父母照顾如不被考虑，子女至少应获得更适合的父母一方作为单独照顾权人”。〔1〕2013 年《德国非婚生子女的父母照顾权法》废止了《德国民法典》第 1672 条。目前，父亲在以下三种情形下均有可能获得对非婚生子女的单独照顾权：（1）依据《德国民法典》第 1671 条第 2 款的规定，经母亲同意且已满 14 岁子女未有异议；或者即使没有母亲同意，而共同父母照顾不被考虑，且可期待对父亲的照顾权在赋予最符合儿童最大利益的情形下，

〔1〕 Michael Coester, Sorgerecht nicht miteinander verheirateter Eltern, *FamRZ*, 2012, S. 1339.

经父亲一方申请，家庭法院必须裁判将父母照顾全部或部分赋予父亲；(2) 依据《德国民法典》第1678条的规定，父母一方事实上受阻而不能进行父母照顾或父母照顾停止；(3) 依据《德国民法典》第1680条的规定，父母一方死亡或其父母照顾权被剥夺。

德国法考虑到子女需要全面的生活教育和教育过程相当漫长性等因素，突破传统的“婚姻模式”，设立了比较多元的照顾方式；以儿童最大利益为原则，运用积极的儿童最大利益审查（Positive Kindeswohlpruefung）和消极的儿童最大利益审查（Negative Kindeswohlpruefung）来选择父母照顾的行使方式，呈现共同父母照顾——→生父或生母单独照顾——→共同父母照顾和单独照顾的混合形式的次第选择的特点。[1]依据父母双方的关系，共同的父母照顾是最符合儿童最大利益的，也是被优先考虑的，当子女在生活中意识到父母双方对他承担责任，并且感受到他的父母是作为同等权利人在为他的生活做重大决定；[2]或者当父亲和母亲与子女共同生活，双方自愿和能够承担父母职责；[3]均被认为符合儿童最大利益，此时，法院将非婚生子女的父母照顾权赋予父母双方。但是如果出现不适宜共同父母照顾的事由（如沟通困难、照顾人教育能力、子女意愿、父母之间的暴力、父亲对子女的性虐待等），便会废止共同父母照顾；法院将进行消极子女利益审查确定共同父母照顾与儿童最大利益相抵触，将父母照顾全部或部分裁判赋予未结婚父母的一方，采用单独照顾或混合形式来保障非

---

〔1〕 Peter Huber und Jennifer Antomo, Die Neuregelung der elterlichen Sorge nicht miteinander verheirateter Eltern, *FamRZ*, 2012, S. 1263.

〔2〕 Michael Coester, Sorgerecht nicht miteinander verheirateter Eltern, *FamRZ*, 2012, S. 1339.

〔3〕 Barbara Veit, *Beck'scher Online-Kommentar zum BGB*, § 1626a Rn. 24 ff.

婚生子女的最大利益。[1]

我国婚姻家庭制度对于如何实现生父的父母照顾权存在立法空白，父母照顾权行使方式呈现单一化，笔者以德国法为参照，在婚姻家庭法视域下就我国非婚生子女的父母照顾权的行使提出以下完善建议。

（1）借鉴德国的折中模式，在婚姻家庭法律中明确生父的父母照顾权的取得情形。

我国《宪法》第 49 条第 3 款规定："父母有抚养教育未成年子女的义务……" 我国已于 1992 年批准加入了联合国《儿童权利公约》，该公约第 18 条第 1 款规定，确保父母双方对儿童的养育和发展负有共同责任。在我国，对子女的抚养和照顾是一种法定的义务和责任。这些规定对于我国未结婚父母的责任也应同样适用。我国非婚生子女的父母照顾权的立法改革导向应倾向于为生父参与非婚生子女的父母照顾提供一条路径。

我国 1950 年《婚姻法》采用法定模式赋予生父对非婚生子女的照顾权，这一模式在 1980 年《婚姻法》中被废除；目前，在我国司法实践中生父若想对非婚生子女进行父母照顾，必须首先提出抚养人确认之诉，经由法院裁判确定生父的抚养人地位，从而获得对非婚生子女的父母照顾权。我国这种做法实质上和德国的法院模式相似。生父的父母照顾权的获得以申请和法院的审查裁判为条件，且往往适用于母亲无法单独行使父母照顾权的情形，显然这并没有直接承认生父的父母照顾权这一天赋权利，反而提高了生父获得父母照顾权的适用条件。德国经过长期的法律改革

---

〔1〕 Barbara Veit, *Beck'scher Online-Kommentar zum BGB*, § 1626a Rn. 40 ff.

创造了一个较完美的折中模式，这一模式在保障儿童最大利益的前提下，既尊重了母亲权利又保障了父亲权利；既尊重了父母权利又确保了国家监督。借鉴德国这一折中模式，明确规定生父享有与母亲平等的父母照顾权，在婚姻家庭法律中明确生父的父母照顾权的取得情形，为生父提供一条父母照顾权的实现路径。生父获得父母照顾权的情形可以包括：一是母亲同意，且限制行为能力的子女对此没有异议。二是在母亲不同意的情形下，如果共同父母照顾又不被考虑，且对父亲的照顾权赋予最符合儿童最大利益的，人民法院必须批准将父母照顾权的全部或部分单独赋予父亲。另外，在取得情形的规定中需明确的是生父获得父母照顾权必须以生父提出申请为前提，并由法院裁判赋予。

（2）拓宽我国非婚生子女的父母照顾权的行使方式。

我国非婚生子女的父母照顾权呈现行使方式单一化的特点，这一方面加重了直接抚育非婚生子女的父母一方的照顾责任，使另一方逃避了照顾责任；同时也存在父母另一方想参与照顾而无法实现的问题，最终不利于子女的健康成长和发展。德国多元的父母照顾权行使方式最大限度地考虑到了儿童最大利益，可以加以借鉴拓宽我国非婚生子女的父母照顾权的行使方式。

第一，父母同居关系期间的非婚生子女的共同父母照顾。父母同居共同生活虽然在事实上是由未结婚父母对非婚生子女进行共同父母照顾，但在我国父母结婚共同生活才具有法律意义上的共同父母照顾权。在德国，除父母结婚外，由父母双方共同作出承担共同父母照顾的照顾表示，或者由法院将共同父母照顾全部或部分赋予父母双方来实现共同父母照顾。这一做法彻底将非婚生子女的身份与父母的婚姻相分离。只是在借鉴这一做法时应注意：一是，除了规定严格的照顾表示的实质生效要件，还必须公开地做成证书，保障共同父母照顾的公示性，这需要我国建立配套的公证制度。二是，非婚生子女的父母照顾权的设立和变更对于未结婚父母和非婚生子女都是一件重大人生事项，是一项不可放弃的义务和权利，因此，不允许当事人之间协商变更，必须基于儿童最大利益原则由人民法院审查和裁判。

第二，父母解除同居关系后非婚生子女的共同父母照顾。未结婚父母解除同居关系并不影响既存的共同父母照顾的存在；只是与同居关系中的共同父母照顾不同，生父和生母行使共同父母照顾权的方式有所变化，此时的"共同父母照顾"更多的是一个具有价值导向意义的法律概念。解除同居关系后，共同父母照顾权的前提条件可以不再是父母的日常到场，子女只能随一方直接共同生活，共同父母照顾权只能是分割的照顾权。具体的行使方式可以借鉴德国的父母照顾的混合形式，对于子女有重大意义的事务由未结婚父母双方共同父母照顾，子女的日常生活事务由与子女共同生活的一方单独照顾。〔1〕

第三，嗣后或者非因同居自始由生母或生父一方单独照顾情形下非婚生子女的父母照顾。解除同居关系后基于儿童最大利益考虑由一方申请单独照顾（嗣后单独照顾）或者自始不适宜共同父母照顾的情形（如奸生子女），可以借鉴德国法的单独照顾权规定，人民法院依情形可以批准将非婚生子女的父母照顾权部分或全部赋予该方。并且规定在一方全部行使单独照顾权的情形下，另一方应承担非婚生子女必要的抚养费用和教育费用，在不损害

---

〔1〕［德］迪特尔·施瓦布：《德国家庭法》，王葆莳译，法律出版社 2010 年版，第 376 页。

儿童最大利益的前提下，依情形也应确保未结婚父母另一方与非婚生子女正常交往等其他义务和权利。

（3）非婚生子女的父母照顾权应明确儿童最大利益原则。

在德国法中父母照顾权的行使方式的选择始终坚持儿童最大利益原则。父母照顾的法律性质在于儿童的最大利益，《德国民法典》第 1626a 条、第 1671 条、第 1678 条及第 1680 条规定对父母照顾权设立、变更和终止等事项进行儿童最大利益审查。我国对非婚生子女的儿童最大利益的规定存在空白，在司法实践中，人民法院在确认非婚生子女的父母照顾权人时，往往将非婚生子女判决给之前一直与非婚生子女共同生活的一方，实际上这是运用了儿童最大利益的继续原则，但法律却没有规定其他更具体的儿童最大利益的审查规则。为了保证我国非婚生子女的父母照顾权的充分实现，我国有必要确定儿童最大利益原则，并明确儿童最大利益的审查规则。

第二节　社会变迁与成年监护制度

成年监护制度的构建与社会的发展变化中出现的新问题、新挑战相关。首先，我国正呈现人口快速老龄化和老人高龄化的特点，预计到 2050 年，我国老年人口总量将超过 4 亿人，老龄化水平将超过 30%。高龄者随着年龄的增长，意思能力将不断衰退，为有效保护其利益，民事法律应对其予以特别保护。其次，精神障碍患者数量会有所上升。从 2001 年起，精神疾病负担就已经排在全国疾病总负担的第一位；到 2020 年，将占到全国疾病总负担的 1/4。最后，我国存在为数不少的吸毒成性、酗酒成性、赌博成性、流浪乞讨、盲聋哑等成年人，由于他们不在被监护人范围中，不能获得监护而无法保障其合法权益。2009年《民法通则》规定的监护制度的适用对象只限于未成年人和精神障碍患者，不能涵盖所有成年被监护的需求。2009年《民法通则》关于被监护人的范围规定过窄，忽视了其他存在丧失或者部分丧失民事行为能力的成年人获得监护的需求。为此，我国《民法典》在总则编监护章节中对成年监护制度作出了相应的调适性规定和完善性规定。

一、我国社会变迁中的成年监护制度

《民法典》总则编第二章第二节“监护”第26条至第39条，共14条对监护予以规定。《民法典》中成年人监护立法包括成年监护人的范围和确定（第28条、第30条、第31条），机构监护（第32条），成年人意定监护（第33条），监护职责（第34条），监护事务的执行（第35条第1款和第3款），监护的撤销（第36条），监护资格的恢复（第38条）和监护关系终止（第39条）。其中第28条、第33条和第35条第3款是专门针对成年人监护的规定，其他条款是未成年人监护和成年人监护共同适用的规定。和2009年《民法通则》相比，我国《民法典》关于成年监护的具体规定发生了以下变化。

（一）监护立法理念上的突破

《民法典》确立了尊重被监护人意愿的原则。以往的监护立法仅在《关于贯彻执行〈中华人民共和国民法通则〉若干问题的意见（试行）》（以下简称《民法通则意见》）和《老年人权益保障法》中对尊重被监护人意愿有所规定。《民法通则意见》第14条第1款规定“指定监护人时，应视情况征求被监护人的意见”，《老年人权益保障法》第 26 条规定具备完全民事行为能力的老年人可以协商确定自己的监护人。上述规定将对被监护成年人意愿的考量限定在监护人选任这一事项上，而且《民法通则意见》第 14 条第 1 款的适用附加了“视情况”这一前提，适用情形不明确，致使实践中适用困难。然而，随着老龄化社会下老年人监护需求的增加，作为被监护人，他们越来越希望在监护事务中体现其自身意志。尤其是在成年人监护中，在选任成年人的监护人时应考虑到成年被监护人的意愿，一是在被监护的成年人中，因患病或高龄等原因导致无民事行为能力或限制行为能力的成年被监护人完全胜任在意思能力健全时选定自己的监护人；二是间歇性精神障碍患者在缓解期时完全具备选任自己监护人的能力；三是被监护人本人对自身情况最为了解，尊重其意愿既有利于选任出被监护人最信任且对其最有利的人，符合监护制度设立的初衷，也是回应我国成年人监护范围扩大的需要。

《民法典》恰当地回应了上述需求，弥补了以往监护立法中的不足。其具体表现为：（1）强调协议监护人确定的自愿。《民法典》第 30 条规定了协议确定监护人的方式，并强调“尊重被监护人的真实意愿”。（2）在指定监护中，指定监护人应考虑被监护人意愿。《民法典》第 31 条第 2 款指出“居民委员会、村民委员会、民政部门或者人民法院应当尊重被监护人的真实意愿”。（3）规定了成年意定监护制度。《民法典》第 33 条规定了成年意定监护，回应了老龄化社会的监护需求。（4）监护事务执行中对被监护人意愿的尊重。《民法典》第 35 条第 2 款和第 3 款强调成年人的监护人在履行监护职责时应尊重被监护人的真实意愿，并强调对成年人监护应当“最大程度地”尊重被监护人的意愿，考虑和区分了对不同类型被监护人的意愿的需求差异和特殊情形。现代成年人监护目的不仅是防止成年人对他人的潜在危险，更多的是使不再具有照顾自身能力的成年人能够得到合适的照顾的前提下，尊重每一个意思能力欠缺的成年人的自由意志，保障其在最大限度范围内遵从被监护成年人的意志。上述规定回应了我国社会发展的新需求，体现了时代的进步性。

《民法典》确立了最有利于被监护人的原则。最有利于被监护人的原则一方面可以避免监护人利用被监护人的无能力而随意侵害成年被监护人的财产和不履行监护职责；另一方面也避免被监护人作出不利于自身的决定。因此，各国的监护立法大都确立了该原则，如《德国民法典》第1901条第2款至第4款规定了成年人监护的最佳利益原则（Wohl des Betreuung）。

我国的《民法典》也看到了确立最有利于被监护人原则的必要性和重要性，作出了相应规定，具体表现为：（1）在指定监护规定中，指定监护人应遵守最有利于被监护人的原则。《民法典》第31条第2款指定监护人的规定和第36条重新指定监护人的规定均强调应按照最有利于被监护人的原则。（2）在监护事务执行的规定中，《民法典》第35条第1款明确规定最有利于被监护人的原则是监护人履行监护职责的基本原则。最有利于被监护人原则要求所有的监护措施的标准只能是被监护人的最大利益，监护人必须以符合被监护人最大利益的方式处理被监护人的事务，特别关注被监护人的愿望和对生活的想法，注重被监护人的自主决定因素。《民法典》对这一原则的确立为后续监护规定的完善和细化提供了较好的依据和准则。

（二）扩充了成年被监护对象

《民法典》第 28 条将被监护对象从精神病人修改为“无民事行为能力或者限制民事行为能力的成年人”，删除了 1987 年《民法通则》“精神病人”这一表述，扩充了成年被监护对象。

《民法典》中被监护对象的扩充一方面回应了监护需求扩大和老龄化加剧的现实。一般而言，因心理疾患或者身体上、精神上、心灵上的障碍而完全或部分不能处理自身事务的成年人均应受到监护。原《民法通则》只规定了精神障碍的成年人受监护的情形，随着我国老龄化趋势的加剧，我国《老年人权益保障法》作出了相应调整，规定了失能老人受监护的情形，原《民法通则》只对精神障碍和因年龄而致失能的情形作出规定，对于身体障碍者、心理障碍者等情形未涉及，这并不能满足其他需要监护的成年人的监护需求。我国《民法典》第 28 条的规定回应了这一需求，具有进步性和现实意义。《民法典》中被监护对象的扩充另一方面也为后续成年人监护的完善和细化提供了依据和空间。《民法典》在描述监护对象时使用“无民事行为能力或者限制民事行为能力的成年人”这一表述，这在一定程度上便于在婚姻家庭编的成年人监护立法中，根据被监护成年人的行为能力状态、心智状况等设置监护、保佐和辅助不同层次的监护类型。但是，我们也要注意到，事实上，从国外立法考察，大多数国家在成年人监护设立上都废弃了传统的禁治产制度，如《德国民法典》第 1896 条规定成年人应受监护的对象或情形包括因心理疾患或者身体上、精神上、心灵上的障碍而完全或部分不能处理自身事务的成年人，《法国民法典》第 488 条和第 490 条规定成年人受监护的情形包括身体官能损坏、精神官能受到疾病损坏以及因残疾或年龄而衰弱时。我国《民法典》沿袭了原《民法通则》通过宣告需要监护的成年人为无行为能力人或限制行为能力人，从而设立监护人的制度，这在一定程度上会过度剥夺或限制被监护成年人的行为能力，同时也会出现被监护人行为能力的层级类型与成年人法定监护层级类型的设置不相适应的情形。

（三）完善了成年监护类型

国内学界将监护区分为未成年人监护和成年人监护，未成年人监护有法定监护、指定监护和遗嘱监护；成年人监护包括法定监护和意定监护，法定监护又包括监护、保佐和辅助三种类型。我国原《民法通则》第 16 条和第 17 条规定了法定监护和指定监护两种监护类型，我国《老年人权益保障法》补充规定了协商确定监护人。以往的立法仅规定了未成年人的法定监护和指定监护，以及成年人的法定监护；缺少未成年人遗嘱监护和成年人意定监护的规定。

为了保障因心理疾患或者身体上、精神上、心灵上的障碍而完全或部分不能处理自身事务的成年人权益，在成年人尚具有完全的意思能力时，有权利依照自己的意思选任受托人并订立委托监护合同，在成年人不能处理自己事务时，法律应为其规定法定的监护人；在没有监护人或者监护人有争议时，可以由职权机关指定监护人，设置比较完善的监护类型。《民法典》弥补了我国监护类型的缺失，完善了监护类型：成年人法定监护（第 28 条），遗嘱监护（第 29 条），临时监护（第 31 条），国家监护（第 32 条），成年人的意定监护（第 33 条），从而在监护类型上构建了包括法定监护和意定监护、私力监护和公力监护的完善的监护体系。

二、我国成年监护制度回应的不足

（一）成年监护的类型对现代监护理念回应不足

关于成年人法定监护的类型，不仅存在监护人行为能力的层级类型与成年人法定监护层级类型的设置不相适应的情形。而且，我国《民法典》虽然确立了尊重被监护人意愿的原则，但在制度设计上，在成年人法定监护的类型设计中采用的是完全监护，没有区分成年人不同的精神、智力、身体状况设置不同层级的法定监护类型。现代成年人法定监护正由全面监护向有限监护转向，如日本监护立法将成年人法定监护区分为监护、保佐和辅助，《韩国民法典》明确使用"有限监护"这一表述，设置了成年人法定监护、保佐和辅助。[1]有限监护是"仅在本人实际需要的限度内设立的保护或援助措施"。[2]依据有限监护的理念，成年人法定监护的措施应依据被监护人的不同能力状态设置不同层级的保护措施，辅助的适用对象是轻度意思能力不足的人，保佐的适用对象是意思能力显著不充分的人，监护的适用对象是不具有意思能力的人，适用对象由轻到重。人民法院应根据成年人的意思能力状态和实际需要确定监护的任务和类型。这是一种有限监护的理念，也是尊重被监护人意愿和最有利于被监护人原则的应有内容。我国《民法典》虽然在成年人监护的立法理念上有所更新，但是在具体制度设计上亟须在后续相关监护完善和细化规定中予以补足。

（二）缺乏监护监督的相关规定

我国现行立法对由谁实施监护监督以及如何行使监督权没有

---

〔1〕《韩国民法典》第12条（有限监护开始之裁决）、第13条（有限被监护人的行为和同意）和第14条（有限监护终止之判决）。

〔2〕李霞："成年监护制度的现代转向"，载《中国法学》2015年第2期。

作出明确规定，致使监护活动缺少必要的外部监督和制约，不利于被监护人利益的保护。监护监督的缺失影响监护实效。监护监督便于有效纠正侵害被监护人合法权益的监护行为。尤其是在成年意定监护的情形下，从监护协议的签订，到意定监护的启动再到意定监护的运行，每一个环节都事关被监护人的利益。而且由于被监护人的弱能力，他们比一般的成年人更需要国家的保护，国家公权力的适当介入是“最有利于被监护人原则”的应有之义。但是，目前立法与实践中对于公权利介入的主体和方式不甚明晰，需要进一步研究。

三、我国成年监护制度的调适建议

针对成年监护制度中的不足之处，提出以下调适建议。

（一）构建多层级的成年监护措施体系

我国《民法典》第 28 条规定成年人法定监护的开始要件是需要被监护的对象是无民事行为能力或者限制民事行为能力的成年人。我国《民法典》为法定成年人监护设置了一种监护类型，即成年人法定监护，但是并没有明确是否依据“无民事行为能力”和“限制民事行为能力”设置不同层级的成年人法定监护类型。从保护被监护人利益出发，需要设置多层级的成年人法定监护措施。在其他国家及地区，无论是采用一元化的成年照管的德国，还是采用多元化成年人法定监护措施的日本、韩国，都是将成年人法定监护措施的设置与被监护人行为能力认定相分离，不再作出禁治产宣告或者民事行为能力的宣告，而是依据被监护人精神、心智障碍程度及需要处理事务的能力的需求层次来设置，直接作出照管、监护、保佐或辅助的宣告。从我国《民法典》第 28 条的规定来看，成年人法定监护措施的设置不可能跳出自然人民事行为能力的认定这一前提，原因在于一是我国传统民法理论上还是倾向于强调监护补充自然人民事行为能力的功能，二是对不同层次成年人法定监护措施的鉴定技术和其他配套措施要求比较高，我国目前尚不具备，我国监护立法上也采取了保守的态度。因此，在现行法律框架下，可行的方法是为完全无民事行为能力的成年人设置完全监护。对于限制民事行为能力的成年人的监护措施设置留给未来监护相关司法解释去完善和细化。在未来相关监护规定中，需要突破精神障碍因素，从身体障碍、年龄等因素去认定限制民事行为能力人，拓展成年人法定监护措施的设置空间，如采用多元化的成年人法定监护措施，或者三元的监护、保佐和辅助，或者二元的监护和辅助，构建成年人法定监护、保佐和辅助多层级成年监护体系性措施。

（二）完善监护监督体系

未来监护规定的细化需要特别注重监护监督制度的细化，完善监护监督体系。

1. 确立监护监督制度

监护监督制度对于成年人监护权益保护具有重要性，由于被监护人自身意思能力受限，不能对监护人行为进行监督，在监护人不积极履行监护职责，或者有侵害被监护人利益之时，需要相应的制约机制。监护监督本身即是因应最有利于被监护人原则而必须设计的制度，监护监督制度对于意定监护是不可或缺的制度设计。依据我国《民法典》第 33 条的规定，意定监护的生效要件是成年人丧失或部分丧失民事行为能力时，即人民法院宣告该成年人为无民事行为能力或限制民事行为能力人时。但是在实践操作中由谁来提出对该成年人的民事行为能力欠缺宣告的特别程序或意思能力判定的申请呢？如果意定监护的监护人履行职责不当，又由谁来监督呢？这些内容都是成年意定监护有效实施的必备条款。因此，应明确意定监护的监督人，由该监督人启动意定监护程序，并监督意定监护人的监护活动。

2. 完善意定监护公证制度

我国《民法典》第33条对意定监护的适用主体、监护人的选任规则和范围、监护协议的订立方式、意定监护的生效要件作出了规定。[1]依据该条规定，只要经过书面协议的方式达成合意即可成立意定监护。意定监护协议关系被监护人的人身利益和财产利益，且意定监护协议一旦成立生效，将由监护人代理被监护人与第三人缔结民事法律关系，处理被监护人的部分或全部事务，因此，意定监护协议的成立须具有严格的形式要求，建议意定监护采用公证形式。公证是依照法定程序对民事法律行为、有法律意义的事实和文书的真实性、合法性予以证明的活动。通过公证，可以对意定监护协议当事人的意思能力、监护事务内容等进行审查，既保证意定监护协议订立的真实合法，也避免因此产生不必要的纠纷，最终影响意定监护的执行。

(三) 国家公权力对监护执行的适当介入和干预

现代监护制度的发展方向之一表现为公权力对监护事务干预的增多，主要表现为国家监护、法院对监护事务参与的增多等。国家监护只是国家干预的特别情形，而法院参与监护事务则是国家干预的常态，可以说，法院扮演着最有利于被监护人原则适用的

〔1〕 陈甦主编：《民法总则评注（上册）》，法律出版社2017年版，第236页。

“守门员”的角色。[1]在监护事务执行中，我国《民法典》第32条规定了在没有监护资格的监护人时，由民政部门、居民委员会和村民委员会担任监护人，体现了国家公权力对监护事务的介入，对于保护被监护人权益具有重要意义。至于法院在监护制度中的功能发挥，《民法典》只是在监护人选定、监护人资格撤销时规定了法院的裁判功能，法院在监护制度中可以发挥的其他功能尚没有明确。

近些年，日本、韩国等亚洲国家或地区的监护立法逐渐放弃传统的亲属会议在监护事务中的作用，转向发挥法院在监护事务中的作用，强化法院的权责成为保护被监护人最佳利益的重要途径。法院对监护事务的作用和功能主要表现为：（1）法院对监护事务的批准。为了督促监护人的监护执行符合被监护人的最大利益，各国立法规定监护人的一些重要事务需要监护人以外的主体予以监督和批准。比如，《德国民法典》第1822条列举了13项监护人必须得到家庭法院批准才可以实施的行为。一般来说，需要法院批准的事务包括不可逆的人身性事务（绝育）、医疗决定、限制人身自由的措施、重大财产的处分等。（2）法院对监护事务的协助。监护事务烦琐复杂，法院通过对监护人进行培训、指导等方式予以协助。比如，美国法院给监护人培训，督促监护人必须熟悉一系列的监护事务：监护人可以在监护事务报告责任的说明、报告形式及填写范例等方面从法院获得协助和指导。[2]（3）法

〔1〕 刘宏恩：“离婚后子女监护案件子女最佳利益原则的再检视”，载《月旦法学杂志》2014年第234期。

〔2〕 Naomi Karp & Erica F. Wood, Guardianship monitoring: A national survey of court practices, *Stetson Law Review*, Vol. 37, Issue 1 (Fall 2007).

院对监护事务的监督。由于被监护人自身意思能力受限，不能对监护人行为进行监督，因此，在监护人不积极履行监护职责，或者有侵害被监护人利益之时，需要相应的制约机制。各国或地区设置了监护监督这一制度，以监督监护人的行为，保护被监护人的利益。如《日本民法典》规定了监护监督制度（第849条之二、第850条、第851条）。与私力监督相比，法院作为一种公力监督可以弥补私力监督的不足，如对监护人提出监护事务之报告、财产清册或结算书，检查监护事务或受监护人之财产状况等事务，具有更大的强制性。

第三节　社会变迁与老年人监护制度

随着老龄人口的增多，各国立法更加关注老年人利益保护，也更重视老年人监护事务问题。在我国，随着我国人口老龄化，家庭养老功能弱化，国家对老年人的养老保障体系尚在完善中，我国民事立法通过设置老年人监护制度以助力保障失能老人的权益。需要指出的是，将老年人纳入成年监护的保护范围并不是要求为所有失智和失能老人均设置监护这一保护方式，老年人监护不是解决老龄化社会的唯一途径。尊老、孝老、敬老是我国的优良传统美德，在老年人可以通过家庭子女赡养保护自己人身和财产权益时，鼓励家庭赡养的方式。在老年人具有较强的意思能力的情况下，老年人也可以采取委托代理的方式处理自身事务。当老年人私力无法照顾自身权益时，通过求助于社会养老服务。与家庭赡养、委托代理和社会养老相比，为老年人设置监护制度具有自身的优势。与家庭赡养相比，老年人监护不仅涉及人身照料和医疗卫生的需求，更大的优势在于对老年人财产的合理使用和管理；委托代理往往是对某些特定事项的处理，不能覆盖所有的老年人需求；社会养老存在提供的长期照护服务无法满足需求日益增长的失能老人的长期照护需求的问题。因此，在老年人没有家庭赡养，或者家庭赡养无法有效保护老年人合法权益，或者社会养老服务没有及时就位时，我国《民法典》的监护立法为老年人的权益保护提供了一种选择。当然老年人监护应始终奉行必要性原则，结合家庭赡养、社会养老及代理制度，共同发挥私力与公力作用保护老年人合法权益。

一、社会变迁对老年人监护的影响

（一）传统立法理念与老年人监护

尊老、孝老、敬老是我国的优良传统美德，也得到我国各项法律的确认。《宪法》第 45 条第 1 款规定中华人民共和国公民在年老的情况下，有从国家和社会获得物质帮助的权利，第 49 条第 4 款规定禁止虐待老人。我国《民法典》婚姻家庭编第 1041 条第 2 款规定老年人的合法权益受保护。我国制定有专门的《老年人权益保障法》，对家庭赡养与扶养、老年人权益保护的社会保障、社会服务等内容加以全面规定。在上述法律规定中，我国法律尤其是民事法律中都使用“年老”和“老年人”的表述，对老年人的权益保护尤其重视。我国从最初立法开始就在相关法律法规中确定了保护老年人权益的基本原则和立法理念，将尊老、孝老、敬老的传统美德转化为法律规定。在监护制度中，将传统美德和传统立法理念融入监护法律条文也是我国相关立法的应有之义。

（二）老龄化加速与老年人监护

从近几次人口普查结果来看，我国 65 岁以上（一般被视为老龄人口）人口占比持续提升，第七次全国人口普查显示，我国老龄人口占比不仅首次突破10%（达到13.5%），而且增幅高达4.63个百分点，人口老龄化正在加速。与老龄化伴随的是老年人的照顾需求问题。然而，现实是老年人照顾需求与照顾供给存在严重落差。在城市，我国家庭结构日益小型化、核心化，老人家庭长期照护的人力资源不断萎缩，家庭结构与功能的转变使家庭的长期照护功能弱化。在农村，子女离开家庭外出学习工作，造成大量空巢老人和留守老人。除了"五保"老人，农村老年人的照料主要依靠家庭，公共福利性资源缺失。就整个社会而言，在人口快速老龄化、高龄化的背景下，我国失能老人快速增长，给失能老人长期照护体系带来了沉重的压力和巨大挑战。就社区方面，由于长期照护机构和设施建设缓慢，社会机构服务床位严重不足、照护人员数量较少，并且侧重于硬件建设而忽略发展服务，社区的长期照护服务功能发挥并不显著；能够提供的长期照护服务无法满足需求日益增长的失能老人的长期照护需求。面对老龄化加剧带来的老年人照顾问题，探寻老年人监护成为其路径之一。

（三）家庭赡养功能弱化与老年人监护

长期以来，我国实行的都是家庭养老的传统，人们只有赡养的观念，却没有监护的观念，人们的监护意识普遍淡薄。然而，随着家庭赡养功能和亲属照顾网络的弱化，老年人监护也提上日程。然而，现实是人们普遍存在监护观念薄弱的问题，且老年人自身没有监护意识。在对老年人照料意愿的调查中，老年人首先且仅仅是希望得到近亲属的照料，至于其他因监护产生的权利义务和法律后果并不知晓。老年人在需要照料的时候，往往是要求自己的配偶、子女或者其他家庭成员履行赡养义务，而没有设立监护的观念。对于我国缺乏老年人监护法律传统的现实，需要在老年人监护立法中予以强化。

二、我国法律制度对老年人监护的回应与待完善之处

随着全球老龄化加剧，各国都加强对老年人监护的立法，大多数法典化国家或地区在民法典监护制度中都没有将老年人作为一种独立的监护对象从成年人监护中分离出来，除了韩国〔1〕等少数国家或地区，各国或地区民法典也没有明确将老龄在成年人监护中予以表述；对老年人监护的立法安排采用成年人监护吸收老年人监护的立法例，通过扩大成年人监护对象、增设任意监护、完善监护职责来实现。我国《民法典》也没有出现老年人监护的字样，和大多数国家或地区一样将老年人监护纳入成年监护的范畴予以规制，以回应老年监护需求。

（一）我国法律制度对老年人监护的回应

我国《民法典》第28条规定，无民事行为能力或者限制民事行为能力的成年人，可以由配偶、父母、子女、其他近亲属或者其他愿意担任监护人的个人或者组织担任监护人。该条款规定实质包含了老年人监护的内容，实践中，无民事行为能力或者限制民事行为能力的老年人是该条款的主要适用者。

1.《民法典》成年监护类型与老年人监护

原《民法通则》第16条和第17条规定了法定监护和指定监护两种监护类型，《老年人权益保障法》补充规定了协商确定监护人，但依然缺少成年人意定监护的规定。《民法典》弥补了我

---

〔1〕 如《韩国民法典》第9条、第12条明确规定因老龄（old age）引起的处理自身事务能力强弱设置不同层次的监护措施。

国成年监护类型的缺失，完善了监护类型，其中包括成年人法定监护（第28条），临时监护（第31条第3款），机构监护（第32条）和成年人的意定监护（第33条），从而在成年监护类型上构建了包括法定监护和意定监护、私力监护和公力监护的相对完善的监护体系。《民法典》监护类型和措施的完善对于老年人监护也具有进步意义：第一，原《民法通则》第17条关于无民事行为能力和限制民事行为能力人的监护规定只包括对老年人中精神病人的监护，《民法典》第28条将成年被监护对象从精神病人修改为“无民事行为能力或者限制民事行为能力的成年人”，删除了原《民法通则》“精神病人”这一表述，扩充了成年被监护对象，这为其他因老龄、智力障碍、身体障碍等因素致使民事行为能力丧失或受限需要监护的成年人提供了法律依据。第二，依据《民法典》第31条第3款和第32条的规定，在老年人合法权益处于无人保护的状态或者缺乏私力监护时，由居民委员会、村民委员会或者民政部门担任临时监护人，为有监护需求的老年人提供了制度上的支持和保障。第三，《民法典》第33条成年人意定监护的规定吸收了《老年人权益保障法》第26条的规定，实质上仅仅是将《老年人权益保障法》第26条中的“老年人”替换为“成年人”，将意定监护的适用范围从老年人扩大为全体成年人，这符合成年监护的体系构建需求；但事实上，意定监护的制度实践意义更多的是回应老龄化社会，制度的利用者主要是老年人，保护老年人对自身监护事务的自主决定权。[1]《民法典》对成年意定监护制度的确立将意定监护提高到了民法典的普通法高度，

〔1〕 李霞：《成年监护制度研究——以人权的视角》，中国政法大学出版社2012年版，第233~236页。

有利于更加体系化地完善意定监护制度，回应老年人意定监护的需求。

2.《民法典》确立的监护原则与老年人监护

《民法典》确立了尊重被监护人真实意愿原则和最有利于被监护人原则，这两项原则的确立对老年人监护具有特别重要的意义和价值。

（1）尊重被监护人意愿原则。

尊重被监护人意愿原则主要体现在协议确定监护人、指定监护人和履行监护职责之中。《民法典》第 30 条规定协议确定监护人应当尊重被监护人的真实意愿。第 31 条第 2 款规定指定监护人在“按照最有利于被监护人原则”之前，规定“应当尊重被监护人的真实意愿”，尊重被监护人意愿是最有利于被监护人原则的首要含义。第 35 条第 2 款规定未成年人的监护人履行监护职责应“尊重被监护人的真实意愿”，第 3 款规定成年人的监护人履行监护职责“应当最大程度地尊重被监护人的真实意愿”，在监护人事务执行过程中，相较于对未成年人，对成年人的意愿使用了“最大程度”的前提词，符合尊重成年被监护人自主决定权的趋势要求。在成年监护人指定和监护事务执行过程中，需要监护的成年人往往是精神障碍患者和因身体障碍、年老等因素导致意思能力减弱的成年人。精神障碍患者由于自身无法表达意愿，该原则的适用空间较小；相较而言，因身体障碍、年老衰弱的老年人由于具有意思表达能力和判断能力，对于自身事务能够表达自己的生活愿望和想法；这一原则对于需要监护的老年人来说至关重要。

（2）最有利于被监护人原则。

最有利于被监护人原则意指要求所有监护措施的标准只能是

被监护人的最大利益，必须以符合被监护人最佳利益的方式处理被监护人的事务。最有利于被监护人原则在《民法典》中的规定具体表现为指定监护人（第31条第2款、第36条）和监护人履行监护职责（第35条第1款）。在指定监护人事务中，依据《民法典》第31条第2款的规定，居民委员会、村民委员会、民政部门或人民法院都有权为被监护人指定监护人的组织，人民法院具有丰富的指定监护人的裁判经验，而相应地居民委员会、村民委员会、民政部门指定监护人的程序、经验、专业化程度都有不足，以最有利于被监护人原则作为它们的工作准则为被监护人（包括需要监护的老年人）确定最适合的监护人具有重要意义。在监护事务执行过程中，该原则的适用主体是监护人，该原则的确立有利于避免监护人利用被监护人无能力或弱能力而随意侵害失能老人的财产和不履行监护职责。尤其是老年被监护人，往往积累了一定的财产，要求监护人在履行财产性监护职责时遵守最有利于被监护人原则更有实际意义。

（二）我国法律制度对老年人监护待完善之处

大多数法典化国家或地区在民法典监护制度中都没有将老年人作为一种独立的监护对象从成年人监护中分离出来，呈现成年人监护立法吸收老年人监护的立法模式，但是各国或地区通过各种规范制度设计呈现了老年人监护的立法需求和发展趋势。《韩国民法典》第9条、第12条明确规定因老龄（old age）引起的处理自身事务能力强弱设置不同层次的监护措施，使用了“老龄”这一表述，日本、德国、瑞士等国家或地区民法典均没有明确将老龄在成年人监护中予以表述。《德国民法典》第1896条第1款第1句规定，受到照管的对象是因心理疾患或身体上、精神上、心灵上的残疾而完全或部分地不能处理其事务的成年人，德国照管法中也未出现“老年人”这一字眼，但在实践中因年老导致的上述障碍者，即可设立成年人监护。[1]我国虽然也采用了成年监护的立法模式回应老年人监护的需求，但也存在回应不足之处。

1. 对老年人的余存民事行为能力有所忽略

我国《民法典》第28条规定成年人法定监护的开始要件是需要被监护的对象是无民事行为能力或者限制民事行为能力的成年人。《民法典》第28条为法定成年人监护设置了一种监护类型，即成年人法定监护，但是并没有明确是否依据“无民事行为能力”和“限制民事行为能力”设置不同层级的成年人法定监护措施。就老年人而言，需要监护的老年人包括失智老人和失能老人，主要表现为痴呆症老人、身体障碍的老人、年老体衰的老人和年老意思能力衰弱的老人。《民法典》第28条的规定导致的结果是，由于无民事行为能力人不能实施有效的法律行为，一些需要监护的老年人不愿意被宣告为无民事行为能力或限制民事行为能力人而得不到监护；由于该条款意味着民事行为能力欠缺宣告是监护设置的必经程序，这将导致一些尚有部分民事行为能力的老年人被迫宣告为无民事行为能力人，忽略了老年人的余存民事行为能力，老年人的意志得不到足够尊重。

2. 对老年人监护的特殊需求回应有待完善

我国《民法典》一些监护规定虽然展现了老年人监护的立法需求，但还是有限的，没有最大限度地回应老龄化背景下老年人监护的需求。依据《民法典》第34条和第35条的规定，监护人

---

〔1〕 Isabell Goetz, *Palandt Kommentar zum BGB*, 72. Aufl. 2013, Verlag C. H. Beck Muenchen, S. 2138.

的监护职责是代理被监护人实施民事法律行为，保护被监护人的人身权利、财产权利及其他合法权益等。《民法典》只是非常宽泛、原则性地概括了监护人的监护职责，这对于老年人监护是远远不足的。第一，将监护职责限定为代理实施民事法律行为，监护行为除了法律行为，还包括其他有法律意义的行为、程序上的行为以及事实上的照顾行为，以此方式界定居于总则地位的监护职责，存在不足。第二，目前监护立法对监护职责规定得过于宽泛。在细化监护职责时，应区分人身性监护职责和财产性监护职责，在成年人监护职责规定中应看到老年人监护的特殊需求。对于因精神障碍需要监护的老年人与一般的成年人监护需求区别不大。但是因年老体衰或意思能力渐弱的老年被监护人的监护具有自己的特殊需求，现有的规定回应有待完善。

3. 老年人监护的程序性规定不够完善

监护的过程非常冗长、复杂，而且监护一旦开始，将老年人的照料全部或部分托付给其他人，这意味着老年人将丧失一些重要的权利。因此，监护程序的正当和完善是老年人监护权益的重要保障工具。老年人监护的法律程序包括老年人监护的设立、执行、变更、终止、监督的程序。我国现行立法没有专门的老年人监护的法律程序的规定，只是在实体性规范中对监护的程序间接作出规定，对于监护程序的规定存在重实体轻程序的现状。（1）我国《民法典》通过宣告精神病人为无行为能力人或限制行为能力人，从而设立监护人的能力宣告制度，这一宣告程序即为老年人监护的开始程序。但是对于监护的开始程序欠缺完善性规定。（2）我国《民法典》及其司法解释中规定要求变更监护关系的，按照特别程序审理；我国《民法典》规定了监护人不履行监护职责或侵害被监护人合法权益的，人民法院可以依申请撤销监护人资格；这些即为成年人监护的变更程序的规定。但是对于变更监护人的听证等程序性规定缺失。

三、我国老年人监护制度的调适建议

未来需要不断回应老年人监护存在的问题和挑战，在规范制度设计中体现老年人的监护需求，为有监护需求的老年人提供充分的法律支撑和选择的空间。

（一）民事行为能力制度与老年人法定监护立法路径选择

传统监护法认为，监护是对被监护人民事行为能力的补足，需要监护的成年人主要是指患有精神障碍的民事行为能力欠缺的成年人。现代成年人监护法更加尊重成年被监护人的自主意志，《德国民法典》经历了从传统禁治产宣告向成年照管制度的转变，即使被照管人有些时候具有行为能力，也可以为其设置照管人。判断照管的标准从民事行为能力欠缺转变为是否具有处理自身事务的能力；扩大了成年被监护对象，从精神疾病、精神耗弱、醉酒、吸毒的成年人扩充到因心理疾患或身体上、精神上、心灵上的残疾而完全或部分地不能处理其事务的成年人。现代成年人法定监护正由全面监护向有限监护转向，“仅在本人实际需要的限度内设立的保护或援助措施”。[1]比如，日本监护立法将成年人法定监护区分为监护、保佐和辅助，《韩国民法典》明确使用“有限监护”这一表述，设置了成年人法定监护、保佐和辅助。[2]法

[1] 李霞：“成年监护制度的现代转向”，载《中国法学》2015年第2期。

[2] 《韩国民法典》第12条（有限监护开始之裁决）、第13条（有限被监护人的行为和同意）和第14条（有限监护终止之判决）。

院应根据成年人的意思能力状态和实际需要确定监护的任务和类型。这是一种有限监护的理念，也是尊重被监护人意愿和最有利于被监护人原则的应有内容。我国《民法典》虽然确立了意定监护制度、确立尊重被监护人真实意愿原则，在立法理念上有所更新，但是在老年法定监护的具体制度设计上却没有体现出来，亟须在后续相关监护规定中予以补足。

如前文所述，采取民事行为能力欠缺宣告制度对于老年人监护弊多利少。完善我国法定监护的最理想路径是在成年人法定监护中彻底废除民事行为能力欠缺宣告制度，依据成年人处理自身事务的能力直接为其选任照管人或者作出符合其当时状态的监护、保佐或辅助宣告，但如前文所述，从我国《民法典》第 28 条的规定来看，成年人法定监护措施的设置要跳出自然人民事行为能力欠缺宣告这一前提存在困难。另一条保守的路径是为完全无民事行为能力的成年人设置完全监护，对于限制民事行为能力的成年人的监护措施设置留给未来监护立法去完善，采用监护、保佐、辅助的多元化的成年人法定监护措施。然而根据传统的法律行为理论，如德国民法所指的限制民事行为能力人仅指已满 7 周岁的未成年人，自 1992 年 1 月 1 日起不再存在被限制行为能力的成年人，成年人要么是无行为能力人，要么是完全行为能力人。〔1〕我国限制民事行为能力人包括两类人：8 周岁以下的未成年人和不能完全辨认自己行为的成年人，后者考虑的是精神健康因素，主要是因精神疾病引起的认知判断能力不足的情况，往往是指精神障

〔1〕［德］汉斯·布洛克斯、沃尔夫·迪特里希·瓦尔克：《德国民法总论》，张艳译，中国人民大学出版社 2014 年版，第 124 页。

碍患者。[1]这一适用范围对于需要监护的老年人监护对象来说过于狭窄，忽略了其他有监护需求的老年人，达不到保护年老体衰需要一些监护的老年人的目的。

在理想与保守之间的第三条路径是我国台湾地区的做法。我国台湾地区“民法”首先将禁治产修改为监护，将原来“对于心神丧失或精神耗弱致不能处理自己事务”修改为“因精神障碍或其他心智缺陷，致不能为意思表示或受意思表示，或不能辨识其意思表示之效果”，限缩了成年被监护对象。同时在监护宣告之外，增加辅助制度，受辅助宣告的人仍有意思表示能力，为了尊重其自主性，并不剥夺其行为能力，仅规定其为重要的法律行为时，应经过辅助人的同意。在一项我国台湾地区监护案件调研中，150 件监护宣告案件中，监护宣告原因最多的是老年失智(30%)，其中以老年退化失智（包括阿尔茨海默病、帕金森综合征等）为最多；其中有 4 件是辅助宣告。[2]我国台湾地区以意思能力作为监护开始的依据，这实际上是“以具体交易场合判断意思能力的规则来代替成年人行为能力欠缺的概括认定”。[3]意思能力是行为人对其法律行为的认识能力和判断能力，实践中大多取决于医疗鉴定，医疗机构将依据被监护人的意思能力作出不同层级的认定。与民事行为能力的欠缺宣告制度设置成年法定监护相比，意思能力判断没有完全否定监护的行为能力补足功能，为

---

〔1〕 李适时主编：《中华人民共和国民法总则释义》，法律出版社 2017 年版，第 67 页。

〔2〕 李立如：“成年监护制度与法院功能的演进——以受监护人权益保障为中心”，载《东海大学法学研究》2015 年第 45 期。

〔3〕 李国强：“论行为能力制度和新型成年监护制度的协调——兼评《中华人民共和国民法总则》的制度安排”，载《法律科学（西北政法大学学报）》2017 年第 3 期。

更多精神障碍以外的失能老年人提供了设置监护的可能性。与处理自身事务能力为依据的成年法定监护设置相比，以意思能力为判断依据更符合我国目前的司法实践水平，更能保护老年人权益。为了增加监护制度的弹性，增设辅助制度，辅助制度的设置进一步将意思表示能力或判断能力自然衰退的老年人纳入保护范围。区分不同层级的监护制度一方面考虑到需要监护的失智老年人，另一方面又以辅助制度兼顾了失智以外的老年人的监护需求。

（二）老年人监护的特殊需求与监护职责的规范设计

一般而言，老年人的需求分为三个层次：第一，日间照料需求，包括打扫洗衣、膳食准备、理发洗澡等；第二，医疗卫生需求，包括定期体检、康复锻炼等；第三，精神慰藉需求，包括心理疏导、社交娱乐等。[1]对于需要监护的老年人，除上述三个层次需求外，老年人还有对自身财产合理管理的需求。

在老年人监护制度设计中，有必要通过监护职责的制度设计展现老年人监护的特殊需求。在成年人监护职责的规范设计中，第一，特别强调医疗措施的职责。规定监护人必须在其职责范围内促进被监护人的疾患或者障碍得以消除、好转，防止其恶化或减轻其后果。对被监护人健康状况的检查、治疗或医疗手术等医疗措施，监护人必须查明被监护人的治疗愿望或可推知的意愿，以此为基础决定接受或拒绝上述医疗措施。对被监护人的医疗措施，被监护人的近亲属、监护监督人提出建议的，在不违背被监护人最佳利益的情形下，应充分考虑。第二，强调财产管理和保护的监护职责。《民法典》仅在第34条第1款强调监护人保护被

---

〔1〕 康蕊：“养老机构与老年人需求分布的结构性矛盾研究——以北京市为例”，载《调研世界》2016年第11期。

监护人财产权利的职责，《民法典》第 35 条第 1 款第 2 句规定“监护人除为维护被监护人利益外，不得处分被监护人的财产”，这是对被监护人财产处分的限制表现。但是该规定仅规定在“处分”时遵守“为维护被监护人利益”，没有规定“使用”时也应遵守“为维护被监护人利益”；对于拥有大量财产如房产、存款的老年人，这一规定明显不足。未来监护规定的细化和完善过程中，应明确被监护人财产的范围，制作财产目录，呈交给监护监督人，并提交给法院；对被监护人的财产使用和处分必须限定为“为维护被监护人利益”；明确某些财产处分必须经过监护监督人或法院批准；通过细化的财产性监护职责来保护老年人的财产权益。第三，在监护人履行监护职责时必须遵守尊重被监护人真实意愿这一基本原则。具有身体障碍或心智障碍的老年被监护人往往还有一定的意思能力，且老年人的意思能力处于一个逐渐衰退的动态过程，因此，在被监护人有相应意思能力时，对被监护人的人身照顾和财产的使用或处分应征得被监护人的同意。

第五章

变迁中的疾病婚制度

改革开放以来，我国的结婚制度随着政治、经济、文化、社会的发展，进行了多次修改，以不断回应社会发展变迁的需求与挑战。立足于社会实际，1980 年《婚姻法》提高了法定婚龄，明确了禁婚亲的范围为“直系血亲和三代以内的旁系血亲”；随着改革开放的深入和市场经济的发展，2001 年《婚姻法》增设了无效婚姻制度和可撤销婚姻制度；2020 年《民法典》婚姻家庭编删除了疾病婚无效制度，增设了隐瞒重大疾病撤销婚制度。我国结婚制度经过数次修改，制度更加符合实际需求、更加精细化，体系更加完整，但也存在着回应的不足。本章将在分析社会变迁对结婚制度的影响后，以疾病婚制度为例，详细论述其对社会变迁的挑战、回应、不足及其调适建议。

第一节　社会变迁与我国结婚制度

随着改革开放的推进和市场经济的发展，我国的经济结构、政治文化、婚姻家庭观念、法治观念等发生了巨大变化。个人主体意识增强，晚婚晚育政策的实施，我国市场经济转型对劳动生产力的需求，行政管理体制和国家机构改革，政府职能转变等，均对结婚关系产生影响。这也要求我国对结婚制度进行相应修改和完善。经过数次婚姻法的修改，完善了结婚制度的相关规定，包括提高了法定婚龄，扩大了禁婚亲范围，完善结婚登记制度，规定无效婚姻制度和可撤销婚姻制度，增设隐瞒重大疾病撤销婚制度等。

一、关于法定婚龄的变迁

法定婚龄是法律规定的准许结婚的最低年龄。自 1978 年以来，我国法定婚姻经历过一次变迁，提高了 1950 年《婚姻法》中规定的法定婚龄。1980 年《婚姻法》将结婚年龄从男 20 岁、女 18 岁修改为“结婚年龄，男不得早于二十二周岁，女不得早于二十周岁”（第 5 条）。这一修改一方面是基于我国当时年轻男女结婚意愿推迟和提倡晚婚晚育政策考虑；另一方面也体现了我国市场经济转型对劳动生产力的需求，进而影响结婚年龄的发展规律，现代化和社会化大生产希望家庭中的子女推迟结婚年龄，能够更多地参与社会生产。2020 年《民法典》第 1047 条继续沿袭了婚龄的规定。

二、关于禁婚亲范围的变迁

禁止一定范围内的亲属结婚，是国际通行的惯例。自 1978 年以来，我国关于禁婚亲的规定只经历了一次变迁，即 1980 年《婚姻法》废除了 1950 年《婚姻法》规定的中表婚，并扩大了禁婚亲范围。根据优生学原理和遗传学规律，近亲结婚不利于后代的健康，人类通过长期的生活实践发现了近亲结婚存在着诸多弊端，如近亲生育会影响后代素质，三代旁系血亲结婚增加子代的不育风险，增加隐性致病基因的概率与基因变异，因此，世界各国都在法律中明文禁止近亲通婚。统计表明，一些隐性遗传病如先天性聋哑的发病率，表兄妹婚配是随机婚配的 7.8 倍；先天性鱼鳞病的发病率，表兄妹婚配是随机婚配的 63.5 倍。[1]1980 年《婚姻法》将 1950 年《婚姻法》第 5 条第 2 项“其他五代内的旁系血亲间禁止结婚的问题，从习惯”修改为“直系血亲和三代以内的旁系血亲”禁止结婚（第 6 条第 1 项）。这一修改实际上也是明令废除“中表婚”，即禁止姑舅或两姨之子女互相结婚，是对我国婚姻习惯的一项重大改革。2020 年《民法典》第 1048 条继续沿袭了关于禁婚亲的规定。

三、结婚登记制度的变革

自 1950 年《婚姻法》以来，我国即采用结婚登记制，要求结婚的男女双方应当亲自到婚姻登记机关申请结婚登记。结婚登记是我国法律婚的特殊成立要件。

伴随着政治结构改革的不断深入，我国的结婚登记制度不断完善。1955 年 6 月 1 日施行的《婚姻登记办法》以法律的形式首次完整地确立了我国的婚姻登记制度，改革开放后，民政部先后颁布了 1980 年、1986 年《婚姻登记办法》，1994 年《婚姻登记管理条例》和 2003 年《婚姻登记条例》，逐步完善了以婚姻登记为中心的婚姻管理制度，保障婚姻当事人婚姻缔结和解除的程序自由。

改革开放以来，为了规范婚姻行为，保证我国婚姻法的实施，

〔1〕 王廷珍等主编：《优生优育学》，人民军医出版社 1989 年版，第 166~167 页。

1980 年，民政部重新制定《婚姻登记办法》，为加强结婚登记的管理，开始要求“登记结婚的男女双方，须持本人户口证明和所在生产大队或工作单位出具的关于本人出生年月、民族和婚姻状况的证明”（第 1 条），这一修改导致男女双方的结婚常常因无法取得有关证明而不能进行登记，享有的婚姻自由因此受到他人的干涉。1986 年，民政部又发布了《婚姻登记办法》，明确规制婚姻登记行为，规定对因他人干涉不能获得所需证明的，只要符合结婚的条件便予以登记（第 5 条），以消除婚姻登记中可能存在的干涉婚姻自由的行为。响应政府机构改革的号召，1994 年发布了《婚姻登记管理条例》，只是该条例更多的是从国家机构改革的角度强调和规范了婚姻登记机关的行政管理职能；直到 2003 年《婚姻登记条例》，将条例名称中的“管理”二字删除，以个人签字声明取代婚姻状况证明。为全面贯彻落实 2020 年《国务院办公厅关于加快推进政务服务“跨省通办”的指导意见》，加快推进政务服务“跨省通办”，推进婚姻登记制度改革，2021 年《国务院关于同意在部分地区开展内地居民婚姻登记“跨省通办”试点的批复》，同意在辽宁省、山东省、广东省、重庆市、四川省实施结婚登记和离婚登记“跨省通办”试点，在江苏省、河南省、湖北省武汉市、陕西省西安市实施结婚登记“跨省通办”试点。在试点地区，双方均非本地户籍的婚姻登记当事人可以凭一方居住证和双方户口簿、身份证，在居住证发放地婚姻登记机关申请办理婚姻登记，或者自行选择在一方常住户口所在地办理婚姻登记。结婚登记“跨省通办”的改革满足了民众在非户籍地办理婚姻登记的需求，增强了人民群众的获得感和幸福感。

2020 年《民法典》第 1049 条继续沿袭了原《婚姻法》关于

结婚登记的规定，只是将“取得结婚证，确立婚姻关系”修改为“完成结婚登记，即确立婚姻关系”。其原因在于结婚登记行为实质为一种行政确认行为，完成结婚登记，即确认了该婚姻关系的效力，取得结婚证只是确认行为的载体，不影响婚姻关系已经被确认的效力。如此修改，弥补了实践中出现的进行了结婚登记、尚未领取结婚证期间无法确认婚姻关系的漏洞。

四、关于婚姻效力瑕疵制度的变迁

对于结婚条件欠缺的违法婚姻的处理，过去我国一般认定为无效，按离婚处理，如 1953 年《中央人民政府内务部关于麻风病患者婚姻问题的处理意见的复函》，1956 年《最高人民法院关于未登记的婚姻关系在法律上的效力问题的复函》，1957 年《最高人民法院关于离婚案件在上诉期间当事人一方与第三者结婚应如何处理等问题的批复》以及 1987 年《最高人民法院关于在离婚诉讼中发现双方隐瞒近亲关系骗取结婚登记且生活多年生有子女应按婚姻法第二十五条处理的批复》中对患有不能结婚疾病、未达法定婚龄、重婚及有禁止结婚亲属关系的婚姻均按离婚处理。1980 年《婚姻法》第 4 条、第 5 条和第 6 条规定，结婚必备要件有三个：必须男女双方完全自愿、双方达到法定婚龄、双方均无配偶；结婚的禁止条件有两个：双方无禁止结婚的近亲属关系、双方无禁止结婚的疾病。对于违背上述结婚要件的结婚效力如何，1980 年《婚姻法》对此没有规定。仅在 1994 年民政部发布的《婚姻登记管理条例》中规定，未到法定结婚年龄的公民以夫妻名义同居的，或者符合结婚条件的当事人未经结婚登记以夫妻名义同居的，其婚姻关系无效，不受法律保护（第 24 条）。这一规定成为我国无效婚姻制度的立法雏形。

随着我国民法理论的发展，学界认为结婚行为属于民事法律行为，相应地应设计民事法律行为生效要件欠缺时的法律制度。根据结婚的法定要件是否涉及社会公共利益，区分为公益要件和私益要件，一般来说，欠缺结婚公益要件的男女两性结合，社会危害性较大，如违反一夫一妻制的情形；仅欠缺结婚私益要件的男女两性结合，社会危害性较小，如欠缺结婚自愿的情形。应区别结婚公益要件和私益要件的不同情形，设立婚姻无效或可撤销制度。2001 年《婚姻法》修正时，婚姻无效制度的设计提上了议程，其中一个重要的争论点是立法模式上应采取单一的无效婚姻制度，还是采取无效婚姻与可撤销婚姻两种制度并行的双轨制。[1]由于单一的无效婚姻制度重在否认违反婚姻的效力，以制裁违法行为，双轨制既着重否认违法婚姻的效力，同时又注意保护当事人及其子女的合法权益，因此，2001 年《婚姻法》采用双轨制增设了婚姻无效制度和婚姻可撤销制度，填补了立法空白。[2]2001 年《婚姻法》规定了无效婚姻的四种情形（第 10 条），可撤销婚姻的法定原因（第 11 条）及婚姻无效或被撤销的法律后果（第 12 条）。

2020 年《民法典》继续沿袭了双轨制，规定了婚姻无效制度和婚姻可撤销制度，2021 年《民法典婚姻家庭编司法解释（一）》继续对婚姻无效制度和婚姻可撤销制度进行完善性规定。具体而言，作出了以下修改：（1）删除了“婚前患有医学上认为

〔1〕 薛宁兰：“共同关切的话题——‘《婚姻法》修改中的热点、难点问题研讨会’综述”，载《妇女研究论丛》2001 年第 1 期。

〔2〕 陈苇：《中国婚姻家庭法立法研究》，群众出版社 2010 年版，第 53 页。

不应当结婚的疾病，婚后尚未治愈的”这一种婚姻无效的情形；（2）增加了隐瞒重大疾病缔结的婚姻这一种婚姻可撤销的情形；（3）保持与确认民事法律行为效力的程序一体化，婚姻确认无效适用普通程序，不再适用特别程序一审终审；（4）对撤销婚姻的机关进行了修改，可撤销婚姻的机关仅限于人民法院，民政部门不再享有对受胁迫婚姻和隐瞒重大疾病婚姻的撤销权限。

五、关于疾病婚制度的变迁

由于疾病对于婚后生活和子女生育及其健康有一定影响，我国自 1950 年《婚姻法》实施以来便对疾病婚进行法律规制，规定了禁止某些疾病缔结婚姻的条款。后续的婚姻法修改继续承袭了禁止结婚的疾病条款，只是对疾病类型进行了修改。如删除了“有生理缺陷不能发生性行为者”（1950 年《婚姻法》第 5 条第 2 项）和“患花柳病或精神失常未经治愈”（1950 年《婚姻法》第 5 条第 3 项），只规定“患麻风病未经治愈或患其他在医学上认为不应当结婚的疾病”（1980 年《婚姻法》第 6 条第 2 项）。作出上述修改的理由在于：一方面，一般而言有生理缺陷不能发生性行为者，以不准结婚为宜，但是由于现实情况比较复杂，如一方或双方有性生理缺陷且互不隐瞒，愿意结婚后互相照顾，这样对本人和社会均无危害，不宜禁止结婚。[1]另一方面，随着医学技术的发展，有些疾病可以治愈，没有规定的必要，因此，1980 年《婚姻法》减少了列举的禁止结婚的疾病种类。此外，2001 年《婚姻法》在禁止结婚的疾病条款基础上，增加了对患有疾病缔

〔1〕 张希坡：《中国婚姻立法史》，人民出版社 2004 年版，第 308 页。

结婚姻的效力的规定，规定了疾病无效婚条款。2020 年《民法典》再进一步作出重大修改，将疾病无效婚修改为隐瞒重大疾病撤销婚。

第二节　我国疾病婚制度的回应与待完善之处

在结婚制度的修改过程中，疾病婚制度是其中修改最为重大的制度，本节将就疾病婚制度的立法转变、回应与不足展开探讨。

一、疾病婚法律规制的立法转变

《民法典》第 1053 条规定了隐瞒重大疾病婚姻撤销制度，其中第 1 款规定：“一方患有重大疾病的，应当在结婚登记前如实告知另一方；不如实告知的，另一方可以向人民法院请求撤销婚姻。”此次修改将一直以来的疾病婚无效制度，转变为疾病婚撤销制度，体现了对疾病婚立法理念、效力立法模式的重大转变。

（一）从“禁止疾病”到“禁止欺诈”的立法理念转变

对患有疾病缔结婚姻（疾病婚）的规制，我国民事立法经历了从“禁止疾病”到“禁止欺诈”的转变。自 1950 年第一部《婚姻法》实施以来，对疾病婚的态度始终是“禁止疾病”的立法态度，将某些疾病作为禁止结婚的情形。2001 年《婚姻法》更是明确规定疾病婚为无效婚，第 7 条第 2 项将“患有医学上认为不应当结婚的疾病”作为禁止结婚的事由，同时第 10 条第 3 项将疾病婚规定为无效婚，无论婚姻当事人是否隐瞒，只要患有医学上认为不应当结婚的疾病，该婚姻均无效，不考虑当事人的主观心态。这一规范设计旨在“禁止疾病”，“防止婚姻当事人所患疾病传染给对方特别是传染或遗传给下一代，保护下一代健康”。[1]

《民法典》第1053条对以往疾病婚的立法态度做了重大调整，删去医学禁婚疾病无效条款，引入隐瞒重大疾病撤销婚条款，发生了从“禁止疾病”到“禁止欺诈”的立法转变。具体表现为：一是在表述上不再使用“患有医学上认为不应当结婚的疾病”，改采“患有重大疾病”；二是对于疾病婚这一瑕疵婚姻效力，由“无效婚”转变为“可撤销婚”。

在“禁止疾病”的立法理念下，医学禁婚疾病无效条款具有明显的制裁性质，不允许反映违法的婚姻当事人的个人意思，只要有无效婚姻的原因存在，依然发生无效的法律效果。[2]然而，婚姻家庭法属于私法范畴，结婚自由是民众的重要民事权利。在不违反法律和公序良俗的前提下，“结婚自由意味着对于疾病婚的风险应由当事人自己思考、选择和承担法律后果”。[3]依据全国人大常委会法工委说明，“在知情的情况下，是否患病并不必然影响当事人的结婚意愿，应尊重当事人的婚姻自主权”。[4]为此，《民法典》第1053条改采撤销婚的效力状态，考虑婚姻当事人的主观心态，区分婚姻当事人是否隐瞒重大疾病判定疾病婚效力。该条款旨在保障当事人缔结婚姻的真实意思表示，防范当事人在

---

〔1〕 胡康生主编：《中华人民共和国婚姻法释义》，法律出版社2001年版，第31~34页。

〔2〕 李洪祥：“论无效婚姻制度的性质”，载《当代法学》1991年第3期。

〔3〕 马忆南：“民法典视野下婚姻的无效和撤销——兼论结婚要件”，载《妇女研究论丛》2018年第3期。

〔4〕 全国人大常委会法工委：《关于提请审议〈民法典各分编（草案）议案〉的说明》。

被欺诈、不知情的情形下作出违背内心真意的结婚意思，以及尊重当事人根据自身感情状况等因素自主决定婚姻效力。在“禁止欺诈”的立法理念下，考虑的不再是无效婚的违法性，而是尊重当事人的真实意思和感情状况；考虑的不再仅是疾病本身，而是患病的当事人一方是否存在隐瞒这一欺诈行为。

在“禁止欺诈”的立法理念下，我国用民事欺诈理论构造了限定模式的欺诈婚模式，建立了隐瞒重大疾病的婚姻撤销制度。

（二）《民法典》对疾病婚与欺诈婚关系立法模式的选择

在婚姻家庭法领域，比如，《德国民法典》第 1314 条第 2 款第 3 项就规定了欺诈婚，婚姻当事人一方实施欺诈行为，使婚姻当事人另一方陷于错误而与之缔结的婚姻，可以撤销。由于对撤销婚制度的模式选择本身反映了通过婚姻想要推进的社会目标和社会愿望，[1]这也导致对于疾病婚与欺诈婚关系的立法模式各有不同。

1. 疾病婚与欺诈婚关系的传统立法模式

在疾病婚与欺诈婚关系处理上，主要有两种立法模式。

（1）吸收模式。这种模式仅规定欺诈撤销婚，没有单独对疾病撤销婚进行规定，典型的如德国、瑞士、日本的立法例。在婚姻撤销立法上，德国、瑞士、日本法比较重视婚姻当事人的人格性，认为“财产行为的意思表示可以因欺诈撤销，那么与当事人的人格性密切关系的身份行为的意思表示更可以因为欺诈而撤销”。[2]吸收模式下的立法认为，隐瞒疾病和其他欺诈行为在本质上没有区别，都属于婚姻当事人出现因素认识错误，都是结婚当事人一方

---

〔1〕 Sanford N. Katz, *Family Law in America*, Oxford University Press, 2011, p. 42.

〔2〕 林秀雄：“诈欺结婚”，载《月旦法学杂志》2001 年第 70 期。

实施欺诈行为，使另一方陷于错误而结婚的情形，不存在特殊性，当然统一归入欺诈婚予以立法即可。

（2）并列模式。以我国台湾地区为例，这种模式在立法中同时规定了包含疾病的欺诈撤销婚（第997条）和特定疾病撤销婚（第995条）。我国台湾地区“民法”第997条规定因被欺诈而结婚的，可以请求撤销该婚姻，其中包括隐瞒疾病，我国台湾地区有不少类似案例，如我国台湾地区判例认定，当事人一方结婚时双目失明但没有事先告知另一方，另一方可以因被欺诈结婚为由请求撤销该婚姻。我国台湾地区法院裁判对欺诈婚的认定，认为婚姻是男女终身结合，关于身体健康、残障义肢、生殖能力、遗传病、精神病、精神分裂、精神耗弱、神经质、癫痫等使当事人陷于错误，婚姻意思受不法干涉而有瑕疵，可以请求撤销婚姻。[1]同时，我国台湾地区“民法”第995条规定不能人道且不能治愈结婚的，可以请求撤销婚姻。不能人道是指无法为性行为，在医学的诊断是性功能障碍，属于患有疾病情形。因为“男女生理结合是婚姻生活的一部分，如果当事人一方在结婚时不能人道且不能治愈的，难以期待婚姻生活的圆满，因而可以撤销该婚姻”。[2]我国台湾地区虽特别规定不能人道缔结的婚姻为可撤销婚，但是对于其他疾病则区分是否存在婚前隐瞒，分别适用第997条婚姻撤

---

〔1〕 简良育：“永结同心金玉盟——结婚自由与真意之研究”，载《公证法学》2008年第5期。

〔2〕 林秀雄教授认为，将不能人道列为婚姻撤销原因，天生生理构造不能人道者，随着医学技术的发达，也可以通过医学技术治疗恢复，甚至有受胎能力，我国台湾地区“民法”第995条适用较少，在立法论上删除比较适宜；在解释论上，当事人一方无论婚前还是婚后，有不能人道的情形的，可以依据离婚处理。参见林秀雄：“婚姻之实质要件”，载《月旦法学教室》2003年第7期。

销（隐瞒）和第 1052 条离婚（非隐瞒）。〔1〕

2.《民法典》的选择——限定模式的欺诈婚

在疾病婚的立法上，《民法典》没有采用上述两种立法模式，在处理疾病婚与欺诈婚的关系上另有考量，采用的是限定模式，将欺诈婚限定于隐瞒重大疾病这一种情形。

结婚行为作为民事法律行为，要求确保婚姻当事人合意自由和意思真实，存在欺诈这一意思表示瑕疵时，法律允许撤销婚姻。但是结婚行为是具有特殊意义的民事法律行为，区分于一般的财产行为，结婚行为的欺诈具有特殊性。结婚行为的欺诈与财产行为的欺诈在规范目的和意义上不同。“财产行为欺诈的目的在于从事经济上活动的社会结合关系，属于利益社会。”〔2〕与财产行为不同，结婚行为属于身份行为。身份行为以人伦秩序为基础，以维持家庭美满，达成延续生命为目的，主要规范内容是身份关系，除了缔结婚姻的当事人之间的身份利益，还涉及婚姻所生子女的利益。因此，“身份行为具有强行法规的性质，在尊重当事人意愿之外，身份关系的产生及其权利义务多由法律规定而确定，当事人可以自由支配的空间较小，不适宜完全通过当事人合意自由形成和撤销”。〔3〕就结婚行为欺诈而言，如果欺诈的性质与婚姻共同生活无关或影响很小时，不宜认定为婚姻欺诈。〔4〕也正因如

---

〔1〕 但是，如果经常在无意识或精神错乱中的，并没有结婚意思，其结婚应为无效。参见陈棋炎、黄宗乐、郭振恭：《民法亲属新论》，三民书局 2011 年版，第 131 页。

〔2〕 戴东雄：“违反结婚实质要件之效力（二）——结婚时受诈欺或胁迫之效力”，载《月旦法学教室》2018 年第 190 期。

〔3〕 戴瑀如：“身份关系的成立与解消：第一讲——身份行为的特殊性”，载《月旦法学教室》2010 年第 93 期。

〔4〕 戴东雄：“违反结婚实质要件之效力（二）——结婚时受诈欺或胁迫之效力”，载《月旦法学教室》2018 年第 190 期。

此，即便是采取吸收模式和并列模式的国家或地区，只有欺诈事项影响婚姻关系本质时才认定为欺诈婚，予以撤销。

基于上述理由，《民法典》没有采用吸收模式，没有规定毫无限制的欺诈婚，而是将欺诈婚的欺诈事项限定于对婚姻关系本质具有重要影响的重大疾病；只有隐瞒重大疾病缔结的婚姻才可以撤销；患有重大疾病，但是没有隐瞒的，婚姻有效；以隐瞒重大疾病之外的其他欺诈方式实施婚姻欺诈的，不影响婚姻效力。诚如有学者所言，“结婚多少含有欺诈的成分，如果都主张被欺诈而撤销婚姻，将导致多数婚姻被撤销的风险”。[1]更何况欺诈婚的判定标准如果过于模糊，容易导致滥用，影响婚姻家庭的稳定。和其他欺诈事项相比，重大疾病可通过医学鉴定进行科学判断，避免随意撤销婚姻进而影响婚姻家庭的安定性。由于《民法典》没有规定无限制的欺诈婚，更遑论选择并列模式，而且以不能人道作为单独的疾病规制也不符合生活实际。性生活是婚姻生活的重要内容，但不是每个当事人婚姻追求必备的内容，如有些老年人的婚姻并不是为了性生活。立法应允许婚姻当事人自由选择，在不知情的情形下享有撤销选择权，在知情的情形下，婚姻有效；而不是不考虑当事人主观状态认定不能人道缔结的婚姻为撤销婚。

《民法典》对疾病婚的立法模式选择也正是反映了既期望保证结婚行为作为法律行为所要求当事人的合意自由和意思真实，又能维护结婚行为作为身份行为所需安定性的社会目标和愿望。欺诈婚的限定模式选择也正是《民法典》第1053条的制度阐释前提。

---

〔1〕 林秀雄：“诈欺结婚”，载《月旦法学杂志》2001年第70期。

二、隐瞒重大疾病撤销婚姻的具体规定

（一）隐瞒重大疾病撤销婚姻的构成要件

可撤销婚姻是指已成立但因违反法定生效私益要件在撤销权人依法申请撤销时有权机关予以撤销的婚姻。依照我国《民法典》第 1053 条第 1 款的规定，一方患有重大疾病的，应当在结婚登记前如实告知另一方；不如实告知的，另一方可以向人民法院请求撤销婚姻。考虑到如果婚姻当事人一方婚前已患有重大疾病的情况对于另一方当事人是否愿意结婚有重大影响，婚姻当事人一方负有重大疾病婚前告知义务，未如实告知的，另一方当事人有权以此事由请求撤销婚姻。依据该条规定，在结婚登记时，未告知重大疾病，致使婚姻当事人陷入错误而作出同意结婚的意思表示，违背婚姻当事人的内心真实意思，实质上是实施了欺诈行为，构成婚姻欺诈。结合欺诈的民法原理，因隐瞒重大疾病撤销婚姻须具备以下要件。

1. 行为人实施了隐瞒重大疾病的行为

首先，实施隐瞒重大疾病的婚姻欺诈的可以是婚姻当事人，也可以是第三人。《民法典》总则编第 149 条规定欺诈行为也可以是由第三人实施，在采取“提取公因式”立法技术下，婚姻家庭编没有特别规定的情形下，也没有依性质不能适用的前提下，第三人实施隐瞒重大疾病的婚姻欺诈的情形不应排除。但是隐瞒重大疾病的欺诈行为是在婚姻当事人一方不知情的情形下实施的，否则被欺诈的婚姻另一方当事人则没有撤销权。在第三人实施隐瞒重大疾病的欺诈行为时，婚姻当事人一方必须知晓第三人隐瞒重大疾病的欺诈行为及该欺诈行为与婚姻另一方当事人决定

与自己缔结婚姻之间存在因果关系。[1]其次，欺诈行为既可以是明示告知、隐瞒或掩饰事实，也可以是沉默。[2]婚姻当事人在结婚登记时对是否患有重大疾病须履行如实告知义务。行为人隐瞒重大疾病的行为是违反了如实告知义务的行为，具体包括未告知重大疾病和不实告知重大疾病两种。违反重大疾病告知义务的行为可以是明示的告知不实，也可以是隐瞒重大疾病，抑或沉默。最后，这里的重大疾病是指对婚姻有着决定性影响的疾病。[3]比如，史尚宽先生认为依据婚姻本质，关于性交的疾病、关于生殖能力的疾病、遗传病、传染病等属于对婚姻具有决定性影响的疾病。[4]

2. 行为人须具有主观上的故意

行为人在主观上具有故意，即患病婚姻当事人一方明知自己患有重大疾病，故意隐瞒重大疾病，致使婚姻当事人另一方产生错误认识而作出结婚的意思表示。主观故意应解释为具有双重故意，第一重是患病婚姻当事人须在主观上有隐瞒重大疾病的故意，第二重是患病婚姻当事人有令被欺诈的婚姻当事人在客观上因该隐瞒的意思，产生错误认识而作出结婚的意思表示的故意。但是，恶意欺诈的主观事实构成不包括损害的故意。[5]这里的主观故意

---

〔1〕 Marina Wellenhofer, *Münchener Kommentar zum Bürgerlichen Gesetzbuch*, 8. Aufl., München: C. H. Beck, 2019, § 1314, Rn. 16.

〔2〕［德］维尔纳·弗卢梅：《法律行为论》，迟颖译，法律出版社 2012 年版，第 644 页。

〔3〕 黄薇主编：《中华人民共和国民法典婚姻家庭编解读》，中国法制出版社 2020 年版，第 62~63 页。

〔4〕 史尚宽：《亲属法论》，中国政法大学出版社 2000 年版，第 264 页。

〔5〕［德］维尔纳·弗卢梅：《法律行为论》，迟颖译，法律出版社 2012 年版，第 646~647 页。

不以患病婚姻当事人一方具有损害意图（Schädigungsabsicht）为必要。[1]比如，患病婚姻当事人一方隐瞒重大疾病并不以具有传染给婚姻当事人另一方致使其损害的故意为必要。

3. 隐瞒重大疾病与婚姻当事人同意结婚的意思表示具有因果关系

隐瞒疾病、认识错误、作出结婚意思表示三者之间有因果关系始终贯穿。被欺诈的婚姻当事人因隐瞒重大疾病而陷于错误认识，并基于该错误认识作出了同意结婚的意思表示。结婚时关于重大疾病的事项，如果不被欺瞒就不会发生错误认识，如果知道疾病事项就一定不会结婚，从隐瞒疾病到错误认识再到结婚是一连串的因果关系。[2]亦如德国法的解释，如果知悉的事实无关紧要或者至少以前对婚姻当事人的结婚意愿（Eheschließungswillen）影响不那么重要，或者其结婚意愿不确定的，则不具有因果关系。[3]

（二）隐瞒重大疾病婚姻撤销权的行使

1. 撤销婚姻的机关

根据《民法典》第1053条的规定，一方当事人以另一方当事人患有重大疾病但婚前未告知为由请求撤销婚姻的，应当向人民法院提出。婚姻登记机关在此种情形下无权接受当事人的申请或依职权撤销婚姻，因此，婚姻登记机关不得依职权或依申请对违反重大疾病婚前告知义务的婚姻进行撤销。人民法院在审理请求

---

〔1〕 Marina Wellenhofer, *Münchener Kommentar zum Bürgerlichen Gesetzbuch*, 8. Aufl., München: C. H. Beck, 2019, § 1314, Rn. 23.

〔2〕 黄薇主编：《中华人民共和国民法典婚姻家庭编解读》，中国法制出版社2020年版，第62页。

〔3〕 Marina Wellenhofer, *Münchener Kommentar zum Bürgerlichen Gesetzbuch*, 8. Aufl., München: C. H. Beck, 2019, § 1314, Rn. 19.

撤销婚姻的案件中，应当审慎认定符合《民法典》规定的“重大疾病”。

可撤销婚姻以当事人申请撤销为前提，人民法院在审理案件过程中应当严格遵循“不告不理”原则，尊重当事人的婚姻自由。如发现一方当事人是因隐瞒重大疾病而结婚的，在当事人未提出撤销婚姻的诉讼请求时，人民法院不得依职权撤销婚姻。[1]

2. 婚姻撤销权行使的主体

隐瞒重大疾病的婚姻撤销制度目的在于保护结婚意思表示存在瑕疵的婚姻当事人的合法利益，因此，婚姻撤销权的行使主体应为结婚意思表示有瑕疵的一方。依照我国《民法典》的规定，在因隐瞒重大疾病撤销婚姻的情形下，因一方当事人隐瞒自己患有重大疾病的事实主要侵害的是婚姻另一方当事人的知情权，是否撤销婚姻取决于另一方当事人，故只有享有撤销权的婚姻另一方当事人本人可行使撤销权，其近亲属不能以该事由请求撤销当事人的婚姻，婚姻撤销权的行使主体是被欺骗的婚姻关系当事人本人。

3. 婚姻撤销的权利行使期限

撤销权属于形成权，行使撤销权会引起民事法律关系的变动。在可撤销婚姻纠纷中，撤销权人单方行使撤销权的行为将使已经成立的婚姻关系被撤销，涉及婚姻另一方当事人的权益。故为了避免法律关系长期处于不确定的状态及对婚姻另一方当事人权益的保护，法律规定撤销权人行使撤销权有一定的期限限制。

依据我国《民法典》的规定，被隐瞒的一方当事人请求人民

---

〔1〕 最高人民法院民法典贯彻实施工作领导小组主编：《中华人民共和国民法典婚姻家庭编继承编理解与适用》，人民法院出版社 2020 年版，第 95 页。

法院撤销婚姻的，应自知道或者应当知道撤销事由之日起一年内向人民法院提出。所谓“知道”，是指有直接和充分的证据证明当事人知道对方患病。“应当知道”，是指虽然没有直接和充分的证据证明当事人知道，但是根据生活经验、相关事实和证据，按照一般人的普遍认知能力，运用逻辑推理可以推断当事人知道对方患病。[1]

（三）隐瞒重大疾病婚姻撤销的法律后果

婚姻被撤销的，对当事人的人身关系和财产关系产生以下法律后果。

1. 婚姻被撤销的，婚姻自始没有法律约束力

依照我国《民法典》第 1054 条第 1 款的规定，被撤销的婚姻，自始没有法律约束力。被撤销的婚姻都是违反法律规定的婚姻，从办理结婚登记之始即不具有合法有效的婚姻效力，因此，在婚姻被依法撤销后，该婚姻追溯至婚姻登记之时，自婚姻登记之时即不具有法律拘束力。

2. 婚姻被撤销后的人身关系方面的效力

婚姻被撤销的，双方当事人之间不具有夫妻间的人身关系，不具有夫妻间的权利义务。双方当事人不承担夫妻间相互扶养、同居、忠实等义务。双方当事人同居期间，相关权利义务可参照同居关系的相关法律规定处理。涉及遗产继承的，可依据《民法典》继承编第 1131 条规定，继承人以外的对被继承人扶养较多的人，可以分给适当遗产。

〔1〕 黄薇主编：《中华人民共和国民法典婚姻家庭编解读》，中国法制出版社 2020 年版，第 62 页。

3. 婚姻被撤销后的财产关系方面的效力

婚姻被宣告无效或被撤销的，双方当事人只是同居关系，不具有夫妻关系，因此，双方当事人之间的财产关系不适用夫妻财产制的相关规定。同居期间所得的财产，不为夫妻共同财产。但是，依照《民法典婚姻家庭编司法解释（一）》第 22 条的规定，除有证据证明为当事人一方所有的之外，被撤销的婚姻，当事人同居期间所得的财产，按共同共有处理。在婚姻被撤销之前，双方当事人以夫妻身份共同获取收入、为家庭付出，基于对夫妻身份的信赖，在同居期间所得财产视为夫妻共同财产，按共同共有处理有利于保护为家庭付出劳务较多的一方，有助于保护处于弱势一方的权益。

同居期间财产的分割，由双方当事人协议处理。当事人协议不成的，由人民法院依照照顾无过错方原则进行处理。对婚姻被撤销无过错方，人民法院在财产分割时，对该方可以多分财产。无过错方是指在隐瞒重大疾病撤销婚中不知情的一方。

4. 婚姻被撤销后的亲子关系方面的效力

婚姻被撤销的，双方当事人不具有夫妻间的权利义务关系，双方当事人同居期间所生子女为非婚生子女，但是不影响他们之间的父母子女关系。《民法典》第 1054 条“关于无效和被撤销婚姻的法律后果”第 4 句明确规定“当事人所生的子女，适用本法关于父母子女的规定”。从保护未成年人利益原则出发，世界各国立法和实践中承认非婚生子女的合法地位。比如，《德国基本法》第 6 条第 5 款规定，立法必须尽快在身体与精神发展及社会地位方面赋予非婚生子女和婚生子女同样的地位。德国 1997 年开始的一系列改革法案制定了统一的亲子关系法，不再区分婚生子女和非婚生子女。[1]我国《民法典》虽然仍然采用了非婚生子女的表述，但是《民法典》第1071条第1款规定非婚生子女享有与婚生子女同等的权利。该条规定承认了非婚生子女的生父母对非婚生子女的抚养义务，赋予非婚生子女和婚生子女同等享有请求生父母履行抚养义务的权利。综上，婚姻被撤销后的亲子关系同等适用《民法典》有关父母子女关系的规定。比如，当事人双方对同居期间所生子女负担抚养、教育的义务，如果由当事人一方抚养子女的，另一方当事人依法享有探望权。

5. 婚姻被撤销的，无过错方享有损害赔偿请求权

比照2001年《婚姻法》第12条和第46条的规定，《民法典》特别增加了无过错方损害赔偿请求权。在婚姻被撤销的情形下，因为一方当事人过错导致婚姻被撤销的，应承担损害赔偿责任。对于违法婚姻，不仅需要确认其违法性，撤销该婚姻，否定其法律效力，还应通过民事责任设置保护无过错方的利益。被撤销之前，无过错方为该婚姻投入了精力和金钱，依据公平原则，无过错方有权请求有过错一方当事人损害赔偿的权利。[2]

无过错方损害赔偿请求权之行使，须符合以下要件：其一，婚姻被撤销。无过错方的损害赔偿请求权以婚姻被撤销为前提。如果婚姻没有被撤销，则不存在损害赔偿请求可言。其二，损害赔偿请求权人须为无过错方。所谓无过错方，是指在隐瞒重大疾病撤销婚中不知情的一方，其对于婚姻被撤销没有主观过错。无

---

〔1〕 1998年修正后的《德国民法典》将“非婚生子女”改称为“父母未相互结婚所生子女”（nicht miteinander verheiratet），以彻底消除婚生子女和非婚生子女的法律地位差别。

〔2〕 最高人民法院民法典贯彻实施工作领导小组主编：《中华人民共和国民法典婚姻家庭编继承编理解与适用》，人民法院出版社2020年版，第107页。

过错方的损害赔偿请求权旨在保护善意的受害人的合法权益，如果对于婚姻的撤销存在过错，如明知对方患有重大疾病又与其结婚，则属于有过错，不能主张损害赔偿。对婚姻被撤销有过错的，不享有损害赔偿请求权；如果当事人双方均有过错的，则双方均不享有损害赔偿请求权。

无过错方的损害赔偿范围包括精神损害赔偿和物质损害赔偿。物质损害赔偿，是指因婚姻被撤销导致的物质损失，如因隐瞒重大疾病撤销婚姻的，因婚姻当事人一方隐瞒重大疾病导致婚姻另一方当事人被传染疾病所发生的治疗费用，可以请求对方赔偿该损失。精神损害赔偿，是指基于因婚姻被撤销导致的精神痛苦主张的损害赔偿。涉及精神损害赔偿的，应当适用《最高人民法院关于确定民事侵权精神损害赔偿责任若干问题的解释》。

三、隐瞒重大疾病撤销婚制度待完善之处

虽然我国《民法典》第 1053 条、第 1054 条规定了隐瞒重大疾病婚姻撤销制度的构成要件和法律后果，但是对于何为重大疾病，告知义务的履行及其违反等问题仍然不明确。

（一）“重大疾病”界定不明

《民法典》第 1053 条规定了隐瞒重大疾病撤销婚姻的情形，隐瞒重大疾病缔结的婚姻可以撤销，并规定婚姻当事人对重大疾病负有如实告知义务。重大疾病如实告知义务旨在保障非患病婚姻当事人的知情权，避免婚姻当事人被欺诈，保障婚姻当事人的意思表示真实。其中，对重大疾病的界定尤为关键。如果重大疾病的界定过窄，享有撤销权的婚姻当事人的选择空间必定小，保障其结婚意思真实性的目的就会打折扣。如果对重大疾病的界定

过宽，婚姻可能被任意撤销，婚姻的安定性就会受影响。合理妥当解释重大疾病是第1053条适用过程中首先需要解决的问题。

但是，对于何为重大疾病这一问题在目前的立法和司法实践中均不甚明确，各方观点不一。典型的如最高人民法院民法典贯彻实施工作领导小组主编的民法典释义与全国人大常委会法工委民法室黄薇主任主编的民法典释义观点出现了分歧。前者认为重大疾病应按照是否足以影响婚姻当事人另一方决定结婚的自由意志或者是否对双方婚后生活造成重大影响的标准判断。〔1〕该观点认为，重大疾病需从主观层面考虑婚姻当事人的自由意志或者从客观层面考虑对婚后生活的重大影响，主观层面和客观层面是选择性关系，具备其一即可。后者认为重大疾病须是对婚姻具有决定性影响的疾病。〔2〕该观点认为，重大疾病的界定仅从客观层面界定即可。

还有的观点放弃内涵界定，直接从外延角度界定重大疾病，认为包括“具有结婚行为能力的弱智和精神病、与性及生殖有关的疾病、严重遗传性疾病、艾滋病和性病、其他乙类传染病和丙类传染病、重大身体疾病”。〔3〕从外延进行类型化界定，具体明确、操作性强，但是科技医疗诊断技术在发展，疾病复杂多样，存在不能穷尽列举的风险。为了避免这一问题，较为可行的做法是探寻重大疾病的内涵，基于内涵再进行外延的类型化，既

〔1〕 最高人民法院民法典贯彻实施工作领导小组主编：《中华人民共和国民法典婚姻家庭编继承编理解与适用》，人民法院出版社2020年版，第102页。

〔2〕 黄薇主编：《中华人民共和国民法典婚姻家庭编解读》，中国法制出版社2020年版，第62~63页。相同观点还可参见李昊、王文娜：“《民法典》婚姻无效和婚姻可撤销规则的解释与适用”，载《云南社会科学》2021年第2期。

〔3〕 张学军：“民法典隐瞒‘重大疾病’制度解释论”，载《甘肃政法大学学报》2020年第5期。

能为司法实践提供具体指引，也能回应上述不足，这需要进一步研究。

(二) 重大疾病如实告知义务的履行规定不够明晰

重大疾病如实告知义务之履行，意指婚姻当事人在结婚登记前应如实告知对方自身是否患有重大疾病。重大疾病如实告知义务的履行包括告知内容、履行期限、履行方式等内容。《民法典》第 1053 条规定了婚姻当事人的重大疾病如实告知义务，但是对重大疾病如实告知义务的履行规定不够明晰。其一，如实告知的范围是什么？是只包括已知疾病，还是也包括应知疾病？其二，如实告知义务的履行方式为何？是主动告知还是被动询问告知？其三，告知义务的履行主体和相对人是谁，是否包括婚姻登记机关？其四，如实告知义务的违反如何认定？其客观表现情形有哪些？主观上是否包括过失？上述问题的厘清是司法实践中不容回避的问题。

(三) 隐瞒重大疾病婚姻撤销的行使期限不明

虽然《民法典》对隐瞒重大疾病的婚姻撤销权的行使规定得较为明确，但是婚姻撤销权的行使期限这一问题尚有需要检视之处。根据《民法典》第 1053 条第 2 款的规定，隐瞒重大疾病撤销婚撤销权的行使期限为 1 年，这与第 1052 条第 2 款和第 3 款受胁迫的婚姻撤销权的行使期限相同；而对于该 1 年期限的性质，《民法典婚姻家庭编司法解释（一）》第 19 条明确载明第 1052 条胁迫婚撤销权的 1 年期限属于不变期间，不适用诉讼时效的中止、中断、延长情形，并且明确规定受胁迫撤销婚姻的，不适用《民法典》第 152 条第 2 款中 5 年最长行使期限的规定。但是，对第 1053 条隐瞒重大疾病的婚姻撤销权的 1 年行使期限的性质，以及是否适用5年最长行使期限没有予以回应，这需要予以检视。

（四）隐瞒重大疾病婚姻撤销的法律后果尚有不明

如实告知义务属于不真正义务，其法律后果表现为义务人遭受权利的减损或者不利益。依据《民法典》第1053条的规定，违反如实告知义务的法律后果非常明确，不如实告知的，另一方可以向人民法院请求撤销婚姻。但是，如实告知义务违反的法律后果仍有两个问题需要予以探讨：一是如果未如实告知的是影响结婚行为能力的精神疾病，法律后果是撤销婚姻还是婚姻无效；二是违反如实告知义务的法律后果有无治愈的可能，如被欺诈一方认可该欺诈行为或者隐瞒的重大疾病婚后治愈。对于上述两个问题，目前的立法和实践均未有回应，需加以探讨。

第三节　我国疾病婚制度的调适建议

针对现行立法和实践中对隐瞒重大疾病婚姻撤销制度规定的不足，提出以下调适建议。

一、“重大疾病”的法律界定

《民法典》采限定模式的欺诈婚，将告知内容限于患有重大疾病。那么，何为重大疾病？目前立法和司法解释尚不明确。有观点认为，重大疾病应按照是否足以影响婚姻当事人另一方决定结婚的自由意志或者是否对双方婚后生活造成重大影响的标准判断。[1]有观点认为重大疾病包括“具有结婚行为能力的弱智和精

〔1〕　最高人民法院民法典贯彻实施工作领导小组主编：《中华人民共和国民法典婚姻家庭编继承编理解与适用》，人民法院出版社2020年版，第102页。

神病、与性及生殖有关的疾病、严重遗传性疾病、艾滋病和性病、其他乙类传染病和丙类传染病、重大身体疾病”。[1]有观点认为第1053条中“重大疾病”的外延“等于和宽于禁止结婚的疾病范围”。[2]

要界定《民法典》第1053条规定的重大疾病，归根结底须回归到该条款的订立理念和模式，即隐瞒重大疾病缔结的婚姻属于欺诈婚来探讨。在采欺诈婚的国家或地区，对于欺诈婚的认定条件是比较严格的，要求欺诈的事项在客观上应为相当重要的事项。[3]如美国州法要求欺诈事项以影响婚姻关系之本质为必要。[4]依据《德国民法典》第1314条第2款第3项，欺诈事项须是与婚姻本质相关的事实且在客观上是重大的。[5]我国《民法典》第1053条将欺诈事项限定为隐瞒重大疾病。依上述关于欺诈事项客观上为婚姻本质的论断，此处的重大疾病作为欺诈事项应解释为影响婚姻关系本质的疾病。《民法典》的起草者也肯定了这一点，指出隐瞒的疾病是对婚姻有着决定性影响的。[6]以婚姻关系本质作为重大疾病的界定标准，避免仅在外延上以列举方式界定重大疾病的不足，而对婚姻关系本质的恰当解释既保障婚姻当事人的婚

〔1〕张学军：“民法典隐瞒‘重大疾病’制度解释论”，载《甘肃政法大学学报》2020年第5期。

〔2〕蒋月：“准配偶重疾告知义务与无过错方撤销婚姻和赔偿请求权——以《民法典》第1053条和第1054条为中心”，载《法治研究》2020年第4期。

〔3〕林秀雄：“诈欺结婚”，载《月旦法学杂志》2001年第70期。

〔4〕Kerry Abrams, *Marriage Fraud*, California Law Review, Vol. 100, Issue 1 (February 2012), p. 5.

〔5〕Marina Wellenhofer, *Münchener Kommentar zum Bürgerlichen Gesetzbuch*, 8. Aufl., München: C. H. Beck, 2019, § 1314 Rn. 15.

〔6〕黄薇主编：《中华人民共和国民法典婚姻家庭编解读》，中国法制出版社2020年版，第48页。

姻自由，也避免婚姻的任意撤销，保障婚姻的安定性。

那么何为婚姻关系的本质？古罗马法认为，婚姻是以生育和抚养子女为目的建立的共同生活关系。[1]早期的婚姻本质理论如康德也认为婚姻本就是两个不同性别的人，为了终身相互占有对方的性官能而产生的结合体，并承认生养和教育孩子是培植性爱的自然结果。[2]在现代社会，如在美国实务上广泛运用的实质标准，认为婚姻具有永续性及婚姻的主要功能表现为合法的性与生育，因此，婚姻关系本质主要是关于夫妻一方对于性与生育之意愿及能力。[3]德国通行的观点认为现代的婚姻应当从人本的婚姻观念出发，即婚姻是夫妻之间的精神情感关系，同时也要兼顾婚姻的客观功能，履行家庭责任、繁衍和教育后代等。[4]史尚宽先生也指出依据婚姻关系本质的事项包括关于性交、生殖能力、遗传病、传染病等情事，隐瞒的疾病须高度危害婚姻当事人或其子孙之健康。[5]我国现代社会对婚姻的界定也认为，婚姻是男女两性以永久共同生活为目的、以夫妻权利义务为内容的结合。婚姻是基于男女两性的生理差异和固有的性本能建立的（夫妻共同性生活），并通过婚姻生育繁衍形成血缘关系继而形成家庭（生育繁衍后代），同时婚姻关系也是一定的物质的社会关系和思想的社会关系的结合，因感情、道德等因素结合在一起形成的关系（夫

---

〔1〕［意］彼德罗·彭梵得：《罗马法教科书》，黄风译，中国政法大学出版社2005年版，第107页。

〔2〕［德］康德：《法的形而上学原理——权利的科学》，沈叔平译，商务印书馆1991年版，第95~96页。

〔3〕Kerry Abrams, *Marriage Fraud*, California Law Review, Vol. 100, Issue 1 (February 2012), p. 8.

〔4〕Dieter Schwab, *Familienrecht*, 22. Aufl., München: C. H. Beck, 2014, S. 17.

〔5〕史尚宽：《亲属法论》，中国政法大学出版社2000年版，第264页。

妻共同的物质生活和精神生活）。[1]

综上，婚姻关系本质内容包括夫妻共同性生活、夫妻共同物质生活、夫妻共同精神生活、生育繁衍后代。概言之，婚姻关系本质表现为上述夫妻共同生活目的之实现或生育繁衍后代。重大疾病是指严重影响夫妻共同生活目的之实现或生育繁衍后代的疾病。严重影响夫妻共同生活目的之实现具体指患病婚姻当事人一方无法履行夫妻之间在性生活、物质生活、精神生活层面的义务。足以影响生育繁衍后代具体是指患病婚姻当事人一方无法生育子女或者所患疾病影响子女的健康出生。在认定重大疾病时，严重影响上述某一项婚姻关系本质内容的疾病即可构成重大疾病，至于婚姻当事人在意其中一项、两项或者三项共同生活内容还是生育繁衍后代，是否以隐瞒重大疾病撤销婚姻，由婚姻当事人自行选择。

二、重大疾病告知义务的履行

根据我国《民法典》第1053条的规定，从解释论角度，告知内容和履行期限在文义上较明晰，告知的内容须为重大疾病，告知义务的履行期限须为结婚登记之前；但是告知义务的履行方式是主动告知还是询问告知，告知义务的违反等内容，却无法从法条文义中观知。而告知义务履行的正确解释是合理配置婚姻当事人的注意义务和认定婚姻欺诈行为的前提，需要进一步阐释。

（一）重大疾病告知义务的范围

1. 应告知的范围和免于告知的事项

在保险法领域，告知义务的范围有因果关系说和非因果关系

[1] 杨大文、龙翼飞：《婚姻家庭法》，中国人民大学出版社2018年版，第3~4页。

说。前者认为如实告知的范围与保险人是否承保和保险费率具有因果关系，后者认为只要义务人违反告知义务，无论未告知的事实与是否承保和保险费率有没有关系。在婚姻法领域，如果采用非因果关系说，意味着只要义务人违反告知义务，无论未告知的事实是否与婚姻关系本质有关，都可以撤销婚姻。采用非因果关系说显然过于严苛，容易导致婚姻撤销率过高，不符合维护婚姻和谐安定性的价值取向。隐瞒重大疾病撤销婚属于欺诈婚，在主观方面，结婚时关于疾病的事项，如果不被欺瞒就不会发生错误认识，如果知道疾病事项就一定不会结婚，从隐瞒疾病到错误认识再到结婚是一连串的因果关系。〔1〕亦如德国法的解释，如果知悉的事实无关紧要或者至少以前对婚姻当事人的结婚意愿影响不那么重要，或者其结婚意愿不确定的，则不具有因果关系。〔2〕如实告知的疾病事项与婚姻缔结须具有因果关系，这种影响因果关系的事项认定包括两个层面的含义：一是足以影响婚姻当事人的结婚意愿，二是与婚姻关系本质有关。如果仅仅是影响结婚意愿，但是不属于与婚姻关系本质有关，则不属于告知范围；反之，如果与婚姻关系本质有关，属于告知范围，是否足以影响婚姻当事人的结婚意愿，由婚姻当事人决定。采因果关系说不仅有助于正确认定隐瞒重大疾病欺诈婚，而且可以合理平衡患病婚姻当事人一方的告知义务和隐私权，过度信息告知义务无助于隐瞒重大疾病撤销婚目的的实现，反而徒增患病婚姻当事人一方的负担。综

〔1〕 黄薇主编：《中华人民共和国民法典婚姻家庭编解读》，中国法制出版社2020年版，第62页。

〔2〕 Marina Wellenhofer, *Münchener Kommentar zum Bürgerlichen Gesetzbuch*, 8. Aufl., München: C. H. Beck, 2019, § 1314, Rn. 19.

上，只有患病婚姻当事人一方未告知的疾病与婚姻当事人另一方的认识错误及与结婚意愿具有因果关系，才可认定为违反告知义务。反之，对于非重大疾病等与婚姻缔结无关的及与决定是否结婚无关的信息，免于告知。

2. 告知的范围是已知还是包括应知

告知内容是否仅限于患病婚姻当事人一方已知的重大疾病？《民法典》第1053条的隐瞒重大疾病撤销婚属于欺诈婚，在主观上具有故意，即患病婚姻当事人一方明知自己患有重大疾病。一般而言，对于是否患有疾病的判断依赖于专业的医疗诊断，当事人自己无法判断。因此，对于是否患病、患有何种疾病，应有直接和充分证据证明患病婚姻当事人知道自己患病，对疾病应处于已知状态。

“应知”包括“必须知道”+“能够知道”和“必须知道”+“推定知道”两种构成。“能够知道”需要具备能力条件，即认知主体具备与认知对象相匹配的“感知、推理和交流沟通能力”；“推定知道”是根据“行为人的知识结构、认知能力、经验阅历、案件具体情况，以及基础事实与待证事实之间具有常态联系的了解”，推定行为人知道。[1]然而，重大疾病并非可以通过感觉器官“亲知”的事实，也非可以通过经验阅历或者客观理性人标准等可“推知”的事实，而是“传知”的事实，需要通过专业的医疗设备和医生的专业诊断才能获知的事实。[2]即使当事人负有告

---

〔1〕张继成：“对‘知道’‘应当知道’‘明知’及其关联概念的法逻辑诠释”，载《法学》2023年第6期。

〔2〕张继成：“知道规则的内在逻辑与科学分类”，载《中国法学》2022年第3期。

知义务和注意义务，这并不是让人人做医生通过搜索引擎进行自我诊断，而是建议当事人积极做身体检查、婚前检查、孕前检查等医学检查。然而在婚检等医学检查并非法律强制的前提下，在当事人没有获得医学诊断的情形下，“重大疾病”这一认知事实也无法获取，能力条件难以成就。因此，在婚检并非强制性的前提下，无法要求婚姻当事人在没有医学检查的情形下去履行注意义务，不存在“应知”疾病的要求。而在进行医学检查的情形下，对于疾病的知晓状态只能是“已知”。综上，重大疾病的告知范围仅限于“已知”的重大疾病。

3. 重大疾病患病史的告知

《民法典》第1053条规定的重大疾病如果治愈后，重大疾病患病史是否属于履行告知义务的范围？对此，目前立法和实践均不明确。

（1）是否告知患病史的三种观点。

依据《民法典》第1053条的规定，患有重大疾病应当在结婚登记前如实告知。这里的“患有”，是限定为正在患病，还是也包括曾经“患过”重大疾病但是治愈的患病史？[1]从文义解释来看，“患有”意指存在疾患，属于正在发生状态，即告知的重大疾病包括处于发病期、传染期、未治愈的疾病，这一点毫无争议。但是，对于疾病已治愈的患病史是否有告知义务，存在三种不同观点。第一种观点认为，“患有”不包括患病史，因为疾病已经治愈，不影响婚姻关系本质，基于保护患者隐私权和尊严，没有告知患病史的义务。我国台湾地区即采此种观点，认为“对于正在

[1] 这里的治愈是指疾病已经根治，不在发病期且无须再进行治疗，不再具有传染性、遗传性等。

患病，无意识或精神错乱的婚姻撤销，撤销时必须是上述状态在结婚时存在，至于结婚前或结婚后有无上述状态，与婚姻撤销无关”。〔1〕比如，我国台湾地区即有判例认为如果结婚时患有精神病，尚未治愈，则有告知他方的义务，反之，则无告知义务。〔2〕第二种观点认为，不应将“患有”局限于结婚时的患病，还包括患病史。该观点认为许多疾病有较高的复发危险，若当事人有既往病史，即便结婚时未患有，也可能对婚后生活产生重大影响。〔3〕第三种是德国法上的观点。德国法在解释论上有观点认为，对于婚姻关系本质的事项有告知义务，但是若没有明确的询问，没有义务告知无后遗症的精神疾病。〔4〕对于患病史的告知，只有在经询问不告知的情况才可能构成欺诈婚，此时的欺诈婚构成不是因为是否曾患病，而是因为故意违反告知义务。这种观点是有条件地承认患病史的告知义务，当事人对患病史没有主动告知义务。

对于第一种观点，如果婚姻当事人确实有重大疾病的患病史，且有危及子女健康出生的可能，一律免除告知义务对于不知情的婚姻当事人一方着实不公平。对于第二种观点，告知患病史可以全面防范疾病给婚姻带来的风险，充分保护非患病婚姻当事人一方的知情权。但是，如实告知重大疾病义务还要考虑患病婚姻当事人一方的个人隐私和尊严，如果告知已经治愈且不再影响婚姻

〔1〕 陈棋炎、黄宗乐、郭振恭：《民法亲属新论》，三民书局2011年版，第130页。

〔2〕 参见我国台湾地区2003年“台上字第212号判决书”，我国台湾地区1980年“台上字第55号判决书”：曾罹患精神分裂症但已经痊愈，则无告知义务。

〔3〕 吴东蔚：“《民法典婚姻家庭编》编撰视野下重大疾病条款研究”，载《广西政法管理干部学院学报》2020年第2期。

〔4〕 Marina Wellenhofer, *Münchener Kommentar zum Bürgerlichen Gesetzbuch*, 8. Aufl., München: C. H. Beck, 2019, § 1314, Rn. 22.

关系本质的疾病的患病史，这对有患病史的婚姻当事人课以了过高的告知要求。而且如果将所有重大疾病患病史均列为告知事项，难免带来婚姻撤销过于任意的风险，影响婚姻安定性。对于第三种观点，患病史采被动告知模式，与我国《民法典》第 1053 条如实告知义务的规范目的不符。德国法对于欺诈婚没有规定一般的告知义务，告知义务可以根据婚姻当事人的明确询问，或者依据特别要求需要对某一特定事项进行解释说明时，仅对关于婚姻关系本质事项有告知义务。〔1〕与之不同，我国《民法典》第 1053 条规定的患病婚姻当事人一方“应当”如实告知，没有要求婚姻当事人另一方的询问义务，即使在婚姻当事人另一方没有询问的情形下，患病婚姻当事人一方也有义务主动如实告知，不能以婚姻当事人另一方未询问而逃避告知义务。可见，我国《民法典》第 1053 条规定的重大疾病如实告知义务，是一种主动告知的履行方式，重大疾病告知义务是一种法定义务和一般告知义务。我国的法律设计旨在将疾病的注意义务更多地加诸患病婚姻当事人一方，如果采用第三种观点中的德国模式，无疑加重了非患病婚姻当事人一方的注意义务，也给了患病婚姻当事人一方逃避责任的机会。

（2）重大疾病患病史的告知情形区分。

对患病史是否负有告知义务应考量患病婚姻当事人一方的隐私尊严与婚姻当事人另一方的知情权之间的平衡；考量告知义务的规范目的，保障婚姻当事人缔结婚姻意思的真实性和婚姻安定性的双重目的；考量告知义务的履行方式，合理配置患病婚姻当事人一方的告知义务范围和婚姻当事人另一方的知情权范围。我

〔1〕 Marina Wellenhofer, *Münchener Kommentar zum Bürgerlichen Gesetzbuch*, 8. Aufl., München: C. H. Beck, 2019, § 1314, Rn. 21.

国《民法典》第1053条的“患有重大疾病”是否包括告知患病史须做精细化解释，依据曾患疾病是否遗留严重影响婚姻关系本质的后遗症，区分患病史的告知义务。第1053条的规范目的决定了告知范围要保障婚姻当事人意思真实，同时也要保持婚姻家庭的安定性。在患病史对婚姻关系本质具有严重影响的情形下课以告知义务，符合该条的规范目的；反之，则有损害曾患病的婚姻当事人的隐私与尊严，也不利于婚姻家庭的安定。具体而言，对于在婚前已经治愈的重大疾病，对于患病史须区分曾患疾病是否遗留严重影响夫妻共同生活目的的实现或生育繁衍后代的后遗症来认定重大疾病的告知义务。具体区分如下。

其一，婚前已经治愈的传染性疾病和治愈可能性小的疾病(病毒性乙型肝炎、艾滋病除外)。[1]此类疾病虽具有传染性，或者治愈可能性小，但是缔结婚姻时已经治愈，不在传染期和发病期，一般情形下对于夫妻共同生活目的的实现和子女的健康出生不产生影响或者不产生严重影响，此时应倾向于保护曾经患病的婚姻当事人一方的隐私权和结婚自由，不适宜将患病史归入婚前告知的义务范围。[2]

其二，婚前已经治愈但影响生育或者有危害子女健康出生的疾病。此类疾病虽然可能不影响夫妻共同生活目的的实现，但是影响生育繁衍后代这一婚姻关系本质之内容，曾患病的婚姻当事人一方应告知患病史。

其三，婚前已经治愈的严重遗传性疾病。该类疾病有危害子

〔1〕 目前医疗技术，患有病毒性乙型肝炎、艾滋病的婚姻当事人很难根治，终身携带病毒，一般不存在患病史的问题。

〔2〕 参见（2021）内0802民初3457号民事判决书。

女健康出生的可能。遗传类疾病具有终身性的特点，目前没有有效治疗手段，一旦发生很难根治，且病人的致病变异体终身携带。〔1〕即使有治愈情形，对于遗传类疾病，告知患病史更符合该类疾病本身的实际情况。

其四，婚前已经治愈的精神疾病，须再区分。如果曾患精神类疾病是不影响民事行为能力也不影响婚姻关系本质的疾病，自然无须告知。如果曾患精神疾病是影响民事行为能力的疾病和不影响民事行为能力但影响婚姻关系本质的疾病，须告知患病史。之所以确定该两类精神疾病患病史的告知义务，与该两类疾病本身的严重程度及发病病因具有重大关系。精神疾病的发病病因分为生物学因素和心理、社会环境因素。〔2〕对于心理、社会环境因素引起的精神疾病，受到外界环境影响，复发率高，对夫妻共同生活目的的实现具有重大影响。生物学因素引起的精神疾病具有一定的遗传性，该类遗传类精神疾病具有终身性的特点。对于已经治愈但具有遗传因素的精神类疾病，有危害子女健康出生的可能，对其患病史应负告知义务。〔3〕

（二）重大疾病告知义务的履行方式

1. 主动告知抑或询问告知?

重大疾病告知义务的履行方式有主动告知和询问告知两种。在主动告知履行方式下，即使婚姻当事人不询问，另一方也负有主动告知的义务。在询问告知履行方式下，没有一般的告知义务，

〔1〕张学主编：《遗传病基础知识436问》，中国协和医科大学出版社2018年版，第18页。

〔2〕王广俊、刘国庆主编：《司法精神病鉴定实用指南》，中国人民公安大学出版社2010年版，第65页。

〔3〕参见（2021）豫1628民初1545号民事判决书。

只有经婚姻当事人询问，另一方才就询问事项履行告知义务，如德国法采此种方式。德国法对于欺诈婚没有规定一般的告知义务，告知义务可根据婚姻当事人的明确询问，或者依据特别要求需要对某一特定事项进行解释说明时，仅对影响婚姻本质事项有告知义务。〔1〕我国《民法典》第1053条采用了主动告知的方式。

如实告知义务是婚姻当事人为了结婚，在结婚登记时履行的义务，类似于基于诚实信用原则而产生的“先合同义务”。婚姻缔结过程实质上是一个婚姻当事人双方为了结婚，彼此接触、交换信息的过程。与一般的财产行为相比，结婚行为是婚姻双方当事人以感情为基础而结合的身份上的法律行为，并非计算财产利害得失为主要考量的财产上的法律行为。通常在发生婚姻关系后，还会与其他人产生许多亲属之间的权利义务关系。〔2〕由于婚姻缔结具有身份属性，婚姻当事人对与缔结婚姻有关的信息依赖度也会更高。尤其是即将缔结婚姻的当事人在经过一段时间接触建立感情后，彼此的信赖程度高于一般民事交易的当事人。在限定模式的欺诈婚项下，重大疾病对婚后生活具有重要影响，便属于对婚姻当事人双方建立诚实、信任和共处关系的重要性信息。而重大疾病信息往往具有较强的私密性，也没有统一的法定登记和查询机构，婚姻当事人无法也没有权利像一般的民事交易向有关机构查询婚姻当事人的疾病信息，较为便捷可行的信息获取途径即是当事人彼此相互告知。基于此，在婚姻领域设计的如实告知义

〔1〕 Marina Wellenhofer, *Münchener Kommentar zum Bürgerlichen Gesetzbuch*, 8. Aufl., München: C. H. Beck, 2019, § 1314, Rn: 21.

〔2〕 李银英：“婚姻无效之有效化——兼论婚姻无效之诉与提诉权失效”，载《法令月刊》2009年第1期。

务必定要求由法律强制设定此种信息交换和告知义务，保障婚姻当事人的知情权。《民法典》第 1053 条的规定虽然没有使用“主动”的表述，仅规定患病婚姻当事人一方“应当”如实告知，但是此种告知义务的履行应解释为主动告知，无须婚姻当事人另一方的询问，这符合以上结婚行为中重大疾病告知义务的特殊性要求。而且依反面解释，如果解释为询问告知，则给非患病婚姻当事人另一方课加了不必要的注意义务，与第 1053 条“禁止欺诈”的立法理念和欺诈婚模式不符。在欺诈婚模式下，隐瞒重大疾病撤销婚的认定，对被欺诈的婚姻当事人一方的主观心态考察仅限于因果关系考察，即隐瞒疾病、错误认识和结婚意思的因果关系，而不考察其是否尽到必要的注意义务。〔1〕受欺诈的婚姻当事人一方在缔结婚姻时是否尽到必要的谨慎注意义务去看穿行为人实施的欺诈行为，如是否未积极探查婚姻当事人另一方病情，是否因过失未注意到对方病情或者隐瞒行为等均不影响患病婚姻当事人一方如实告知义务的履行，不影响欺诈婚的构成。

综上所述，《民法典》第 1053 条规定的如实告知义务履行应为主动告知，即使在婚姻当事人另一方没有询问的情形下，患病婚姻当事人一方也有义务主动如实告知重大疾病信息。如果婚姻当事人隐瞒患有重大疾病的真实情况，即违反了如实告知义务，可能构成婚姻欺诈。另外，此种如实告知义务属于法定义务，不需要婚姻当事人相互约定，直接基于法律的规定产生，也不因其他任何情形而免除。需要注意的是，这种如实告知义务属于一种不真正义务，婚姻当事人作为享有知情权的权利人通常不得请求

〔1〕 黄薇主编：《中华人民共和国民法典婚姻家庭编解读》，中国法制出版社 2020 年版，第 48 页。

患病婚姻当事人一方强制履行。[1]

此外，由于我国目前没有强制婚检制度，为了督促重大疾病如实告知义务的主动履行，可推荐的方式是在结婚登记申请表中设计“告知条款”一栏，载明：“本人未患有《民法典》第1053条规定的重大疾病，或虽然患有但已经告知对方”，同时在声明附注中载明应告知的疾病类型以供参考。该声明内容由婚姻当事人双方签字，以表明其认可声明内容，承担相应的法律责任。这是对婚姻当事人缔结婚姻的最大诚信要求，以声明的方式督促婚姻当事人双方主动履行告知义务。需要注意的是，这是一个如实告知义务履行的声明，不是健康声明，因此不适宜载明“了解对方身体健康状况”或者“已经履行如实告知义务”。原因是婚姻当事人没有主动询问的义务，表述为“了解对方身体健康状况”就会变相地将注意义务课加给不负有告知义务的婚姻当事人。此外，也不能表述为“已经履行如实告知义务”，因为声明应体现的是告知后的结果，而不是给予告知义务人以是否如实告知的声明来逃避义务和责任。

2. 书面形式还是口头形式？

《民法典》第1053条规定的如实告知义务的履行是采取书面形式还是口头形式，现行法律没有明确规定。告知患病事实，在性质上属于事实通知，属于准法律行为，可以类推适用民事法律行为形式的规定。《民法典》总则编第135条规定民事法律行为可以采用书面形式、口头形式或者其他形式。在《民法典》婚姻家庭编没有特别规定的情形下，第1053条如实告知义务的履行可以采用书面形式、口头形式或者其他形式。采用书面形式履行告知

〔1〕 王爱琳：“民事义务的构成分析”，载《政治与法律》2007年第5期。

义务可以更有效保护婚姻当事人的利益，避免因口头告知导致的举证困难。但是结婚和一般财产行为不同，当事人碍于情面，或者因为一些原因急于结婚，自行拟定患有疾病的书面告知文件，在生活实践中操作起来并不现实。因此，对于告知义务的履行形式需要有关机关予以规范。

（三）如实告知义务的履行主体和相对人

1. 如实告知义务的履行主体

我国《民法典》第1053条规定，一方患有重大疾病的，应当在结婚登记前如实告知。从句子语法结构分析，该条款中“一方”是主语，引导了“患有”和“如实告知”两个谓语，这里的“一方”仅指婚姻当事人。结婚属于双方民事法律行为，是在婚姻当事人之间表达婚姻意思的行为，一般而言，重大疾病如实告知义务的履行主体为婚姻当事人。

2. 如实告知义务的相对人

《民法典》第1046条规定，结婚应当男女双方完全自愿，在结婚登记时，为了审查男女双方是否自愿缔结婚姻，工作人员会询问双方是否自愿，以确保婚姻缔结是双方的真实意思表示。《民法典》第1052条受胁迫撤销婚姻和第1053条隐瞒重大疾病撤销婚姻都是为了贯彻第1046条的具体规定，因此，在结婚登记时，婚姻登记机关在询问男女双方意愿时，实际上包括了拟缔结婚姻的双方没有受到胁迫和没有受到欺骗两种情形，但是，这是否也意味着婚姻登记机关有职权要求婚姻当事人向婚姻登记机关如实告知患病的事实。对此，应予以否定回答。

履行如实告知义务的相对人仅限于婚姻当事人，不包括婚姻登记机关。由《民法典》第1046条引申出婚姻登记机关询问拟缔结婚姻的双方是否自愿，这应当解释为对第 1052 条是否存在胁迫情形的询问，不包括第 1053 条的情形。第 1046 条后半句“禁止任何一方对另一方加以强迫，禁止任何组织或者个人加以干涉”即可印证这一解释。而且结婚行为属于有相对人的意思表示，相对人只能是婚姻当事人。《德国民法典》第 1314 条的解释观点也认为，被欺骗的人是婚姻当事人另一方，任何第三方如父母都无关紧要。〔1〕如实告知义务履行是在拟缔结婚姻的男女双方之间进行，诚信原则是对婚姻当事人双方的要求，他们才是如实告知义务的义务人和相对人，因此，告知重大疾病的事实通知向婚姻当事人作出即可。

但是，婚姻登记机关作为结婚行为的行政确认机关，也是婚姻登记行为的监督管理机关，为了避免后续当事人以对方隐瞒重大疾病提起过多的婚姻撤销诉讼，婚姻登记机关是否可以采取措施督促婚姻当事人双方遵循诚信原则，切实履行如实告知义务，需要进一步研究。尤其是，虽然如实告知义务是主动告知，但是对于患有疾病的事实，从人类趋利避害的本性，患病婚姻当事人一方往往抱有侥幸的心理，不愿意主动提及，在实践中主动告知操作起来也不易。

（四）如实告知义务违反之构成

告知义务之违反包括主观要件和客观要件。客观要件考量违反如实告知义务的客观事实构成，主观要件考量违反如实告知义务的主观归责性这一主观事实构成。

1. 违反如实告知义务的客观事实构成

依据《民法典》第 1053 条的规定，一方患有重大疾病的，应

---

〔1〕 Marina Wellenhofer, *Münchener Kommentar zum Bürgerlichen Gesetzbuch*, 8. Aufl., München: C. H. Beck, 2019, § 1314, Rn. 16.

当在结婚登记前如实告知另一方。第1053条中如实告知义务之违反表现为未按照履行期限（在结婚登记前）告知重大疾病、未告知重大疾病，以及虽告知但不实告知重大疾病。未按照履行期限告知实质上也是未告知，因此，第1053条违反如实告知义务的行为包括未告知重大疾病和不实告知重大疾病两种。欺诈行为既可以是明示告知、隐瞒或掩饰事实，也可以是沉默。〔1〕违反如实告知义务的行为可以是明示的告知不实，也可以是隐瞒重大疾病，抑或沉默。前者是积极违反如实告知义务，后两者是消极违反如实告知义务。

（1）积极违反如实告知义务——不实告知重大疾病。

不实告知重大疾病，表现为以积极的行为明示告知，但是故意告知不全或者告知错误，以致婚姻当事人另一方产生错误认识、作出缔结婚姻的意思表示，是一种积极违反如实告知义务的行为。

（2）消极违反如实告知义务——未告知重大疾病。

消极违反如实告知义务是以消极的不作为实施欺诈行为，包括隐瞒和沉默两种情形。不作为的欺诈是在法律上、协议上或交易习惯上具有告知义务而不告知时，始能成立。隐瞒和沉默要构成如实告知义务之违反，应以存在告知义务为前提。〔2〕在没有告知义务的前提下，隐瞒和单纯的沉默不构成如实告知义务之违反。比如在解释欺诈婚构成这一问题时，德国法认为如果在个别情况下有特殊的告知义务，则可能通过隐瞒重要情况来实施欺诈行为。〔3〕

---

〔1〕［德］维尔纳·弗卢梅：《法律行为论》，迟颖译，法律出版社2012年版，第644页。

〔2〕［德］维尔纳·弗卢梅：《法律行为论》，迟颖译，法律出版社2012年版，第644页。

〔3〕Marina Wellenhofer, *Münchener Kommentar zum Bürgerlichen Gesetzbuch*, 8. Aufl., München: C. H. Beck, 2019, § 1314, Rn. 21.

我国《民法典》第1053条的如实告知义务是一种法定义务，是一般情形下对重大疾病的告知义务，且以主动告知方式履行，患病婚姻当事人一方的隐瞒重大疾病和沉默，均构成如实告知义务的违反。

（3）第三人实施的婚姻欺诈行为。

隐瞒重大疾病撤销婚中如实告知义务的主体是婚姻当事人。然而在实际中依据实施欺诈的主体不同，实施欺诈行为的既可能是当事人一方，也可能是当事人以外的第三人。在缔结婚姻过程中，不排除如媒婆隐瞒婚姻当事人一方患有重大疾病的情形。第三人实施的隐瞒重大疾病的欺诈行为是否违反如实告知义务以及在什么情形下构成呢？

《德国民法典》第1314条第2款第3项关于欺诈婚的解释观点认为，实施婚姻欺诈的可以是婚姻当事人，也可以是第三人。在第三人实施欺诈行为时，婚姻当事人一方必须知晓第三人的欺诈行为及该欺诈行为与婚姻另一方当事人决定与自己缔结婚姻之间存在因果关系。值得注意的是，被欺诈的婚姻当事人另一方被第三人欺骗的同时，婚姻当事人一方也可能同时被第三人欺骗。如果婚姻当事人一方发现或识别出来第三人的欺诈行为，则有义务向婚姻另一方当事人说明澄清。如果婚姻当事人一方不告知，而是企图通过隐瞒这一事实实现婚姻缔结目的，则可认定婚姻当事人该方存在恶意欺诈。[1]但也有观点认为，婚姻行为与当事人的人身利益大有关系，不论婚姻当事人该方（相对人）是否善意，当事人均可撤销。[2]这种解释对相对人要求过高。欺诈行为是由第

---

〔1〕 Marina Wellenhofer, *Münchener Kommentar zum Bürgerlichen Gesetzbuch*, 8. Aufl., München: C. H. Beck, 2019, § 1314, Rn. 16.

〔2〕 林秀雄："诈欺结婚"，载《月旦法学杂志》2001年第70期。

三人实施的，如果是需受领的意思表示，则只有在意思表示受领人知道或者应当知道欺诈行为时，表意人才能撤销意思表示。[1]

《民法典》第1053条虽然从文义解释来看，如实告知义务的履行主体是婚姻当事人。然《民法典》总则编第149条规定欺诈行为也可以由第三人实施，在采取“提取公因式”立法技术及婚姻家庭编没有特别规定的情形下，也没有依性质不能适用的前提下，第三人实施婚姻欺诈的情形不应排除。进言之，当婚姻当事人以外的第三人实施隐瞒重大疾病的行为，负有告知义务的婚姻当事人一方知晓却不向婚姻当事人另一方说明澄清，实际上是以不作为的沉默的方式实施了消极违反如实告知义务的行为。反之，如果婚姻当事人以外的第三人实施隐瞒重大疾病的行为，负有告知义务的婚姻当事人一方因为不知晓第三人的隐瞒行为，也不知晓自己患有重大疾病，则该方当事人在主观上不存在故意，不构成对如实告知义务的违反。需要注意的是，第三人实施欺诈行为时，主观上也应是恶意的，如果第三人是善意，即没有出于恶意欺诈，则不构成欺诈，负有告知义务的婚姻当事人一方的如实告知义务违反就更无从考察。

2. 违反如实告知义务的主观事实构成

依据大陆法系民法原理，欺诈的构成要求行为人主观上须为故意实施了欺骗行为，并诱使对方作出错误意思表示。[2]从比较

〔1〕［德］迪特尔·梅迪库斯：《德国民法总论》，邵建东译，法律出版社2013年版，第603页。

〔2〕［德］迪特尔·梅迪库斯：《德国民法总论》，邵建东译，法律出版社2013年版，第594页；［德］维尔纳·弗卢梅：《法律行为论》，迟颖译，法律出版社2012年版，第646页；［德］卡尔·拉伦茨：《德国民法通论（下册）》，王晓晔等译，法律出版社2013年版，第543~544页。

法上考察，美国、德国法中的欺诈婚构成均承认以实施欺诈行为人的主观故意为必要。在美国大多数州，必须具备故意虚假陈述（intentional misrepresentation）或者故意隐瞒事实（intentional concealment）才构成欺诈婚；无恶意的不披露或无恶意的虚假陈述（Innocent nondisclosure orinnocent misrepresentation）属于善意（good-faith），并不是故意实施欺诈行为，都不足以构成欺诈婚。〔1〕在德国法中，婚姻欺诈行为是恶意的、故意的。实施欺诈一方应当预料到被欺诈一方知悉婚姻缔结实际情形时不会缔结婚姻。且恶意即足够，不要求重大过失。〔2〕

依据《最高人民法院关于适用〈中华人民共和国民法典〉总则编若干问题的解释》第 21 条的规定，在主观事实构成上，具有欺诈的故意是欺诈的主观构成要件。〔3〕我国隐瞒重大疾病撤销婚性质上属于欺诈婚，违反如实告知义务的婚姻当事人在主观上也应具备故意。其中的如实告知义务违反也仅指故意违反，不包括重大过失违反，也不包括无过失违反和一般过失违反。〔4〕重大过失主要包括义务人就其如实告知义务范围内的事项知悉情况，但因重大疏忽而未能告知，或有理由知悉其情况，但因重大疏忽而

〔1〕 William P. Statsky, *Family Law*, Fifth Edition, 2002, West Legal Studies, p. 167.

〔2〕 Marina Wellenhofer, *Münchener Kommentar zum Bürgerlichen Gesetzbuch*, 8. Aufl., München: C. H. Beck, 2019, § 1314, Rn. 23.

〔3〕 贺荣主编:《最高人民法院民法典总则编司法解释理解与适用》，人民法院出版社 2022 年版，第 318~319 页。

〔4〕 虽然我国《保险法》第 16 条承认了故意和重大过失违反告知义务的情形，且法律后果均为解除合同，但是在故意违反情形不可退还保险费，在重大过失情形应当退还保险费。在欺诈婚违反如实告知义务时，主观事实构成要求更高，虽然只有故意违反才可撤销婚姻，但是对于重大过失情形，如果婚姻相对人无法继续婚姻，可以提出离婚。在离婚时，无过错一方可以主张无过错方的财产多分，甚至主张离婚损害赔偿来维护其利益，一定程度回应了重大过失违法缺失的不足。

未知晓真实情况，从而未能向婚姻当事人另一方告知。在重大过失违反情形下，行为人主观上并不存在欺诈意图，难构成欺诈婚。无过失和一般过失不包含主观认知要素，行为与认识错误之间亦很难构成因果关系，很难构成如实告知义务之违反。

但是，在论及消极不作为的欺诈时，有观点认为在行为人过失违反如实告知义务的场合，存在“过失的欺诈”。〔1〕在论及消极不作为的婚姻欺诈时，也有观点认为对重大疾病如实告知义务的违反不等同于欺诈，重大疾病如实告知义务的违反既可以是故意，也可以是过失。〔2〕对此，笔者检索分析发现，这一观点在重大疾病如实告知义务违反的主观状态认定的实践中难以成立。

一般而言，应知且已知却不告知，属于故意；应知却未知且未告知，属于过失。应知属于评价层面的认知，已知和未知属于事实层面的认知。对于故意与过失的区分首先应明确“应知”的判定。在含义界定上，“应知”包括“必须知道”+“能够知道”以及“必须知道”+“推定知道”两种构成。“必须知道”的事实是规范目的实现的必要条件；“能够知道”是在认知条件上具备以下三要素：事实条件（认知的对象事实是客观存在的），能力条件（认知主体具备与认知对象相匹配的“感知、推理和交流沟通能力”），以及意志条件（认知主体尽到应尽的注意义务）；“推定知道”是根据“行为人的知识结构、认知能力、经验阅历、案件具体情况，以及基础事实与待证事实之间具有常态联系的了

〔1〕刘勇：“缔约过失与欺诈的制度竞合——以欺诈的‘故意’要件为中心”，载《法学研究》2015年第5期。

〔2〕刘征峰：“结婚中的缔约过失责任”，载《政法论坛》2021年第3期。

解”，推定行为人知道。[1]

就重大疾病如实告知义务违反的主观状态认定而言，均具备“必须知道”层面的含义，知道婚姻当事人患有重大疾病是实现婚姻撤销权的必要条件。关键点在于“能够知道”和“推定知道”的判定。在事实条件层面，重大疾病是可以客观存在和认知的事实，在意志条件层面，《民法典》第1053条也明确规定了婚姻当事人的重大疾病如实告知义务，提示当事人对自身是否患重大疾病的必要注意义务，上述都具备。但在能力条件方面，重大疾病并非可以通过感觉器官“亲知”的事实，也非可以通过经验阅历或者客观理性人标准等可“推知”的事实，而是“传知”的事实，需要通过专业的医疗设备和医生的专业诊断才能获知的事实。[2]在婚检等医学检查并非法律强制的前提下，以及在当事人没有获得医学诊断的情形下，“重大疾病”这一认知事实也无法获取，能力条件难以成就。当事实条件、意志条件和能力条件同时具备但行为结果具有社会危害性时，此时的主观状态为恶意的应当知道且已知道，属于故意；当事实条件和能力具备，仅仅缺乏意志条件时，才成立“有过错（恶意）的应当知道且不知道”，成立过失；而当事实条件和意志条件具备，但能力条件缺乏的时候，此时的主观状态为“无过错（善意）的应当知道且不知道”，不成立过失。[3]

在司法实践中，鉴于重大疾病在认知对象和推定标准层面的

---

〔1〕 张继成：“对‘知道’‘应当知道’‘明知’及其关联概念的法逻辑诠释”，载《法学》2023年第6期。

〔2〕 张继成：“知道规则的内在逻辑与科学分类”，载《中国法学》2022年第3期。

〔3〕 张继成：“对‘知道’‘应当知道’‘明知’及其关联概念的法逻辑诠释”，载《法学》2023年第6期。

特殊性，由于重大疾病是需要依据专业的医疗诊断才可以发现的事实，无法以客观理性人标准推定疾病。在没有专业医疗诊断的情形下，能力条件欠缺，即使认知主体没有履行告知义务，也不存在过失；而在能力条件达成的时候，必然是通过“传知”而已知，此时如果不告知，构成故意。笔者所做的案例检索结果也印证了这一结论：从笔者目前收集的关于隐瞒重大疾病婚姻撤销的裁判文书的分析结果来看，行为人的主观状态无一例外均是故意，未有一例是过失的。对此，也有学者在研究中得出了同样的结论，发现在婚姻当事人诉请婚姻无效或者撤销的损害赔偿纠纷中，绝大多数案例以当事人事实上的不知作为判定无过错方的依据。〔1〕事实上，在我国司法实践中，隐瞒重大疾病对于行为人的主观状态的认定，无法仅以违反如实告知义务认定为过失，而是集中于在“已知”和“未知”的事实层面来判定是否存在故意。

需注意的是，隐瞒重大疾病撤销婚中如实告知义务违反的主观故意包括双重故意，第一重是患病婚姻当事人须在主观上有隐瞒重大疾病的故意，第二重是患病婚姻当事人一方有令被欺诈的另一方婚姻当事人在客观上因该隐瞒的意思，产生错误认识而作出结婚意思表示的故意。隐瞒疾病、认识错误、结婚意思三者之间有因果关系始终贯穿。在缔结婚姻时，如果患病婚姻当事人一方并不知晓患病的事实，婚后婚姻当事人另一方并不能以认识错误为由主张撤销婚姻；或者患病婚姻当事人一方隐瞒了患病事实，

---

〔1〕 娄爱华：“论无效婚姻中的无过错方保护”，载《苏州大学学报（哲学社会科学版）》2023年第5期。在娄爱华老师的这篇论文中，查阅的“应知”案例是不知事实婚姻法律规定的“法律不知”问题，而这并非婚姻无效主观状态认知的对象，难谓“应知”而不知。

但婚姻当事人另一方并非因为该隐瞒作出结婚的意思表示，均不构成婚姻欺诈。而仅在患病婚姻当事人一方知情且故意隐瞒使婚姻当事人另一方陷入错误作出结婚意思表示的前提条件下，婚姻当事人另一方才能以欺诈为由主张撤销该婚姻。[1]

3. 被欺诈的婚姻当事人一方的主观心态

在隐瞒重大疾病撤销婚中，是否需要考察被欺诈的婚姻当事人一方的主观心态？比如，被欺诈的婚姻当事人一方是否需要具有善意？是否尽到必要的注意义务？患病婚姻当事人一方未如实告知，但是婚姻当事人另一方事先已经知晓该患病事实，进而办理结婚登记的，是否可主张对方违反了如实告知义务而撤销婚姻？

大陆法系的民法原理认为，欺诈必须对受欺诈人意思表示的作出起到决定性作用，即以欺诈与意思表示之间存在因果关系为必要，至于受欺诈人的行为是否具有过错，即是否尽到交易中必要谨慎的情况下可以看穿欺诈则在所不问。[2]德国法对欺诈婚的解释观点认为，在欺诈婚中欺诈方具有故意即可，受欺诈一方的过失不影响。[3]这里的过失，意为对欺诈事项（如重大疾病）没有尽到必要的注意义务。

我国《民法典》第1053条的如实告知义务是主动告知的法定义务，即使婚姻当事人另一方没有询问，患病婚姻当事人一方也应将患有重大疾病的事实主动告知对方，并未给非患病婚姻当事

---

〔1〕 李昊、王文娜："婚姻缔结行为的效力瑕疵——兼评民法典婚姻家庭编草案的相关规定"，载《法学研究》2019年第4期。

〔2〕［德］维尔纳·弗卢梅：《法律行为论》，迟颖译，法律出版社2012年版，第646页。

〔3〕 Marina Wellenhofer, *Münchener Kommentar zum Bürgerlichen Gesetzbuch*, 8. Aufl., München: C. H. Beck, 2019, § 1314, Rn. 23.

人一方课以必要注意义务。隐瞒重大疾病撤销婚中，对被欺诈的婚姻当事人一方的主观心态考察仅限于因果关系考察，即隐瞒疾病、错误认识和结婚意思的因果关系，而不考察其是否尽到注意义务的主观过错。不论非患病婚姻当事人一方是否尽到注意义务，不影响患病婚姻当事人一方如实告知义务的违反认定。

但是，对被欺诈婚姻当事人主观心态的考察应区分注意义务和善意。如果被欺诈的婚姻当事人一方非善意，即为明知或因过失而不知，则无法构成欺诈婚。〔1〕如我国台湾地区有判例认为，在结婚前，对于患有精神分裂症的婚姻当事人一方，如果婚姻当事人另一方陪同就医，显然已知悉罹患精神分裂症，虽然偶尔有听幻觉或者妄想症状，但是持续接受治疗且病情趋于稳定，则认为不存欺诈情形。〔2〕隐瞒重大疾病撤销婚中欺诈的认定取决于非患病婚姻当事人一方因欺诈而为意思表示这一因果关系，如果非患病婚姻当事人一方已经看穿了欺诈行为，知晓了或者应当知晓对方患有重大疾病，虽然不能免除患病婚姻当事人一方的告知义务，但是非患病婚姻当事人一方不得据此主张婚姻欺诈而撤销婚姻。

三、隐瞒重大疾病婚姻撤销的行使期限

关于隐瞒重大疾病婚姻撤销的行使期限，需要考虑受欺诈民事法律行为的性质和婚姻行为作为身份行为的特殊性进行综合分析。

和一般受欺诈民事法律行为的撤销权一样，隐瞒重大疾病的婚姻撤销权在性质上也属于形成权，受欺诈婚姻当事人一方按照

〔1〕石一峰："私法中善意认定的规则体系"，载《法学研究》2020 年第 4 期。

〔2〕参见我国台湾地区 2000 年"板桥地方法院婚字第 147 号判决"。

自己的意愿，以单方意思表示产生婚姻效力变动的效果，无须取得婚姻当事人另一方同意。在隐瞒重大疾病撤销婚下，如果受欺诈婚姻当事人长期不行使撤销权，使婚姻关系长期处于不稳定状态，不利于保护婚姻当事人的合法权益，特别是婚姻当事人双方所生子女的利益，而且可能使人民法院在判断是否撤销婚姻当事人婚姻效力时，由于时间太长而无法作出准确判断，将隐瞒重大疾病的婚姻撤销权的 1 年行使期限解释为除斥期间符合撤销权的性质和婚姻家庭利益保护的需求。[1]综上，隐瞒重大疾病的婚姻撤销权的 1 年行使期限属于不变期间，不适用诉讼时效的中止、中断、延长情形。

与一般的受欺诈民事法律行为的撤销权不同的是，结婚行为在性质上属于产生身份法效果的法律行为，涉及婚姻当事人之间的身份利益。隐瞒的重大疾病具有较强隐秘性，如一些遗传性疾病，可能在结婚后长期都无法为受欺诈婚姻当事人一方所发现。如果规定自结婚登记之日起 5 年内不行使，撤销权消灭，将极大损害受欺诈婚姻当事人一方的人身利益，也与《民法典》第 1053 条将“禁止疾病”转变为“禁止欺诈”的立法理念不符。因此，从最大限度保护当事人婚姻自主权和妇女权益的角度，排除适用《民法典》总则编第 152 条第 2 款规定才符合保护当事人婚姻自主权的基本价值取向。[2]依据相同情形相同处理原则，在《民法典婚姻家庭编司法解释（一）》第 19 条已经明确受胁迫撤销婚不

〔1〕 最高人民法院民事审判第一庭：《婚姻法司法解释的理解与适用》，中国法制出版社 2002 年版，第 49 页。

〔2〕 郑学林、刘敏、王丹：“《关于适用民法典婚姻家庭编的解释（一）》若干重点问题的理解与适用”，载《人民司法（应用）》2021 年第 13 期。

适用5年最长除斥期间的情形下，应对隐瞒重大疾病撤销婚的行使期限做同样的解释。在没有新的司法解释予以明确排除规定的情形下，隐瞒重大疾病的婚姻撤销权行使期限可以类推适用《民法典婚姻家庭编司法解释（一）》第19条规定，不适用《民法典》总则编第152条第2款中5年最长行使期限的规定。

四、隐瞒重大疾病婚姻撤销的法律后果之明晰

如实告知义务违反的法律后果仍有两个问题需要予以探讨：一是如果未如实告知的是影响结婚行为能力的精神疾病，法律后果是撤销婚姻还是婚姻无效；二是违反如实告知义务的法律后果有无补正的可能，如被欺诈一方认可该欺诈行为或者隐瞒的重大疾病婚后治愈。

（一）违反如实告知义务法律后果的限缩解释

如实告知的重大疾病是否包括严重的精神疾病，在学界存在不同观点。从立法论角度，徐国栋教授认为关于精神障碍患者不得结婚的规定是把结婚当作一个重要的法律行为要求行为人具有行为能力，让精神障碍患者自由结婚是完全错误的和不负责任的。[1]在解释论上，吴晓芳老师认为疾病导致当事人丧失行为能力时超出了家事自决权的范畴，由国家进行必要干预。[2]这一观点承认了因当事人丧失行为能力的疾病缔结的婚姻不属于当事人可以自由选择撤销的范畴。同时，蒋月教授则认为“结婚是缔结

〔1〕 徐国栋：“《中华人民共和国民法典》应保留《婚姻法》禁止一些疾病患者结婚的规定”，载《暨南学报（哲学社会科学版）》2020年第1期。

〔2〕 吴晓芳：“对民法典婚姻家庭编新增和修改条文的解读”，载《人民司法（应用）》2020年第19期。

共同生活伴侣关系，如果有人愿意承担起对无民事行为能力人或限制民事行为能力人的扶养责任，在立法上或者道德上均应受到肯定而非被排斥”，承认了完全无民事行为能力者在未隐瞒情形下可以结婚，如果隐瞒则可适用第1053条规定。〔1〕

将精神疾病纳入第1053条重大疾病的范畴，源于精神疾病影响婚姻共同生活的目的，而且遗传性精神疾病对孕育后代具有不利影响。但是，在婚姻效力上规制精神疾病，除了上述考量，首先要考虑的是婚姻当事人是否具有表达婚姻意思的能力。〔2〕缔结婚姻是男女双方自愿的民事法律行为，须具有表达结婚的意思表示的能力，即结婚的行为能力，除了年龄条件，要求在精神状况上须具有完全辨认自己行为的完全民事行为能力。〔3〕对于达到法定婚龄的婚姻当事人结婚时，须审查其精神状况，是否存在影响民事行为能力的认知缺陷。所谓认知缺陷，是指对周遭真实状况的感觉发生障碍，通常是罹患精神疾病者。但并不是所有精神疾病都会导致丧失民事行为能力。民法对精神状况区分了暂时性的认知缺陷和继续性的认知缺陷，继续性的认知缺陷者不具有法律所要求的精神能力，不被赋予民事行为能力，属于无民事行为能力者，如无民事行为能力的痴呆症。基于此，在婚姻效力认定上，德国、瑞士等国家或地区立法也作出了区分，将继续性的（无民事行为能力）精神障碍患者缔结的婚姻规定为无效婚，将暂时性

〔1〕 蒋月：“准配偶重疾告知义务与无过错方撤销婚姻和赔偿请求权——以《民法典》第1053条和第1054条为中心”，载《法治研究》2020年第4期。

〔2〕 意大利的规定内容更丰富，除了考虑到了精神病人的意思能力欠缺，还考虑到了家庭生活能力，以及对婚姻相对人的父爱主义保护。徐国栋：“《中华人民共和国民法典》应保留《婚姻法》禁止一些疾病患者结婚的规定”，载《暨南学报（哲学社会科学版）》2020年第1期。

〔3〕 余延满：《亲属法原论》，法律出版社2007年版，第160~165页。

的无意识或精神错乱者缔结的婚姻规定为撤销婚。

以德国为例，《德国民法典》虽然没有直接规定精神障碍患者结婚无效，但是第 1304 条规定无民事行为能力者，不得结婚。这里的无民事行为能力包括《德国民法典》第 104 条第 2 款规定的对认知能力存在障碍的无民事行为能力，即因精神活动的病理上障碍，致陷于丧失自由决定意思之状态者。这种状态即指患有继续性的精神障碍的人，依据第 1304 条的规定，陷于此种状态的人无法结婚，因为没有结婚的行为能力；即使法定代理人同意该类婚姻也并不能消除这一婚姻障碍。〔1〕但是，《德国民法典》第 104 条第 2 款规定的精神状态如果按其性质属于暂时的，则不适用第 104 条第 2 款无民事行为能力的规定，而是适用第 105 条意思表示无效的规定。第 105 条第 2 款对应的婚姻效力是第 1314 条第 2 款第 1 项和第 1315 条第 1 款第 3 项规定，表意人可以行使撤销权和承认权，而不是绝对的婚姻无效。第 1304 条不适用于意识丧失和暂时性精神障碍的情况，因为这些行为不会改变民事行为能力。〔2〕显然，德国法区分了丧失民事行为能力的继续性精神障碍患者和暂时性的不丧失民事行为能力的精神障碍患者，以此设计了不同的婚姻效力，前者为无效婚（第 1304 条），后者为撤销婚（第 1314 条第 2 款第 1 项）。

我国没有采用暂时性的精神错乱和继续性的精神障碍的表述，德国法上关于暂时性精神错乱和继续性的精神障碍也并不是专门

〔1〕 Martin Löhnig, Staudinger Kommenetar zum BGB, Berlin: Sellier/de Gruyter oHG, 2012, § 1304, Rn. 6.

〔2〕 Martin Löhnig, Staudinger Kommenetar zum BGB, Berlin: Sellier/de Gruyter oHG, 2012, § 1304, Rn. 6.

针对病理上的精神障碍，但是这提示了对于具有认知障碍的精神障碍患者缔结的婚姻效力有区分的必要。特别是我国对于精神障碍患者的行为能力状态是有明确区分的。《精神卫生法》明确区分了精神障碍和严重精神障碍。《精神卫生法》第 83 条第 1 款规定，精神障碍，是指由各种原因引起的感知、情感和思维等精神活动的紊乱或者异常，导致患者明显的心理痛苦或者社会适应等功能损害。第 83 条第 2 款规定，严重精神障碍，是指疾病症状严重，导致患者社会适应等功能严重损害，对自身健康状况或者客观现实不能完整认识，或者不能处理自身事务的精神障碍。从上述定义可知，并不是所有的精神障碍都影响认知能力和民事行为能力，一般的精神障碍不一定影响患者的认知能力；严重精神障碍对患者的认知能力具有不同程度的影响，也不一定都丧失民事行为能力。如《中国精神障碍分类与诊断标准第 3 版（CCMD-3）》规定了九大类精神障碍，癔症性遗忘（表现为发作后的局限性或阶段性遗忘）、急性应急障碍（在遭受到急剧、严重的精神创伤性事件后数分钟或数小时内所产生的一过性的精神障碍）、神经症（恐惧症、强迫症）等都属于精神障碍，但这些都不足以影响精神障碍患者的完全认知能力。

由此，我国对于精神障碍患者缔结婚姻的效力认定，应做区分。不具有民事行为能力的精神障碍患者，无法辨认和判断结婚的行为性质和法律后果，不具有结婚的行为能力，无法表达结婚的意思表示，也就不可能构成欺诈，依据《民法典》第 144 条的规定，该婚姻应为无效婚；对于不影响民事行为能力的精神障碍患者，如果影响婚姻关系本质的，严重影响夫妻共同生活或者生育的，隐瞒该类疾病缔结婚姻的，该婚姻为撤销婚。在我国《民法典》第1053条已经作出“重大疾病”既有规定的情形下，对该条中“精神障碍”这一重大疾病的婚姻效力应进行限缩解释。对于违反告知义务，隐瞒的是不影响民事行为能力，但是影响婚姻关系本质的精神疾病的情形，适用《民法典》第1053条撤销婚条款。但隐瞒的是影响民事行为能力的精神疾病时，应排除《民法典》第1053条撤销权条款的适用，回归到《民法典》总则编无效民事法律行为的规定。〔1〕这样的处理方式也可以弥补废止疾病无效婚规定带来的法律漏洞。

（二）违反如实告知义务的法律后果的补正

违反如实告知义务的法律后果是被欺诈的婚姻当事人一方享有撤销权，请求法院撤销婚姻。但是这种撤销的法律后果可否补正，确认可撤销法律行为而使撤销权消灭、婚姻确定继续有效呢？〔2〕

违反如实告知义务法律后果的补正主要涉及两种情形：一是隐瞒重大疾病缔结婚姻，婚后非患病婚姻当事人一方知晓该疾病并确认欺诈行为的，撤销权是否消灭？二是隐瞒重大疾病缔结婚姻，但是婚后该疾病治愈的，撤销权是否消灭？

1. 隐瞒重大疾病缔结婚姻，婚后非患病婚姻当事人一方知晓该疾病并确认欺诈行为的，撤销权是否消灭？

依大陆法系民法原理，可撤销法律行为可以确认，经撤销权人确认的可撤销的法律行为不能被撤销，撤销权消灭。〔3〕对可撤

〔1〕 持相同观点的可参见田韶华：“民法典婚姻家庭编瑕疵婚姻制度的立法建议——以《民法总则》之瑕疵民事法律行为制度在婚姻家庭编中的适用为视角”，载《苏州大学学报（法学版）》2018年第1期。

〔2〕 当然，该撤销权因经过1年除斥期间而消灭，我国《民法典》第1053条第2款对此有明确规定。

〔3〕 ［德］维尔纳·弗卢梅：《法律行为论》，迟颖译，法律出版社2012年版，第679页。

销法律行为的确认导致撤销权消灭，实质上也是对撤销权的放弃。[1]我国《民法典》总则编第152条第1款第3项规定了撤销权放弃，这也是对可撤销法律行为确认的规定。我国《民法典》婚姻家庭编没有明确承认婚姻撤销权的放弃，那么总则编撤销权放弃条款能否适用于婚姻撤销权呢？隐瞒重大疾病撤销婚，是否因非患病婚姻当事人一方的确认行为而补正？

在规定欺诈撤销婚的国家，以德国为例，在规定婚姻撤销情形的同时，也配套规定了完整的婚姻撤销权消灭的情形，形成了体系化的婚姻撤销制度。《德国民法典》第1315条规定了婚姻撤销的限制情形，[2]针对《德国民法典》第1314条的各种撤销事由，规定了每项可撤销婚姻的可补正条件，特别强调通过确认结婚意愿（Bestätigung des Ehewillens），事后可以补正可撤销婚姻。[3]依据《德国民法典》第1315条第1款第4项的规定，婚姻当事人一方发现被欺诈后，表示继续维持婚姻的，婚姻不被撤销。法律规定婚姻的可撤销性旨在保护婚姻当事人的意志自由（Willensfreiheit），因此，即使存在受欺诈的撤销理由，但在获得了意志自由之后，如果被欺诈的婚姻当事人一方想继续维持婚姻

---

〔1〕［德］迪特尔·梅迪库斯：《德国民法总论》，邵建东译，法律出版社2013年版，第534页；台湾大学法律学院、台大法学基金会编译：《德国民法典》，北京大学出版社2017年版，第127页。

〔2〕《德国民法典》第1314条和第1315条实际上规定的是婚姻废止（Aufhebung der Ehe），是面向未来的解除婚姻，不具有溯及力；依据《德国民法典》142条的规定，可撤销行为（Anfechtung）自始无效，这与我国《民法典》规定的可撤销婚姻的效力相同。为了行文需要，这里对德国废止婚的描述一律使用了婚姻撤销，但实际上是指德国法上的婚姻废止，特此说明。

〔3〕Marina Wellenhofer, *Münchener Kommentar zum Bürgerlichen Gesetzbuch*, 8. Aufl., München：C. H. Beck, 2019, § 1315, Rn. 1. 只有在违反《德国民法典》第1306条（重婚）和第1307条（禁婚亲）中符合公共利益的禁令时，才不考虑补正。

的有效性，则应尊重其意思自由，被欺诈的婚姻当事人一方也会因此丧失应得的撤销权。[1]只有在违反《德国民法典》第 1306 条（重婚）和第 1307 条（禁婚亲）中符合公共利益的禁令时，才不考虑可撤销婚姻的补正。[2]我国《民法典》总则编第 152 条第 1 款第 3 项规定了撤销权放弃，在《民法典》分则各编没有特别规定的情形下，《民法典》总则编对分则各编包括婚姻家庭编具有涵摄力。婚姻撤销权属于当事人享有的一项民事权利，权利人可依其意志选择行使还是放弃，隐瞒重大疾病缔结婚姻不属于违反公共利益的欺诈行为，可以适用撤销权放弃条款，由当事人通过确认可撤销法律行为放弃婚姻撤销权，这里不存在法理上和法律上的障碍。如余延满教授也指出，没有规定婚姻撤销权放弃属于法律漏洞，在司法实践中对婚姻撤销权放弃应做肯定解释。[3]

隐瞒重大疾病结婚行为的确认，可以由撤销权人明确表示或者以自己的行为表明放弃婚姻撤销权。具体而言，其一，隐瞒重大疾病结婚行为的确认行为以非患病婚姻当事人一方知晓婚姻当事人另一方隐瞒重大疾病这一事由为前提。如果非患病婚姻当事人一方不知晓撤销事由，即使作出确认的表示，也无法发生可撤销婚姻补正的法律后果。这里的“知晓”即如《德国民法典》第 1315 条第 1 款第 4 项规定的“发现欺诈”。当撤销的正当事由对被欺诈

---

〔1〕 Marina Wellenhofer, *Münchener Kommentar zum Bürgerlichen Gesetzbuch*, 8. Aufl., München: C. H. Beck, 2019, § 1315, Rn. 8.

〔2〕 [德] 迪特尔·梅迪库斯：《德国民法总论》，邵建东译，法律出版社 2013 年版，第 534 页；台湾大学法律学院、台大法学基金会编译：《德国民法典》，北京大学出版社 2017 年版，第 127 页。

〔3〕 余延满：《亲属法原论》，法律出版社 2007 年版，第 207 页。

的婚姻当事人一方有足够的影响和效果时，就会发现存在欺诈。单纯的怀疑或推定、疏忽大意的不知情（应当知道）均不属于“知晓”。[1]其二，非患病婚姻当事人一方的确认表示方式可以是明示放弃婚姻撤销权，也可以是默示放弃婚姻撤销权。可撤销行为的确认，实乃单方法律行为，依单方意思表示即可发生法律效果，撤销权的相对人是否知道或者应当知道该承认行为在所不问。因此，非患病婚姻当事人一方可通过向婚姻当事人另一方作出明确表示（ausdrückliche Erklärung）放弃撤销权，表示愿意继续共同生活；也可以通过明确的行为（schlüssige Handlung）实现，如通过继续夫妻共同生活、撤回撤销请求等方式。但是在默示表示情形下，基于特定情境的友好表示除外，如对患病婚姻当事人一方表达的仁慈和同情（去医院看望，赠送小礼物）通常不会解释为对可撤销婚姻行为的确认。[2]

2. 隐瞒重大疾病缔结婚姻，但是婚后该疾病治愈的，撤销权是否消灭？

通常情形下，如果重大疾病治愈，对婚姻共同生活没有实际影响了，被欺诈的婚姻当事人一方自然没有撤销婚姻的必要，实际上往往会以继续共同婚姻生活的默示方式确认可撤销的结婚行为。但是实践中，也可能有另一种情形，隐瞒的重大疾病治愈，被欺诈婚姻当事人一方认为当初自己被欺骗缔结婚姻，感情受伤，依然要求撤销婚姻，使该婚姻自始没有法律约束力，这是婚姻撤

---

〔1〕 Marina Wellenhofer, *Münchener Kommentar zum Bürgerlichen Gesetzbuch*, 8. Aufl., München: C. H. Beck, 2019, § 1315, Rn. 9.

〔2〕 Marina Wellenhofer, *Münchener Kommentar zum Bürgerlichen Gesetzbuch*, 8. Aufl., München: C. H. Beck, 2019, § 1315, Rn. 11.

销权人的权利，无可厚非。然而，婚姻撤销与一般民事法律行为撤销不同，如果此时的婚姻相对稳定，或者还共同孕育了子女，婚姻当事人双方实际上已经形成了身份信赖，此时的婚姻撤销必将损害既定的家庭关系，乃至未成年子女利益。在隐瞒重大疾病治愈的情形下，撤销权人的任意撤销权与婚姻家庭的相对安定性出现了冲突。是否可以对撤销权人的婚姻撤销权行使进行一定限制呢？易言之，婚前隐瞒重大疾病缔结婚姻，婚后疾病治愈的，能否无须经过可撤销法律行为的确认，就直接使被欺诈婚姻当事人一方的撤销权消灭，即能否让隐瞒重大疾病治愈成为一种法定的撤销权消灭情形，只要有证据证明重大疾病治愈，撤销权即消灭呢？

上述对被欺诈婚姻当事人一方的婚姻撤销权限制的做法首先可能违背了被欺诈婚姻当事人一方的意思自治。但是此种限制并非不合理，理由如下。

首先，我国《民法典》第 1053 条并没有采用绝对的欺诈婚撤销立法模式，没有将所有欺诈违背婚姻当事人意思的婚姻认定为撤销婚；也没有采用隐瞒一般疾病撤销婚姻的模式，而是采用隐瞒重大疾病撤销婚姻的模式。这说明第 1053 条的立法规范目的既考虑尊重婚姻当事人的真实意思，也考虑国家立法对重大疾病的防范和规制态度，在疾病不影响婚姻的情形下，尽量认可婚姻的效力，减轻疾病对婚姻效力的否定性评价，这里也包括在疾病治愈后的容忍态度。因此，在重大疾病治愈后，对于影响当事人缔结婚姻真实意思的情形也即消失，对婚姻关系本质已无实质影响，通常情形下，被欺诈婚姻当事人一方自然没有撤销婚姻的必要。

其次，欺诈本质上属于要素认识错误，这与完全的违背真实意思的胁迫不一样。就胁迫撤销婚的构成要件而言，胁迫是因为具有主观上的重大恐惧而决定缔结婚姻，只需被胁迫人主观上感到恐惧足矣。[1]这种主观恐惧在缔结婚姻时产生，胁迫的效力已发生作用，无法补正，因此，不存在因胁迫消失而致撤销权消灭的情形。与此相较，隐瞒重大疾病撤销婚不具有胁迫撤销婚那样的主观因素特点，也不具有严重违法性。隐瞒重大疾病撤销婚违反的是婚姻之意思要素，这种被欺诈的意思要素源于对客观事项的认识错误。按照当事人违反法律规定的程度不同，区分不同的法律效果，如当事人最初的行为虽有瑕疵，但因后续发生的其他行为，致使该瑕疵获得补正，区分其法律效果。[2]隐瞒的重大疾病治愈，导致认识错误的客观要素也补正，在不违背公序良俗的情形下，可撤销婚姻也可补正。

最后，第 1053 条是从原《婚姻法》第 10 条转化而来的，原《婚姻法司法解释（一）》第 8 条婚姻无效补正的情形包括了疾病婚，即疾病治愈的情形下，婚姻无效情形消失，该婚姻不能再被宣告无效。举重以明轻，在撤销婚中，隐瞒的重大疾病治愈的，将隐瞒重大疾病产生的法律后果解释为可以补正并无不当。从维护婚姻家庭的安定性来看，特别是在涉及未成年子女利益的情形下，当重大疾病治愈后，将此时的法律后果解释为撤销权消灭，没有违反公共利益和善良风俗，反而更有利于实现追求婚姻家庭安定性这一整体价值目标。

---

〔1〕 史尚宽：《亲属法论》，中国政法大学出版社 2000 年版，第 268 页。

〔2〕 李银英："婚姻无效之有效化——兼论婚姻无效之诉与提诉权失效"，载《法令月刊》2009 年第 1 期。

第六章
变迁中的夫妻财产制度

夫妻财产关系是婚姻家庭制度的重要内容。夫妻财产关系，主要涉及夫妻缔结婚姻以前和婚姻关系存续期间所得财产的归属、管理、使用、收益、处分及债权债务的清偿、财产分割等一系列问题。改革开放以来，我国的夫妻财产法律制度是婚姻家庭立法变动最频繁的制度，科学合理的夫妻财产法律制度，不仅能保护夫妻财产利益，也有助于保护交易安全。

在第二章第一节我们分析了宏观层面因素对夫妻财产关系的影响，市场经济发展所引起的个人财产的增多、财产形式多样化推动了我国夫妻财产制度的发展。本章将分析微观层面的因素对我国夫妻财产关系的影响和挑战，这些因素主要包括家庭结构的变化、家庭功能的变化及夫妻相处模式的转变等。在此基础上，分析我国目前夫妻财产法律制度存在的不足，最后提出对我国夫妻财产法律制度的调适建议。

第一节　婚姻家庭变迁与夫妻财产关系

一般而言，夫妻财产制的形态除与一国的文化传统相联系外，还与社会变迁和婚姻家庭的变迁具有密切关系。[1]改革开放以

〔1〕 蒋月：《夫妻的权利与义务》，法律出版社 2001 年版，第 115~116 页。

来，从微观层面来看，家庭结构和家庭功能的变化对夫妻财产制提出了新的要求和挑战。

一、家庭结构的变化与夫妻财产关系

在大家庭中，家庭成员多，家庭成员关系以纵向的亲子关系为主，个人的意志和贡献都消失于大家庭之中；在小家庭里，个人的意志和贡献得以显现，夫妻关系平等，这影响了夫妻财产关系。[1] 1978年以来，伴随着家庭的小型化，家庭从以往的以亲子关系为主转向以夫妻关系为主，家庭经济关系从“丈夫独立承担”转变为“夫妻共同承担”的形式，家庭的分工和家庭权力分配渐趋平等，夫妻共同分担家庭义务，妻子和丈夫对家庭事务享有更多平等的决定权。在核心化的小家庭里，夫妻在家庭中的贡献都得到显现，在夫妻财产关系上，夫妻也倾向于作出符合个人意思和个人贡献的选择，希望自己在家庭中的付出能够得到确认，并依据个人贡献来确定家庭财产归属，他们也更加倡导个人财产制和约定财产制。

家庭结构变化影响了家庭财产关系的流转，对婚姻家庭财产关系中个人财产的确认和保护提出了新的需求。在夫妻财产制上，婚姻当事人及其原生家庭倾向于选择分别财产制。改革开放以来，由于我国居住模式的改变和计划生育政策的实施，家庭结构日趋简单，2010年平均每个家庭户的人口为3.10人，夫妇式核心家庭成为主流家庭模式。但是我国家庭结构的变迁既有向小形态发展的一面，也有基于购买婚姻住房、子女照顾需要等原因组建直系

---

〔1〕 林秀雄：《夫妻财产制之研究》，中国政法大学出版社2001年版，第48页。

家庭的另一面。当代社会，年轻夫妻大多面临购买婚姻住房的压力，在自身经济能力不足时，父母往往会提供经济帮助。有的是由原生家庭父母出资在年轻夫妻生活工作城市购置婚姻住房，形成小型化的“新户居”家庭；有的是子女一方父母（大多数情形下是男方一方父母）往往将自己的房产等其他财产处分，以换购子女婚姻住房，失去原有住房的原生家庭父母不得不与子女一起居住，形成了现代意义的直系家庭。子女尤其是大量的独生子女缔结婚姻时会面临将两个原生家庭的部分或全部财产合二为一，这对于原生核心家庭的父母是很难接受的，他们更希望自己的财产能够通过继承、赠与等方式专属于自己的子女，希望婚姻家庭法确认和保障财产的个人所有，“使个人不致因结婚而丧失其个人财产权利，并尽量保持其个人生活的连续性与完整性”。〔1〕

二、家庭功能的变化与夫妻财产关系

改革开放以来，我国居民的消费能力和消费层次迅速提升，家庭的消费方式呈现家庭成员所得收入各留私蓄、各自支出和支配的特点，这一变化强化了婚姻家庭财产关系中个人财产的确认和保护需求，人们希望加强个人财产制。对婚姻家庭关系中个人财产权利的漠视导致了现实生活中由于个人财产归属不明晰而夫债妻偿或妻债夫还、个人义务与夫妻义务相混淆、夫妻间的侵权问题无法赔偿等现象。婚姻家庭财产关系中个人财产的确认和保护有利于使当事人在婚姻关系存续期间有可履行义务、承担责任的物质基础。另外，人们也希望在出现夫妻一方严重损害另一方

〔1〕 杨晋玲：“把个人的权利还位于个人——试论夫妻个人特有财产制”，载《思想战线》2002年第4期。

的财产利益时，在不解除婚姻关系的前提下，获得相应的婚姻家庭法的保护和救济，对非常法定财产制提出了需求。[1]

三、夫妻相处模式转变与夫妻财产关系

改革开放以来，我国婚姻家庭在家庭权力分配上，经历了由过去的“父母权”转变为“夫妻权”，而夫妻权由夫主妻从型向平权型转变，在夫权与妻权的比较中，无论城乡均表现为夫权强于妻权的态势。在家庭重大事务的决策上，女性有了更多的参与权；两性在家庭重大事务决策上更为平等；家庭日常开支由夫妻共同决定转移为妻子一方决定，妻子拥有较多的家庭日常开支执行权，呈现出大多数具体的家庭事务由夫妻共同商议决定，其中日常开支更多由女性支配和实际执行的情形。

而随着生产的社会化，家庭生产和家庭劳动越来越社会化，家庭的生产功能日趋衰落，家庭中需要决定的重大事务也将发生变化，购买生产资料不再成为家庭重大事务，子女上学、购买大型家电等日常生活和消费成为家庭中的重大事务，日常的“用、穿、吃”构成家庭消费的主要内容。由于家庭收入的多元化，家庭消费更加民主。这导致在家庭日常事务中，夫妻双方享有平等的财产支配权，夫妻双方都平等地代表家庭对外消费，与第三人进行交易，从维护交易动态安全考虑，对日常家事代理权提出了需求。

---

〔1〕 杨晋玲：“把个人的权利还位于个人——试论夫妻个人特有财产制”，载《思想战线》2002年第4期。

第二节　我国法律制度对夫妻财产关系的回应及其不足

改革开放以来，我国的夫妻财产制度经历了由构建到逐步完善的过程。1980 年《婚姻法》明确了夫妻财产制的形式与性质，1993 年最高人民法院《关于人民法院审理离婚案件处理财产分割问题的若干具体意见》规定了夫妻共同财产的具体范围，2001 年修正的《婚姻法》细化了夫妻财产制的种类和范围。[1]《婚姻法司法解释（一）》否定了个人财产转化的规定，2003 年制定的《婚姻法司法解释（二）》主要是为了解决司法实践中夫妻财产纠纷，其中有 20 个条文是规定的夫妻财产关系问题，具体包括彩礼、离婚房产分割、夫妻共同财产和个人财产归属的规定（包括知识产权收益归属、一方专用价值较大生活用品归属、夫妻共同债务和个人债务的责任划分等）。2011 年制定的《婚姻法司法解释（三）》中婚姻财产关系问题的解释有 13 条，涉及个人财产婚后收益、房改房屋、养老保险金的夫妻共同财产的认定，父母出资购买不动产的归属等夫妻财产属性认定问题。针对实践中夫妻共同债务认定的疑难问题，2017 年 2 月 20 日最高人民法院审判委员会第 1710 次会议通过《最高人民法院关于适用〈中华人民共和国婚姻法〉若干问题的解释（二）的补充规定》，对《婚姻法司法解释（二）》第 24 条作出补充性规定。2018 年 1 月 8 日，最高人民法院审判委员会第 1731 次会议通过的《最高人民法院关于审理涉及夫妻债务纠纷案件适用法律有关问题的解释》规定了

〔1〕 王歌雅：“中国婚姻法：制度建构与价值探究之间——婚姻法与改革开放三十年”，载《中华女子学院学报》2009 年第 1 期。

认定夫妻共同债务的三种情况。2020年公布的《民法典》婚姻家庭编基本承袭了2001年《婚姻法》关于夫妻财产关系的法律规定，并将上述司法解释中的夫妻财产制度部分条款整合到法典。2021年《民法典婚姻家庭编司法解释（一）》继续整合了上述三婚姻法司法解释中的相关内容，共同形成了目前的夫妻财产法律制度体系。

一、我国法律制度对夫妻财产关系的回应

改革开放以来，我国法律制度对夫妻财产关系的回应，包括夫妻间财产的归属、管理、使用、收益、处分及债权债务的清偿、财产分割等制度。本章集中观察夫妻财产制、夫妻债务的认定、夫妻日常家事代理权三项变化较为频繁的重要制度。

（一）完善了夫妻财产制的规定

改革开放以来，我国个人收入呈现稳定增长的趋势，进入20世纪90年代后，我国个人收入的增长速度进一步加快。从1978年到2001年城镇居民家庭人均可支配收入迅速增长，从1978年的343.4元，到1991年的1700.6元，再到2001年的6859.6元；农村居民家庭人均可支配收入从1978年的133.6元，到1991年的708.6元，再到2001年的2366.4元。财产形式的多样化丰富了家庭财产构成，增强了对个人财产在婚姻家庭关系中的确认和保护需求。而1980年《婚姻法》所确定的夫妻财产制因过于原则而缺乏操作性，因应上述变化，2001年修正的《婚姻法》明确区分和列举了共同财产和个人财产，引入了夫妻个人财产的概念，进一步完善了约定财产制的约定方式、选择范围。2020年《民法典》继续沿袭了夫妻财产制的上述规定，具体包括以下内容。

1. 明确了夫妻共同财产的范围

最高人民法院于1993年11月3日印发了《关于人民法院审理离婚案件处理财产分割问题的若干具体意见》，第2条用列举的方式明确界定了夫妻共同财产的范围，强调共同财产必须在婚姻关系存续期间所得，包括将一方或双方在婚姻关系存续期间劳动所得的和购置的财产，继承或受赠的财产，由知识产权取得的经济利益，从事承包、租赁等生产、经营活动的收益，取得的债权及其他合法所得均视为夫妻共同财产。在2001年《婚姻法》制定过程中，这一规定却遭到学者们的强烈反对。学者们认为，1980年《婚姻法》对夫妻共同财产范围的界定过宽，把一方无偿取得的财产包括继承、受赠的财产统统纳入共同财产，“违背了原财产所有权人的意志”，〔1〕“违反了市场经济提倡的按劳分配、尊重和保护个人财产所有权的精神，不利于夫妻关系的健康发展”。〔2〕1980年《婚姻法》将婚姻关系存续期间所得财产一概确定为夫妻共同财产的规定“反映了比较严重的简单化、理想化的平均主义思想，与市场经济注重个人权利的价值观点和生活方式产生矛盾”。〔3〕鉴于此，2001年《婚姻法》第17条重新界定了夫妻共同财产的范围，规定夫妻在婚姻关系存续期间所得的工资、奖金，生产、经营的收益，知识产权的收益，继承或赠与所得的财产，归夫妻共同所有；同时第17条第4项将“遗嘱或赠与合同中确定只归夫

〔1〕巫昌祯、夏吟兰：“离婚新探”，载《中国法学》1989年第2期；王胜明、孙礼海主编，全国人大常委会法制工作委员会民法室编：《〈中华人民共和国婚姻法〉修改立法资料选》，法律出版社2001年版，第232~233页。

〔2〕马忆南：“共同财产制更能反映夫妻关系的本质和特征”，载李银河、马忆南编：《婚姻法修改论争》，光明日报出版社1999年版，第321页。

〔3〕马忆南：“共同财产制更能反映夫妻关系的本质和特征”，载李银河、马忆南编：《婚姻法修改论争》，光明日报出版社1999年版，第320页。

或妻一方的财产”列为个人特有财产；这一制度设计既符合我国传统的婚姻家庭关系中同居共财的传统观念，有助于维持婚姻关系的稳定，又体现了尊重和保护个人财产所有权和意思自治的精神。2020年《民法典》第1062条继续沿袭了上述夫妻共同财产制的规定，与此同时，根据民众收入来源的多样化，《民法典》在列举的夫妻共同财产类型上增加了“劳务报酬”“投资收益”，完善了夫妻共同财产类型，并无其他实质性变化。

2. 增设个人特有财产制，列举了个人特有财产的范围

1993年《关于人民法院审理离婚案件处理财产分割问题的若干具体意见》第3条和第6条对夫妻个人财产转化为夫妻共同财产的情形作了规定：（1）在婚姻关系存续期间，复员、转业军人所得的复员费、转业费，结婚时间10年以上的，应按夫妻共同财产处理。这一转化规定对于在婚姻关系存续期间曾对军人服役给予支持和帮助的军人配偶而言，是一个重要的保障和弥补措施，反映了我国婚姻家庭立法在保护军婚的前提下，兼顾妇女权益保护的基本原则。（2）一方婚前个人所有的财产，婚后由双方共同使用、经营、管理的，房屋和其他价值较大的生产资料经过8年，贵重的生活资料经过4年，可视为夫妻共同财产。在2001年《婚姻法》修正过程中，这种夫妻个人财产转化为夫妻共同财产的规定受到较大争议，许多专家学者认为这种财产的转化规定不符合民法有关所有权取得的原理，侵害了夫妻一方的个人财产所有权，很可能助长婚姻一方“借婚敛财”、不劳而获的现象发生。[1] 2001年修正的《婚姻法》在兼顾不同利益主体要求的前提下，遵

〔1〕 陈苇：《中国婚姻家庭法立法研究》，群众出版社2010年版，第57页。

循照顾弱者、尊重财产所有人的意愿和防止不劳而获的原则，不再规定“转化来的夫妻共同财产”，专门规定了个人特有财产的范围：将一方婚前财产，一方因身体受到伤害获得的医疗费、残疾人生活补助费等费用，遗嘱或赠与合同中确定只归夫或妻一方的财产，一方专用的生活用品等规定为个人特有财产（第 18 条）。个人特有财产制的设立既保护了夫妻双方的合法权益，调动了夫妻双方劳动的积极性，避免利用婚姻巧取财产，又保持了个人生活的连续性和完整性，有助于维护婚姻一方的个人财产所有权。2020 年《民法典》第 1063 条继续沿袭了上述关于个人特有财产制的规定。只是为了保持表述和体系的一致性，将 2001 年《婚姻法》第 18 条第 2 项的规定“一方因身体受到伤害获得的医疗费、残疾人生活补助费等费用”修改为第 1063 条第 2 项“一方因受到人身损害获得的赔偿或者补偿”，将“身体受到的伤害”修改为“人身损害”，以便与《民法典》侵权责任编中的人身损害赔偿表述相一致。

3. 完善约定财产制，确立了约定财产制的具体操作程序

我国 1950 年《婚姻法》没有明文规定夫妻约定财产制，改革开放以来，因应保障婚姻当事人意思自治、公民的财产自主权的需要，1980 年的《婚姻法》第 13 条对夫妻约定财产制作出规定，并且规定夫妻约定财产制的效力要优先于夫妻法定财产制的效力。但是法律对于约定的方式、约定的程序、约定的效力等没有作出规定，缺乏可操作性。1993 年《关于人民法院审理离婚案件处理财产分割问题的若干具体意见》第 1 条承认了夫妻财产约定可以采用书面形式或口头约定形式，但对约定的时间和范围、条件和程序、效力等问题仍没有明文规定。这显然与市场经济条件下夫妻对约定财产关系便捷和个人财产保护的强烈要求不相适应。尤

其是随着经济体制改革的深入，家庭由生活型向生产生活型转变，夫妻与第三人之间因生产、经营、消费而进行的交易不断增多。而夫妻和家庭内部有关财产的处理直接决定了交易是否成功、第三人利益能否实现。我国提出建立社会主义市场经济体制的目标后，将保护交易安全作为立法的重要目标，反映到婚姻家庭立法中就产生了对第三人合法权益进行保护的立法要求。2001 年《婚姻法》回应了上述需求，在第 19 条第 3 款规定，“夫妻对婚姻关系存续期间所得的财产约定归各自所有的，夫或妻一方对外所负的债务，第三人知道该约定的，以夫或妻一方所有的财产清偿”。这一规定弥补了 1980 年《婚姻法》的不足，确立了约定财产制的具体操作程序，包括约定财产制的内容、形式和效力，为婚姻当事人的财产约定提供了法律依据。同时这一规定也使夫妻双方不能利用财产约定的方式来规避其应承担的债务，从而达到保障交易安全、维护市场秩序、保护善意第三人合法权益的目的。2020 年《民法典》第 1065 条继续沿袭上述约定财产制的规定，分别对约定财产制的内容、方式、效力和适用作出了规定。

(1) 约定的条件。

夫妻双方对财产关系进行约定是一种民事法律行为，不仅要符合民事法律行为的一般要件，还要符合婚姻家庭编关于约定财产制的特别规定。夫妻对财产关系的约定须符合以下条件：①缔约双方必须具有完全民事行为能力。夫妻双方在缔结夫妻财产约定时应当是完全民事行为能力人。完全民事行为能力人可以独立实施民事法律行为，缔结夫妻财产约定。②约定必须双方自愿、真实。夫妻对财产的约定必须出于真实的意思表示，如果一方以欺诈、胁迫等手段使对方违背真实意思作出约定，另一方有权请求撤销。③约定的内容必须合法，不得违反法律、行政性法规的强制性规定，不得违背公序良俗。约定的内容不得超出夫妻财产的范围，不得规避法律义务，如不得将其他家庭成员的财产列入约定财产的范围，不得利用约定逃避对第三人的债务等。

（2）约定的形式。

关于夫妻约定财产制约定的形式，各国和地区立法对此均采用要式主义，即要求夫妻财产约定必须有特定的格式，如书面形式、公证形式、在特定机关进行登记等。我国《民法典》第1065条规定，约定应当采用书面形式。在法学领域，“应当”是对人们行为的一种价值判断。“应当”是带有指令情态表达式的助动词，可以引导绝对确定性的义务性规范。〔1〕在立法语言中，“应当”具有倡导性规范、非义务规范意义和命令性规范、义务性规范意义两种。倡导性规范的规定条款中使用“应当”时，往往并不规定相应的法律责任，更注重的是价值判断和引导，而不是法律的规范和制约。〔2〕《民法典》第1065条中的“应当”即属于倡导性规范。立法提倡夫妻约定财产制采用书面形式，这样便于将夫妻双方约定的权利义务内容固定下来，有据可查，有利于维护夫妻双方的合法权益及第三人利益，维护交易安全。因此，在实践中如果婚姻当事人以口头形式作出约定，并且对此约定没有异议的，该约定也有效。〔3〕

---

〔1〕 赵微：“立法语言情态表达式及其规范化”，载《修辞学习》2009年第2期。

〔2〕 倡导性规范，即提倡和诱导当事人采用特定行为模式的法律规范；命令性规范，当事人不得约定排除其适用，无须当事人主张，裁判者即可依职权直接适用。参见王轶：“民法典的规范类型及其配置关系”，载《清华法学》2014年第6期。

〔3〕 黄薇主编：《中华人民共和国民法典婚姻家庭编解读》，中国法制出版社2020年版，第125页。

（3）约定的时间。

夫妻约定财产制约定应在什么时候订立，结婚前、结婚时还是结婚后，从世界各国立法来看，有限制主义与自由主义两种立法例。两种立法例都认为在结婚前或结婚时可以进行夫妻财产约定，但对于结婚后能否订立或变更、废止夫妻财产约定，有不同规定。限制主义立法例规定夫妻双方不得在结婚后才订立、变更、废止夫妻财产约定，如法国、日本，其立法理由主要是保护婚姻关系中较为弱势的一方及保护债权人的利益，防止夫妻双方利用财产契约转移财产、损害债权人利益。自由主义立法例则允许夫妻在婚姻关系存续期间订立、变更、废止夫妻财产约定，如德国、瑞士。[1]我国《民法典》第1065条规定对作出夫妻约定财产制约定的时间未作限制，实际上是采纳了自由主义立法例，依据本条规定，男女双方既可以在结婚前作出夫妻财产约定，也可以在结婚时、结婚后作出夫妻财产约定。而且因夫妻一方或者双方的情形发生变更，经过双方同意，可以随时变更或者撤销原约定。

（4）约定的范围和内容。

《民法典》第1065条第1款规定男女双方可以约定婚姻关系存续期间所得的财产及婚前财产归各自所有、共同所有或者部分各自所有、部分共同所有。依据该规定，男女双方对婚前财产或婚后所得财产均可以进行约定。

关于夫妻约定财产制约定的财产范围，男女双方对婚前财产或婚后所得财产均可以进行约定，只要属于婚姻双方当事人的个人合法财产，不论是婚前财产还是婚后所得财产，双方当事人可

---

〔1〕 最高人民法院民法典贯彻实施工作领导小组主编：《中华人民共和国民法典婚姻家庭编继承编理解与适用》，人民法院出版社2020年版，第174页。

以进行自由处分，纳入夫妻财产约定的范围。男女双方当事人既可以对全部夫妻财产进行约定，也可以对部分夫妻财产进行约定。

关于约定的具体内容，可以约定财产归各自所有、共同所有或部分各自所有、部分共同所有，即可以约定采取分别财产制、一般共同制或限定共同制。分别财产制即婚前财产和婚姻关系存续期间所得的财产，归各自所有。一般共同制即婚前财产和婚姻关系存续期间所得的财产，均归夫妻双方共同所有。限定共同制即婚前财产和婚姻关系存续期间所得的财产中，只将部分财产设为夫妻共同所有，其他归双方各自所有，由双方约定共同所有的财产和一方个人所有的财产的范围。[1]从上述可知，关于男女双方当事人可以约定的夫妻财产制度内容或者类型，我国《民法典》选择了选择式约定财产制，第1065条将夫妻约定财产制约定的内容限定为分别财产制、一般共同制或限定共同制。如前所述，在选择式约定财产制下，当事人只能在我国《民法典》规定上述三种典型的夫妻约定财产制中选择一种，不得毫无选择地另行约定其内容。此种立法模式有助于维护交易安全，保护第三人利益，也有助于保护夫妻另一方的权益，避免一方利用强制引导另一方订立不公平的财产约定。

（5）约定的效力。

夫妻约定财产制约定的效力可分为对内效力与对外效力。

①对内效力。

对内效力，是指夫妻约定财产制约定对夫妻双方的效力。我国《民法典》第1065条第2款规定，夫妻对婚姻关系存续期间所

---

〔1〕 最高人民法院民法典贯彻实施工作领导小组主编：《中华人民共和国民法典婚姻家庭编继承编理解与适用》，人民法院出版社2020年版，第174~175页。

得的财产及婚前财产的约定，对双方具有法律约束力，双方应当按照约定享有财产所有权、管理、使用、收益等权利，并承担相应的义务。

②对外效力。

对外效力，是指夫妻约定财产制约定对婚姻关系当事人以外的第三人即相对人的效力。夫妻对财产进行约定时，在保护夫妻财产权利的同时，也要注意保障相对人的利益，维护交易安全。我国《民法典》第1065条第3款规定，夫妻对婚姻关系存续期间所得的财产约定归各自所有，夫或妻一方对外所负的债务，相对人知道该约定的，以夫或妻一方的个人财产清偿。约定财产制的对外效力以分别财产制为前提，并且相对人知道该约定。这里的"知道"，不仅包括知道约定的存在，还包括知道约定的内容。第三人知道的时间，应是在债务产生之前或者产生当时，在债务产生之后第三人才知道的，不属于第1065条第3款规定的"第三人知道"的情形。〔1〕

（二）明确了夫妻共同债务认定规则

在婚姻关系存续期间，夫妻双方除了共同创造财富，积累共同财产，也可能负担债务。夫妻债务制度也是夫妻财产制度的组成部分。夫妻间的债务有夫妻个人债务和夫妻共同债务之分。在理论上，夫妻个人债务，是指夫妻一方婚前或者婚后以个人名义所负的与夫妻共同生活无关、由夫妻个人偿还的债务；夫妻共同债务，是指夫妻一方或双方在婚姻关系存续期间为维持婚姻家庭共同生活，或者为共同生产经营活动所负的债务。但是对于如何

〔1〕 最高人民法院民事审判第一庭：《婚姻法司法解释的理解与适用》，中国法制出版社2002年版，第176页。

认定夫妻共同债务，一直是实践中的难题。

我国关于夫妻共同债务认定的立法经过了一个逐步发展完善的过程。我国1980年《婚姻法》第32条规定离婚时，原夫妻共同生活所负债务应共同偿还。这一规定缺乏对夫妻共同债务和夫妻个人债务的认定规定，且在缺乏对个人债务界定的情形下暗含着重于社会利益保护的立法取向，容易导致夫妻利益失衡。1993年《关于人民法院审理离婚案件处理财产分割问题的若干具体意见》第17条界定了夫妻共同债务，并以除外规定的列举方式规定了夫妻个人债务的四种情形。

2001年修正《婚姻法》时，延续了1980年《婚姻法》第32条关于夫妻债务的规定。进入21世纪，我国已经建立社会主义市场经济。在当时的社会背景下出现一个社会现象，就是夫妻双方联手坑债权人，通过离婚恶意转移财产给另一方，借以逃避债务。夫妻为日常生活或进行其他民事活动的需要对外形成债之关系在所难免，但一旦形成债务欲为清偿，就得先明确该债务是否属于夫妻共同债务，因债务性质不同意味着用于清偿的责任财产不同。我国《婚姻法司法解释（二）》作出补充，第23条、第24条作出了夫妻与第三人债务的相关规定，包括区分夫妻婚前个人债务和婚后债务、夫妻个人债务和夫妻共同债务。依照我国2001年《婚姻法》的规定，认定夫妻共同债务的标准是债务是否用于家庭共同生活或者债务是否发生在婚姻关系存续期间，认定夫妻个人债务的标准是个人婚前债务（非用于家庭共同生活）、约定的个人债务和分别财产制下的债务。

《婚姻法司法解释（二）》第24条规定："债权人就婚姻关系存续期间夫妻一方以个人名义所负债务主张权利的，应当按夫妻共同债务处理。但夫妻一方能够证明债权人与债务人明确约定为个人债务，或者能够证明属于婚姻法第十九条第三款规定情形的除外。”自该条颁布后，它的法律适用问题持续受到关注，该条规定被指与婚姻法精神相悖，过分保护债权人利益，损害了未举债配偶一方利益。最高人民法院也陆续接到一些反映，认为该条规定剥夺了不知情配偶一方合法权益，让高利贷、赌博、非法集资、非法经营、吸毒等违法犯罪行为形成的所谓债务以夫妻共同债务名义，判由不知情配偶承担，甚至夫妻一方利用该条规定勾结第三方，坑害夫妻另一方等，有损社会道德，与婚姻法精神相悖，造成不良社会影响。司法审判中也存在未严格依法处理案件，出现判令夫妻一方承担虚假债务或非法债务的情况，需要人民法院进一步改进司法作风，提高司法能力和水平。鉴于此，2017 年 2 月 20 日最高人民法院审判委员会第 1710 次会议讨论通过《最高人民法院关于适用〈中华人民共和国婚姻法〉若干问题的解释（二）的补充规定》，对该司法解释第 24 条增加规定了第 2 款和第 3 款，即夫妻一方与第三人串通，虚构债务，第三人主张权利的，人民法院不予支持。夫妻一方在从事赌博、吸毒等违法犯罪活动中所负债务，第三人主张权利的，人民法院不予支持。

该补充规定是针对夫妻共同债务认定确立的裁判规则，是针对婚姻家庭领域新情况、新问题的新回应，有值得肯定之处。第一，明确规定排除将虚假债务、非法债务认定为夫妻共同债务，以保护未举债配偶一方利益，表明了最高人民法院对虚假债务、非法债务否定性评价的明确立场。第二，减轻了非举债夫妻一方的举证责任。该补充规定明确提出当事人本人、证人应当到庭并出具保证书，通过对其进行庭审调查、询问，从程序上进一步核实和保证债务的真实性；并且规定法庭可以根据当事人申请依职权进行调查取证，强调法庭的主动作为，这有利于缓解非举债夫妻一方的举证困难。第三，明确提出生存权高于债权的保护理念。最高人民法院强调，执行中依法保护夫妻共同债务另一方的基本生存权益，要保留其必要的生活费用、生活必需品，特别是强调要保护基本居住权，这一点对于家事案件的处理具有重要意义，有助于保护家庭中未成年儿童和妇女等弱势一方的权益。

但是，该补充规定并没有改变《婚姻法司法解释（二）》第24条依身份推定标准来判断夫妻共同债务的裁判原则，即“一方借款，双方来还”的一般裁判原则，只是排除了虚假债务和非法债务这两种本来就不受法律保护的债务，没有从根本上解决《婚姻法司法解释（二）》第24条的社会争议点，因此，能够实际发挥作用的效力有限。另外，该补充规定在实施过程中将对法庭提出更高的要求，要求法庭全面审查证据和主动作为，但是婚姻家庭事务往往具有较强伦理道德性和私密性，在实际中调取证据比较困难，这可能会增加操作困难。

鉴于此，2018年1月8日最高人民法院审判委员会第1731次会议通过《最高人民法院关于审理涉及夫妻债务纠纷案件适用法律有关问题的解释》，规定了认定夫妻共同债务的三种情况，一是夫妻双方通过签字或事后追认所表示的合意；二是“家庭日常生活需要”，这类债务有一种排除情形，即夫妻双方婚姻关系存续期间所得财产归各自所有，且债权人知道该约定；三是对于超出家庭日常生活需要的债务，需要由债权人举证该债务用于夫妻共同生活、共同生产经营或者基于夫妻双方共同意思表示，方得认定为共同债务，侧重于保护非举债配偶一方。

2020年《民法典》吸收了2018年夫妻债务解释的内容，第1064条规定，夫妻双方共同签名或者夫妻一方事后追认等共同意思表示所负的债务，以及夫妻一方在婚姻关系存续期间以个人名义为家庭日常生活需要所负的债务，属于夫妻共同债务。夫妻一方在婚姻关系存续期间以个人名义超出家庭日常生活需要所负的债务，不属于夫妻共同债务；但是，债权人能够证明该债务用于夫妻共同生活、共同生产经营或者基于夫妻双方共同意思表示的除外。《民法典》第1064条明确了夫妻共同债务的界定规则。依据《民法典》第1064条的规定，以下三类债务属于夫妻共同债务。

1. 基于夫妻共同意思表示所负的债务

依据《民法典》第1064条第1款的规定，夫妻双方共同签名或者夫妻一方事后追认等共同意思表示所负的债务，属于夫妻共同债务。从共同债务的形成角度来看，夫妻双方共同签字或者夫妻一方事后追认及其他如电话、短信、微信、邮件这些形式所体现的共同意思表示所负的债务，应认定为夫妻共同债务。一方面，能够在家庭重大财产利益的处分上保护夫妻另一方的利益，尊重其知情权和同意权；同时从债务形成源头上尽可能杜绝夫妻一方“被负债”现象发生。另一方面，也可以有效避免债权人因事后无法举证证明债务属于夫妻共同债务而遭受不必要的损失，对于保障交易安全和夫妻一方合法权益，都具有积极意义。

2. 为家庭日常生活所需所负的夫妻共同债务

依据《民法典》第1064条第1款规定，夫妻一方在婚姻关系存续期间以个人名义为家庭日常生活需要所负的债务，属于夫妻共同债务。日常家事代理是认定夫妻因日常家庭生活所生债务性质的根据。此类债务主要是日常家事代理范畴所负的债务，为夫妻共同生活过程中产生，以婚姻关系为基础，一般包括正常的吃穿用度、子女抚养教育经费、老人赡养费、家庭成员的医疗费等。夫妻任何一方基于夫妻日常家事代理权所实施的民事法律行为所设立、变更、终止民事法律关系的一切结果都归属于夫妻双方，取得的权利由夫妻双方共同享有，产生的义务包括债务也由夫妻双方共同承担，属于夫妻共同债务。

3. 债权人能够证明的夫妻共同债务

改革开放以后，随着经济持续发展，我国居民收入迅速提高，居民的消费能力得到很大提高，居民的消费层次迅速提升，消费方式呈现多元化。随着家庭消费水平的不断提高，消费构成由过去的“吃、穿、用”逐步转向“用、穿、吃”，并且家庭消费支出中家庭耐用消费品占据很大一部分。[1]夫妻共同生活消费支出不再局限于以前传统的家庭日常生活，还包括大量超出家庭日常生活范围的消费支出。这些支出可能是夫妻共同消费支配，或者用于积累夫妻共同财产，或者用于夫妻共同经营，这些均属于夫妻共享利益，在性质上属于夫妻共同债务。基于此，我国《民法典》第1064条第2款规定，夫妻一方在婚姻关系存续期间以个人名义超出家庭日常生活需要所负的债务，不属于夫妻共同债务；但是，债权人能够证明该债务用于夫妻共同生活、共同生产经营或者基于夫妻双方共同意思表示的除外。这里的夫妻共同生产经营包括由夫妻双方共同决定生产经营事项，或者虽由一方决定但另一方进行了授权的情形。在实践中要根据经营活动的性质等来

〔1〕 杨善华编著：《家庭社会学》，高等教育出版社2006年版，第185~187页。

综合认定。我国《民法典》第1064条第2款强调了债权人的举证证明责任，能够促进债权人尽到谨慎注意义务，以更好地平衡保护债权人和未举债配偶一方的利益。[1]

在夫妻债务的认定上，《民法典》注重婚姻当事人利益与第三人利益、个人利益与社会利益的协调统一，既做到维护交易安全，也保证婚姻当事人的合法利益。

(三) 增设夫妻日常家事代理权

夫妻日常家事代理权，也被称为家事代理权，是指配偶一方在与第三人就家庭日常事务为一定法律行为时，享有代理对方行使权利的权利。配偶双方对其行为承担连带责任。[2]夫妻日常家事代理制度克服了夫妻双方在个人时间、精力上的局限性，扩张了夫妻双方的意思自治，满足了夫妻双方处理日趋多样化、复杂化的家庭事务和社会事务的需求。在大陆法系国家或地区的民法，夫妻日常家事代理制度是亲属编（婚姻家庭编）的一项重要制度。

我国2001年修正的《婚姻法》没有明确规定夫妻日常家事代理权，《婚姻法司法解释（一）》第17条规定了夫妻对共同财产的平等处理权。有学者认为，这相当于家事代理权的规定，也有学者对此持否定态度，认为共同财产的平等处理权是共同财产的具体内容，不包含家事代理权。[3]从性质上分析，该条是对2001年《婚姻法》第17条的解释，属于夫妻共同财产的内容；但是从文义上分析，该条实质上暗含家事代理权的内容，“因日常生活需

---

〔1〕 黄薇主编：《中华人民共和国民法典婚姻家庭编解读》，中国法制出版社2020年版，第119页。

〔2〕 杨立新：《家事法》，法律出版社2013年版，第231页。

〔3〕 杨立新：《家事法》，法律出版社2013年版，第232页。

要而处理夫妻共同财产的，任何一方均有权决定”的表述表明夫妻一方有权代理另一方基于日常生活需要去处分属于另一方的财产，且对另一方具有拘束力；该规定赋予了该决定的对外拘束力。可以说，这一条规定对家事代理权作出了原则性解释，但是缺乏系统构建，还需在立法中明确夫妻日常家事代理权的设立、范围、行使限制及终止等内容。比如可以将日常生活需要根据不同的层次，界定为以下三个方面：一是维持家庭生活正常运转的基本生活需要；二是维持家庭成员精神健康的精神生活需要；三是维持家庭建设和发展的家庭管理需要。〔1〕

2020 年《民法典》第 1060 条规定了夫妻日常家事代理制度。夫妻日常家事代理权基于夫妻关系产生，不以夫妻一方明示为必要，具有法定代理权的性质，但与一般的法定代理权也存在一定区别：（1）设置的目的不同。夫妻日常家事代理权为夫妻双方平等享有，法律设置这一权利的目的在于满足夫妻共同生活需要，保护善意第三人利益和交易安全；一般的法定代理权是法律为无民事行为能力和限制民事行为能力人设置的，其目的在于保护无民事行为能力和限制民事行为能力人的合法权益，如父母对未成年子女的法定代理权。（2）权利范围不同。夫妻日常家事代理权的范围限于“日常家事”，行为的性质是法律行为，一般法定代理权的范围较广，包括法定代理人以被代理人的名义，为被代理人的利益在法律允许的范围内从事法律行为和诉讼行为，不受家事范围的限制。（3）权利的行使方式不同。夫妻一方在日常家事范围内与第三人为法律行为时，不必明示代理权，可以直接以对

〔1〕 王歌雅：“家事代理权的属性与规制”，载《学术交流》2009 年第 9 期。

方名义、自己名义或者双方名义从事法律活动；一般法定代理的代理人必须以被代理人的名义从事民事活动。[1] (4) 权利消灭的原因不同。夫妻日常家事代理权消灭的原因包括夫妻无正当理由分居、婚姻被依法撤销、双方离婚、配偶一方死亡等；一般法定代理权，因被代理人成为完全民事行为能力人或一方当事人死亡等原因归于消灭。[2]

根据《民法典》第1060条的规定，夫妻日常家事代理权包含以下两层含义。

其一，对于夫妻一方因家庭日常生活需要而实施的民事法律行为，除非实施法律行为一方与相对人另有约定，否则对夫妻双方发生法律效力，另一方不能以未授权、不知道为由予以否认。此为夫妻日常家事代理权产生的当然法律效果。夫妻一方因家庭日常生活需要而实施的民事法律行为，夫妻双方互为代理人，无须对方授权，该民事法律行为的后果及于夫妻双方，所产生的债务当然为夫妻双方共同债务。所谓“家庭日常生活需要”应当指夫妻共同生活及家庭共同生活中，必须发生的各种事项。其中包括一般家庭日常所发生的事项，如购置食物、衣服、家具等生活用品，娱乐、保健、医疗及子女教育、老人赡养、雇用家务服务人员、对亲友的馈赠等事项。判断某一事项是否属于家庭日常生活需要，应当从夫妻共同生活的状态（如夫妻双方的职业、身份、资产、收入、兴趣、家庭人数等）和当地一般社会生活习惯予以

〔1〕 最高人民法院民法典贯彻实施工作领导小组主编：《中华人民共和国民法典婚姻家庭编继承编理解与适用》，人民法院出版社2020年版，第140页。

〔2〕 梁慧星主编：《中国民法典草案建议稿附理由：亲属编》，法律出版社2013年版，第93~94页。

认定。

其二，在认可日常家事法定代理的情况下，区分内外部关系，在夫妻内部关系中尊重双方之间的约定，在外部关系中要保护善意第三人的利益。在夫妻内部关系中，双方可以约定一方实施的涉及家庭日常生活民事法律行为的范围，该约定对夫妻双方具有法律约束力；但在外部关系中，如果该民事法律行为的相对人不知道或不应当知道该约定的，不受其约束。该民事法律行为仍对夫妻双方发生法律效力。要特别强调的是，此种情况保护的善意第三人是夫妻一方因家庭日常生活需要与之实施民事法律行为的相对人，如果是非因家庭日常生活需要实施的民事法律行为，则一般类推适用表见代理规则，第三人需要证明其有理由相信为夫妻双方共同意思表示，否则，不能对没有直接实施民事法律行为的夫妻另一方发生法律效力。〔1〕

夫妻日常家事代理制度克服了夫妻双方在个人时间、精力上的局限性，扩张了夫妻双方的意思自治，满足了夫妻双方处理日趋多样化、复杂化的家庭事务和社会事务的需求。夫妻日常家事代理制度有助于维护财产交易安全、保障与婚姻当事人交易的第三人利益。夫妻财产关系日益复杂，个人财富迅速增长，财产形式日益多样化，夫妻对财产的占有、管理、使用和处分的方式也多样化，包括投资、债权债务等，夫妻财产的静态安全与交易动态安全的冲突被凸显，“明确设定日常家事代理权的内容，并使其与物权公示制度、善意取得制度、表见代理制度等一起能共同构

〔1〕 最高人民法院民事审判第一庭：《婚姻法司法解释的理解与适用》，中国法制出版社 2002 年版，第 141 页。

筑一条维护市场交易安全的完整链条”。[1]

二、我国法律制度对夫妻财产关系回应的不足

（一）夫妻财产制回应的不足

1. 夫妻约定财产制的回应与不足

《民法典》第1065条规定了约定财产制的内容、形式和效力等。这一规定为婚姻当事人的财产约定提供了法律依据，但是也存在回应不足之处。改革开放以来，在夫妻财产关系上，我国夫妻倾向于依据个人贡献来确定家庭财产归属，他们也更加倡导个人财产制和约定财产制。我国的婚姻家庭制度也不断作出回应，但是，我国夫妻约定财产制仍然存在一些不足：其一，夫妻约定财产制公示性有待加强，容易使夫妻财产约定缺乏公信力，妨碍夫妻与第三人的民商事交易。虽然婚姻法规定夫妻财产约定必须采用书面形式，但是由于书面约定是夫妻之间的合意，第三人很难获悉，不利于保护善意第三人利益，而且影响正常的民商事交易，最终不利于保护夫妻双方的利益。其二，需完善夫妻约定财产协议的签订、变更、终止的条件和程序。《民法典》婚姻家庭编规定了夫妻可以选择财产约定，但是具体如何签订，若情势发生变化如何变更或者终止等缺乏规定，从而影响夫妻财产约定制在实践中的操作。其三，需加强原则性的引导。夫妻财产协议的签订是婚姻家庭关系的重大事项，有必要规定相应的原则，如遵守平等自愿、诚信原则，以明确夫妻财产约定的严肃性和神圣性。

---

〔1〕史浩明：“论夫妻日常家事代理权”，载《政治与法律》2005年第3期。

2. 夫妻个人财产制回应的不足

改革开放以来，夫妻财产占有、使用和处分权等日趋平等，夫妻人格相对独立，夫妻共同财产制中个人财产的范围在不断扩大，而共同财产范围在渐渐缩小。一方面，在夫妻法定共同财产制的规定上作出回应。2001年《婚姻法》正式确立了我国夫妻法定财产制是婚后所得共同制，区分了婚前和婚后财产，实施不同的夫妻财产制，改夫妻财产一般共同制为婚后所得共同制，并明确列举了夫妻共同财产的范围，防止夫妻共同财产范围的扩张。另一方面，在夫妻个人财产制的规定上作出回应。2001年《婚姻法》明确规定了夫妻个人财产制，并列举了个人财产的范围；《婚姻法司法解释（一）》第19条删除个人财产转化的规定；原《婚姻法》的三个司法解释陆续对夫妻个人财产范围作出了扩张性解释，夫妻个人财产的范围得到逐步扩充，依据我国婚姻家庭法的规定，属于夫妻个人财产的主要情形包括：婚后取得的具有人身属性的财产，婚前或婚后父母出资明确表示赠与给子女一方的房产；夫妻一方婚前个人财产在婚姻关系存续期间的孳息和自然增值；夫妻一方婚前按揭购买的不动产等。《民法典》及《民法典婚姻家庭编司法解释（一）》承袭了上述相关规定，这些对夫妻个人财产的规定有利于提高夫妻双方各自创造财富的积极性，同时也排除了第三人与夫妻一方进行民事交易的信赖利益受损的顾虑，增强了交易安全和对善意第三人的利益保护。

但是，我国夫妻个人财产制度的回应不够全面，且缺乏体系性。与夫妻共同财产制相对应的基本形态是分别财产制，分别财产制最为充分地体现了夫妻的人格独立和对夫妻个人财产权益的保护，引入分别财产制及其配套制度能更加体系化地保护夫妻财产权益，适应个人财产保护增加的需求和与第三人交易增多的需求。

(二) 关于夫妻债务认定回应的不足

《民法典》规定了夫妻共同债务认定的规则。但是对于“事后追认”“日常生活需要”“共同生产经营”的认定规则需细化。

其一，共同意思表示中“事后追认”认定困难。《民法典》第1064条确定了“共债共签”规则，包括“共同签名”与“事后追认”两种类型。对于“共同签名”以举债时明示的方式共同表示对债务承担共同偿还的责任。但是，对于“事后追认”，实务中认定存在困难，比如举债后，一方代为偿还利息或者部分借款，是否认定为“事后追认”，非举债一方事后知情是否认定为“事后追认”等问题，在实践中存有疑义。比如，在裘某与岳某秋、王某追偿权纠纷案中，法院认为，“被告王某并没有在欠条上签字，虽然其事后知道岳某秋的该笔债务，但并未以任何形式予以追认”，欠缺夫妻合意，不构成夫妻共同债务。〔1〕但是，对此也有裁判观点认为，“未签字的配偶方单纯知情”构成夫妻合意，如在陈某浪与蔡某明、王某英民间借贷纠纷案中，法院认为王某英虽没有签字也没有作出追认，但因借条是其书写，推定其对该笔债务的主观状态是知情的，所以该笔债务属于夫妻共同债务。〔2〕

其二，对“日常生活需要”的认定不一。实践中，对于夫妻日常生活需要的界定标准比较模糊，受地域、生活习惯、习俗等诸多因素影响，而且夫妻日常生活需要的界定还与夫妻双方的职业、身份、资产、收入等生活状态密切相关，这些导致实践中在

〔1〕 参见福建省邵武市人民法院（2017）闽0781民初2457号民事判决书。

〔2〕 参见浙江省天台县人民法院（2018）浙1023民初1549号民事判决书。

判定夫妻日常生活需要的范围时存在困难，日常生活需要的认定标准和范围存在裁判不一的问题。截至2020年的法院裁判文书分析结果显示，在基层法院，有的法院认定5万元以下的举债为数额巨大，超出日常生活所需范围，而有的法院认定5万元以下的举债数额未超出日常生活所需范围。在中级人民法院，有的法院认定5—10万元举债为数额巨大，超出日常生活所需范围，而有的法院认定5—10万元举债数额未超出日常生活所需范围。〔1〕

其三，对“夫妻共同生产经营”的认定困难。由于“共同生产经营”概念本身较为模糊，包括经营公司、参与经营、家庭经营等不同类型和内容，导致理论上和司法实践中均对夫妻共同债务中的共同生产经营的认定不一。比如，有观点认为共同生产经营既包括共同参与的行为也包括共同参与的意思表示；也有观点认为，根据“经营活动的性质以及夫妻双方在其中的地位作用等综合认定是否存在共同生产经营”，只要存在共同生产经营的外观即可。〔2〕有的裁判认为，共同生产经营中的共同债务不限于合同之债，还包括侵权之债。〔3〕

第三节　我国夫妻财产制度的调适建议

针对夫妻财产法律制度回应的不足，使夫妻财产制度更好地发挥实效，提出采分别财产制与共同财产制的复合形态、设立非

〔1〕李洪祥：“论日常家事代理权视角下的夫妻共同债务构成”，载《当代法学》2020年第5期。

〔2〕程新文等：“《关于审理涉及夫妻债务纠纷案件适用法律有关问题的解释》的理解与适用”，载《人民司法（应用）》2018年第4期。

〔3〕参见浙江省海宁市人民法院（2020）浙0481民初6590号民事判决书。

常法定财产制、增设夫妻财产约定登记制度，以及细化夫妻共同债务的认定规则等调适建议。

一、采分别财产制与共同财产制的复合形态

“法定财产制在夫妻财产制中具有特别重要的地位，它体现了国家对夫妻财产关系最基本的政策倾向和法律原则。”[1]现代夫妻法定财产制一般有两种基本类型：共同财产制和分别财产制。共同财产制旨在保护专门或较多从事家务而无经济能力的夫妻一方；分别财产制体现了夫妻人格独立、人格平等，侧重保护夫妻个人财产权益原则。因此，可以说共同财产制具有社会法性质，分别财产制属于市民法的典型。[2]

我国《民法典》婚姻家庭编规定婚后所得共同财产制为法定夫妻财产制。以婚后所得共同财产制作为法定财产制的理由主要表现为：一方面，实行婚后所得共同财产制符合我国伦理要求，夫妻缔结关系的目的在于长期的共同生活，共同财产制为夫妻日常生活、对外经济消费提供经济协调基础，更符合中国人对婚姻普遍持有的“同居共财”的观念；有利于鼓励夫妻同甘共苦，促进婚姻的稳定。[3]另一方面，我国夫妻社会收入差距依然很大，婚后所得共同财产制旨在将婚姻关系存续期间夫妻共同创造所得的财产及其利益划归入夫妻共同财产，由夫妻双方平等占有、使用、收益和处分，是“当前我国法律承认家务劳动社会价值、弥补

---

〔1〕 蒋月：《夫妻的权利与义务》，法律出版社2001年版，第115~116页。

〔2〕 林秀雄：《夫妻财产制之研究》，中国政法大学出版社2001年版，第17页、第36页。

〔3〕 王洪：《婚姻家庭法》，法律出版社2003年版，第128页。

男女之间社会经济地位差距的必要举措”。[1]但是，我们也应注意到，改革开放以来，我国的社会基础发生了巨大变化，这影响着法定夫妻财产制的形态选择。

其一，从社会基础分析，家庭关系核心化，当代家庭大多为以夫妻关系为核心的小规模家庭；随着女性拥有独立的经济地位，家庭收入结构由夫妻共同创造，家庭关系渐趋平等、人格独立，女性在家庭重大事务决策上享有平等的决策权；家庭消费功能改变以往的以家庭为核心的消费形式，出现了个人和家庭并重的消费形式和消费差距等，对传统家庭共同财产制提出挑战。

其二，从社会性别基础分析，改革开放后，妇女积极参与到社会劳动之中，在一定程度上改变了妇女的社会地位，妇女社会地位获得大幅提升，男女平等观念增强。2010 年中国妇女社会地位调查的数据更进一步表明，妇女可以决定个人事务的自主性得到提高，男女两性在家庭重大事务决策上权力分配更为平等。在农村，家庭联产承包责任制的推行和多种经营的发展，为农村妇女就业提供了更为广阔的空间；这改善了农村妇女在家庭中的角色地位，农村妇女婚姻自由度和家庭地位得到提高；“妇女的家庭角色意识将进一步转向开化、趋向进步、走向现代化”。[2]在城市，妇女受到了更多的教育，妇女取得很高的收入，对男子行使的权力提出挑战。2008 年，我国妇女就业人口达到全国就业人口总数的 45.4%，妇女就业结构和就业层次得到改善，妇女参与党

---

〔1〕 薛宁兰：“法定夫妻财产制立法模式与类型选择”，载《法学杂志》2005 年第 2 期。

〔2〕 雷洁琼主编：《改革以来中国农村婚姻家庭的新变化》，北京大学出版社 1994 年版，第 157～168 页。

代会、全国人大、政协会议的比例不断加大，妇女党员和妇女干部的人数不断增长，自身发展程度显著提升。[1]在这种情况下，丈夫和妻子的资源相对趋于平衡。以住房为例，2010 年全国妇联和国家统计局联合组织实施的第三期中国妇女社会地位调查数据显示，女性有房产（含夫妻联名）的占 37.9%，男性为 67.1%。已婚女性中，自己名下有房产的占 13.2%，与配偶联名拥有房产的占 28.0%；男性分别为 51.7%和 25.6%。妇女社会经济地位的提升增加了妇女名下房产的占有率。[2]在婚姻家庭关系中，不少妇女希望婚前双方能够经济独立，结婚以后夫妻双方仍然有各自的经济收入，并且保持对自己收入和财产的所有权和支配权。夫妻共同财产制不符合这样一群职业妇女的要求，而且虽然夫妻共同财产制旨在给予家庭主妇经济保障，但结果往往会"使其贪图金钱上的满足，而默认自己是被扶养、被保护的弱者"。[3]

其三，就家庭共同生活和保护婚姻弱势一方目的之实现，可通过设置配套法律制度予以补充完善。如 2005 年修正的《妇女权益保障法》，明确妇女在农村土地承包经营及宅基地使用等方面享有与男子平等的权利等。在婚姻家庭法中设置离婚经济补偿制度弥补婚姻家庭中经济处于弱势一方，尤其是家庭主妇经济保障之需求；设置夫妻日常家事代理制度明确家庭事务的行使范围和权限以满足家庭共同生活之需求。

---

〔1〕"中国女性就业人口已达 45.4%"，载新浪网，http://news.sina.com.cn/c/2008-10-28/104616540513.shtml，最后访问时间：2014 年 6 月 10 日。

〔2〕"第三期中国妇女社会地位调查主要数据报告"，载中国网，http://www.china.com.cn/zhibo/zhuanti/ch-xinwen/2011-10/21/content_23687810.htm，最后访问时间：2014 年 9 月 12 日。

〔3〕林秀雄：《夫妻财产制之研究》，中国政法大学出版社 2001 年版，第 40 页。

由上可知，主张分别财产制不适用我国当前制度规范设计，缺乏社会基础和社会性别基础，在我国由计划经济向市场经济、由农耕文明向工业文明的转型中，夫妻个人财产确认和保护需求增长，从长远发展趋势来看，未来夫妻财产制呈现由共同财产制向分别财产制发展的态势。然而，这在我国目前需要一个过渡阶段。由于我国同居共财的传统历来已久，从婚居模式来看，从夫居依旧占主导，在家务劳动分工上，妻子依然承担主要家务，短期内完全取代共同财产制并不适合我国实际，因此，采分别财产制与共同财产制的复合形态，“融合市民法原理与社会法原理，既能考虑到夫妻双方的经济独立，也可保护无经济能力弱势一方的家庭主妇”。〔1〕比如德国的财产增益共有制，夫妻双方在婚姻期间所获得的所有收益被视为夫妻共同创造的，在财产增益共有制开始后，夫妻保留对各自财产的所有权和支配权，独立管理自己的财产，只是在婚姻解除时，夫妻双方可以就财产上的共有权利主张继承份额或者补偿请求权。〔2〕这既有利于满足保护夫妻个人财产的需求，又照顾到了婚姻家庭中的弱势一方。

二、设立非常法定财产制

非常法定财产制是通常法定财产制的重要补充，二者相辅相成。近年来发生的在外从事生产经营性活动的夫妻一方非法转移，隐匿、变卖夫妻共同财产的案件增多，严重损害另一方利益。设立非常法定财产制的目的在于解决夫妻财产平等管理权之冲突，

〔1〕 林秀雄：《夫妻财产制之研究》，中国政法大学出版社 2001 年版，第 37 页。

〔2〕［德］迪特尔·施瓦布：《德国家庭法》，王葆莳译，法律出版社 2010 年版，第 116~117 页。

遏制夫妻中经济地位较强一方对较弱一方财产利益的损害；协调夫妻财产共有权保护与债权人债权保护的关系；“适应了中国市场经济条件下夫妻财产关系日趋复杂和保护民事交易安全的需要”。[1]

我国《民法典》婚姻家庭编对非常法定财产制没有作出规定。但规定了夫妻婚内财产分割制度，规定婚姻关系存续期间，如一方有严重损害夫妻共同财产利益的行为或者不同意对负有法定扶养义务人支付医疗费用的情形下，另一方可以请求分割共同财产。这一规定在目的上与非常法定财产制一致，旨在保护婚姻家庭中弱势一方的财产权益。但是这一规定存在制度设计不足，在实际中适用有限。因为依据该规定，在依上述特定情形分割夫妻财产后，夫妻关系如果继续维系，在情形消失后，财产仍然适用共同财产制，只起到一次救济的作用，并未从根本上保护弱势一方婚姻当事人的利益。而婚内分割财产的最终目的应是保障弱势一方婚姻当事人暂时或永久的财产利益，在进行制度设计时，应体现这一价值，为婚姻当事人提供选择空间。鉴于此，可通过增设非常法定财产制，完善婚内财产分割制度。其一，明确财产分割的效力是终止夫妻共同财产制，以更加彻底全面地保护弱势一方利益；其二，一旦启动非常法定财产制，无须申请，将自动适用分别财产制；其三，明确实行非常法定财产制的最终效果，明确规定夫妻各自占有、管理、使用和处分分割后的夫妻财产，从而更切实有效地保护婚姻当事人中弱势一方的财产权益。

---

〔1〕 薛宁兰：“法定夫妻财产制立法模式与类型选择”，载《法学杂志》2005年第2期。

三、增设夫妻财产制的配套制度

社会经济的发展带来了人们收入的增加，人们权利意识的增强，这对婚姻法中的夫妻财产制提出了新的问题。除了对夫妻财产制的基本形态进行完善，还需要相应的配套制度设计以弥补和助益夫妻财产制更好地发挥作用，如增设夫妻财产约定登记制度。为了保障与婚姻当事人交易的第三人的利益，保证夫妻财产约定的权威性，夫妻财产约定以采用书面形式为必要的生效条件，同时应履行一定的公示程序，在办理结婚登记时，夫妻采取约定财产制也应予以登记，以增加夫妻约定财产制的公信力。公示程序并不是订立夫妻财产契约的强制性规定，但是可以对抗善意第三人。在夫妻结婚登记约定夫妻财产时，夫妻双方对财产约定要进行公证或登记，如果没有经过公证或登记，该项夫妻财产约定将不会产生对抗第三人的效力，一方在与第三人进行交易时所产生的债权债务关系对另一方依然具有约束力，另一方有义务以自身财产承担。

四、细化夫妻共同债务的认定规则

鉴于实践中对“事后追认”“日常生活需要”“共同生产经营”存在的认定困境，需要细化其认定规则。

其一，关于共同意思表示中“事后追认”的认定建议。在认定事后追认时，事后追认的方式，包括书面形式，实践中可以通过电话录音、短信、微信、邮件等方式进行判断。在事后追认认定时，须尊重和探究非举债方配偶的真实意思表示。如果非举债方配偶知情且不反对，可推定为事后追认，存在夫妻举债的合意；

反之，如果非举债方配偶知情但是表示反对，则不能将单纯的知情推定为事后追认，此时不存在举债合意，不宜认定为夫妻共同债务。如果非举债方配偶在举债后代为偿还部分借款或者利息，需要考察非举债方配偶是否明确表示认可债务，或者从中获益等情形综合判定，不宜以代偿行为简单认定为事后追认。申言之，对于非举债方配偶意思表示不明时，不能对事后追认的合意推定无限扩大，否则不仅损害配偶方的意思自治，也致使“共债共签”规则的立法目的无法实现。

其二，关于“日常生活需要”的认定建议。日常生活需要的认定标准可以综合以下三点加以判定：(1) 考量日常生活需要的花费目的。花费目的应限定为维持家庭的日常消费，包括日常的衣、食、住、行消费，如为夫妻双方、未成年子女或者赡养老人而购买食品、衣物、生活日常消耗品、水电费、燃气费等。(2) 考量日常生活需要的花费对象。花费对象应限定为家庭成员和需要履行扶养义务、抚养义务或者赡养义务的其他亲属。日常生活需要的设置目的在于服务于日常生活。共同生活的家庭成员自然属于日常生活需要的花费对象。此外，一些亲属虽然不共同生活，但是基于法律规定的扶养义务、抚养义务或者赡养义务，其依然应属于日常生活需要的花费对象。具体包括未成年子女的抚养和教育费用、赡养老人的费用及家庭成员用于医疗卫生所需要支出的费用等。(3) 考量日常生活需要的花费限度。花费限度应符合家庭的经济情况、生活习惯和实际需求。申言之，日常生活需要的花费应具有适当性与合理性，一般而言，在种类和范围上与处于同等社会状况的家庭之平均消费相称。对于数额巨大，与家庭、地域平均消费水平不相称的花费应予以排除。

其三，关于“共同生产经营”认定的建议。对于夫妻共同生产经营的认定应考虑从夫妻双方有共同生产经营的合意或者夫妻双方有共同生产经营的行为等因素进行综合判定。夫妻共同生产经营行为包括夫妻双方共同决定生产经营事项，还包括一方授权另一方决定生产经营事项等情形。[1]夫妻合意认定为共同生产经营，共负盈亏，由此产生的债务，属于夫妻共同债务；而夫妻双方共同生产经营的行为实质上是夫妻共同合作的行为，因此所生债务，推定夫妻已经达成合意，属于夫妻共同债务。

司法实践中，夫妻共同债务认定极为复杂。在夫妻共同债务的认定上，应注意婚姻当事人利益与第三人利益、个人利益与社会利益的协调统一，既做到维护交易安全，也要保证婚姻当事人的合法利益。

---

〔1〕 参见《浙江省高级人民法院关于妥善审理涉夫妻债务纠纷案件的通知》第4条：“夫妻共同生产经营”情况则更为复杂，较常见的有夫妻双方共同决定生产经营事项，一方授权另一方决定生产经营事项等情形。审判实践中，判断经营活动是否属于夫妻共同生产经营，要根据经营活动的性质及夫妻双方在其中的地位作用等综合认定。

第七章

变迁中的离婚冷静期制度

自1978年以来，我国婚姻法经过多次修改和完善，回应了改革开放以来政治、经济和社会的发展变化与挑战，针对社会上反映强烈的主要问题作出修改和补充，吸收行之有效的司法解释，注重可操作性；立足于制度建设，填补了法律空白，完善了必要的离婚救济制度，增设了离婚冷静期制度，使我国离婚制度体系更加完善，离婚制度取得重大进步。但是，也存在回应不足之处，主要表现为在立法技术上过于原则和宽泛，如离婚冷静期制度配套制度规定不足等问题。本章将在分析社会变迁对离婚关系的影响和挑战后，概述我国离婚制度的重大变化，并以离婚冷静期制度为例，详细论述其对社会变迁的回应、不足及其调适建议。

第一节　社会变迁对离婚关系的影响

随着改革开放的推进和市场经济的发展，我国逐步确立了社会主义市场经济体制。在这一过程中，我国政治、经济、文化等方方面面发生了巨大变化，婚姻家庭关系也因此发生了深刻变迁。进入21世纪以来，我国离婚率不断攀升，根据民政部相关数据，全国离婚对数从2000年的121.2万对上升到2020年的433.9万对，同期粗离婚率从 1.91‰上升到 3.1‰。民政部公布的《2021年民政事业发展统计公报》显示，2021 年全年，依法办理结婚登记 764.3 万对，比上年下降 6.1%，结婚率为 5.4‰，比上年下降 0.4 个千分点。依法办理离婚手续 283.9 万对，比上年下降 34.6%；其中，民政部门登记离婚 214.1 万对，法院判决、调解离婚 69.8 万对，离婚率为 2.0‰，比上年下降 1.1 个千分点。

为了了解社会变迁对离婚关系的影响，以及离婚冷静期制度的适用现状，自 2022 年 5 月 1 日始，笔者主持的课题分别面向民众和婚姻登记工作人员就婚姻家庭现状和离婚登记现状开展相关调研工作。截至 2022 年 10 月 1 日，面向民众的调研收回有效问卷 2278 份，其中已婚人群问卷 1092 份；面向 X 市民政婚姻登记工作人员的问卷发放 98 人次，收回有效问卷 52 份。结合上述实证调研，分析社会变迁对我国民众离婚关系的影响。

一、婚姻家庭观念对离婚关系的影响

婚姻家庭观念是人生观和价值观在婚姻家庭问题上的具体体现，对民众的个人婚姻行为和婚姻家庭的稳定性具有较大影响。草结草离是引起离婚率上升的重要因素之一，而草结草离的状况与民众的婚姻家庭观念具有重大关联。改革开放以来，随着我国市场经济的发展和个体意识的增强，传统的婚姻家庭观念受到不同程度的冲击。中国传统价值观念在向现代转型，人们逐步确立起自己的主体意识、消费意识、市场意识、幸福意识、法律意识等。〔1〕在婚姻家庭领域，个人的自我选择、自我设计的权利得到全面提

〔1〕 戴茂堂、江畅：《传统价值观念与当代中国》，湖北人民出版社 2001 年版，第 209 页。

升，自由选择的空间越来越广阔。[1]其一，民众择偶自主性更强，幸福意识增强，在婚姻家庭中更注重幸福感，注重感情因素，以感情为主要的择偶标准，对婚姻的期待更高。尤其是“80后”“90后”年轻人多为独生子女，自我中心意识较强，当个人在婚姻生活中的感受达不到预期时，往往不愿凑合维持婚姻或通过牺牲自己去维护家庭的完整。一旦婚姻生活与婚前的期待产生落差，就很有可能选择离婚。因此，呈现离婚人群低龄化、婚龄短期化的趋势。其二，民众对于性保持更加开放的态度，婚内出轨、婚外同居情形增多。婚姻忠诚是维持婚姻家庭稳定的重要因素。当今社会网络发达，微信等网络社交软件的普遍应用，使民众的社交圈日益扩大，民众面对的婚外诱惑增多，给婚姻稳定增加了诸多不确定因素。加之民众对性保持更加开放的态度，婚姻道德感逐渐减弱，将个人自由凌驾于婚姻家庭责任之上，婚内出轨现象增多，民众对婚内出轨的容忍度降低，选择离婚的可能性增大，这也成为夫妻感情破裂和婚姻关系解体的重要原因之一。其三，民众的育儿观念发生重大变化，可以较好地完成单系抚育子女；而且不少年轻人选择婚姻的目的不再是繁衍后代，开始组建丁克家庭。当生儿育女、传宗接代不再是现代年轻人婚姻中的头等大事，孩子也不再是维系夫妻感情的重要纽带时，子女在婚姻家庭生活中的重要性下降，为了孩子勉强维持婚姻的情况减少，继而也增加了离婚风险。其四，随着年代的推移和社会的变迁，民众对离婚观念和再婚观念持更加宽容自由的态度。在接受调研的

〔1〕 李友梅等：《社会的生产：1978年以来的中国社会变迁》，上海人民出版社2008年版，第42页。

2278 位受访者中，当问及“您是否接受离婚时”，51. 01%的受访者表示“不喜欢就离婚”，37. 4%的受访者表示需视是否出现家暴、出轨、感情破裂等非离不可的情形及子女的具体情况决定，仅有 11. 59%的受访者表示不离婚，认为“离婚不是一件光彩的事情”。现代社会，离婚和再婚更多地被认为属于个人私事，因离婚而遭受社会舆论批判、单位行政处分乃至亲友责难的现象明显减少，反而寻求适合自己的幸福婚姻的观念被民众普遍接受。当夫妻双方感情确已破裂时，选择离婚被视为一种正常的社会行为，得到社会的理解和宽容，降低了离婚当事人的顾虑，这也导致要求离婚的概率提高。尤其是部分民众婚姻家庭观念随意性较强，对待婚姻态度不严谨，增加了冲动离婚的可能性，呈现草率离婚的现象，这些在一定程度上加剧了离婚率的攀升。[1]

二、人口流动对离婚关系的影响

随着市场化、工业化和城市化的发展，人口频繁流动已逐渐成为一种社会常态。第七次全国人口普查结果显示，2020 年流动人口为 37 582 万人，其中，跨省流动人口为 12 484 万人，与 2010 年相比，人户分离人口增长 88. 52%，市辖区内人户分离人口增长 192. 66%，流动人口增长 69. 73%。我国经济社会持续发展，为人口的迁移流动创造了条件，人口流动趋势更加明显，流动人口规模进一步扩大。人口的频繁流动也会对流动人口的婚姻家庭产生影响。在人口流动过程中，家庭分离会增加离婚风险。一方面，人口流动难免会导致部分流动人口在很长一段时间处于夫妻分离

〔1〕 孙婧琦：“婚姻家庭观念视角下离婚原因探析——以黑龙江省为例”，载《知与行》2020 年第 5 期。

状态，即使是夫妻一起流动，在有配偶陪伴、监督的情况下，进入一个异性群体接触机会更多的陌生社会，社会规范弱化而婚姻替代资源增加，流动者的婚姻稳定性依然堪忧。人口流动通过降低婚姻质量，增加婚姻替代资源的可接触性，降低婚姻搜寻成本，从而提高流动人口离婚风险。单独流动会降低婚姻稳定性，而且远距离迁移也会降低婚姻稳定性，其中单独流动可能通过降低婚姻收益而导致婚姻稳定性下降，而远距离迁移则可能通过降低离婚阻力而导致婚姻稳定性降低。夫妻在地理上的分居，可能使处于留守状态的配偶产生被遗弃感和焦虑，容易导致婚姻出现矛盾和关系紧张，进而可能降低其婚姻稳定性。[1]另一方面，人口流动也可能会弱化社会网络对婚姻的监督，进而降低离婚阻力。远距离迁移意味着远离其原生网络，从而会降低来自原生社会网络和家庭成员的婚姻监督力量。因人口流动导致的离婚，主要是由于距离导致联系和沟通交流的减少，考虑如何从源头上解决人口流动导致分居的问题，如何调适分居带来的婚姻问题，降低分居等因素对婚姻关系的负面影响，需要通过构建积极的家庭发展政策和制定相关离婚缓冲性制度来减轻冲动性离婚。

三、婚姻家庭维持模式对离婚关系的影响

婚姻家庭维持模式体现的是婚姻关系存续期间婚姻当事人在物质、精神、生活照顾等方面的状况。良好的婚姻家庭维持模式有助于婚姻家庭稳定，反之，则影响婚姻家庭稳定，导致离婚。婚姻家庭维持现状主要包括夫妻的家庭收入状况、夫妻的家务劳

---

〔1〕任远、郝立：“人口流动过程中离婚风险差异及其影响机制分析”，载《中国人口科学》2021年第2期。

动分配、夫妻的家庭事务决定权、夫妻的日常相处状况等内容。

（一）家庭收入状况对离婚关系的影响

1092 位受访者中，有 718 位受访者的家庭收入来自夫妻共同，占比 65.75%。其他依次为：家庭收入主要依靠丈夫的，占比 21.25%，主要依靠妻子的，占比 9.07%；依靠父母等其他来源的，占比 3.94%。（如图 7-1 所示）家庭收入由夫妻双方共担有助于实现夫妻在婚姻家庭中的地位平等和家庭事务决定权的平等分配，有助于在平等事务协商中建立良好关系。而且收入来源于双方，意味着房贷、育儿等重大家庭支出由夫妻共担，离婚成本较高，一定程度上会抑制冲动型离婚的想法。但是，从另一方面来看，家庭收入状况也反映丈夫和妻子的经济实力相当，不受经济因素约束，当婚姻中出现矛盾时，对婚姻中的矛盾容忍度降低，离婚自由度更高，也增加了离婚的可能性。

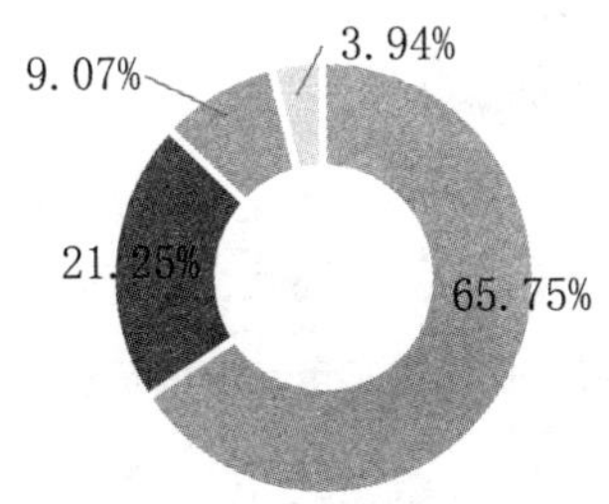

图 7-1　家庭收入来源情况

（二）夫妻家务劳动分配模式对离婚关系的影响

家务劳动是家庭成员用于家庭内部自我服务和相互服务的劳动消耗。在我国传统的家庭中，奉行“男主外、女主内”的分工模式，家务劳动由女性承担。但是，此次调研显示，夫妻家务劳动分配由传统的以妻子为主转变为妻子为主和夫妻共同承担并重的模式。1092位受访者中，有489位受访者的家庭主要由妻子承担家务劳动，占比44.78%；446位受访者的家庭由夫妻共同承担家务劳动，占比40.84%。主要由丈夫承担家务劳动的占比7.51%，由父母、保姆等承担家务劳动的占比6.87%。（如图7-2所示）当下社会，妻子一方在承担家庭收入责任的同时，依然承担了较多的家务劳动，易导致夫妻的家庭利益失衡，当夫妻关系出现裂痕时，妻子一方更倾向于选择离婚。

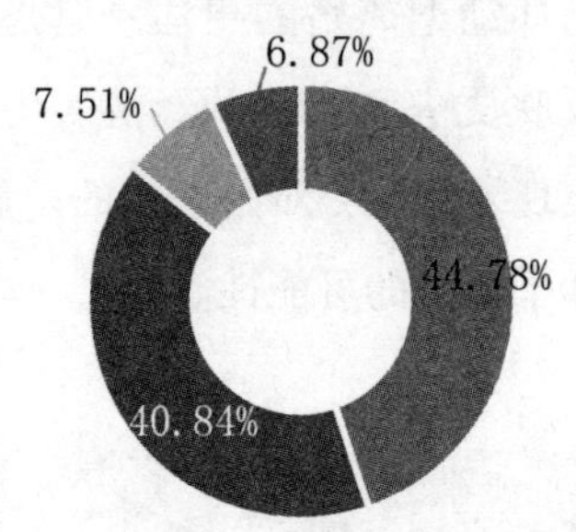

图7-2　夫妻家务劳动分配情况

（三）夫妻家庭事务决定权分配模式对离婚关系的影响

家庭事务一般包括家庭日常开支、生育子女、子女升学或就业、投资或贷款、住房选择、生产经营、购买价值大的商品等。我国夫妻的家庭事务决定权分配上，经历了夫主妻从型向平权型的转变。1092位受访者中，在家庭事务上意见不一致时，有489位受访者家庭通过夫妻双方共同决定解决，占比44.78%，其他依次为：主要由妻子决定的，占比 25.82%；主要由丈夫决定的，占比 20.05%；通过长辈帮忙等其他方式解决的，占比 9.34%。（如图 7-3 所示）夫妻的家庭事务决定权趋于夫妻平等是夫妻地位平等的表现，但是也可能在夫妻双方意见不一致时，如果缺乏正确的沟通和化解方式，一定程度上可能增加夫妻分歧，激发矛盾，长期积累，容易诱发离婚。

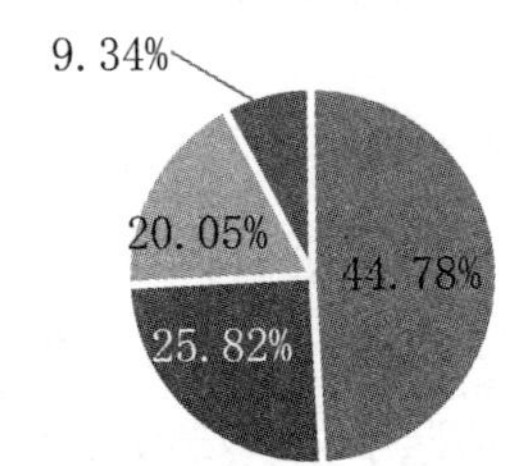

图 7-3　夫妻家庭事务决定权情况

（四）夫妻的日常相处状况对离婚关系的影响

夫妻的日常相处涉及夫妻日常沟通交流、兴趣爱好、日常共同活动等内容。1092 位受访者中，夫妻日常沟通交流时间不满 1 小时的占比 65.66%，1—3 小时的占比 16.21%。（如图 7-4 所示）大多数夫妻日常沟通交流时间不足 1 小时，乃至于日常毫无交流沟通。

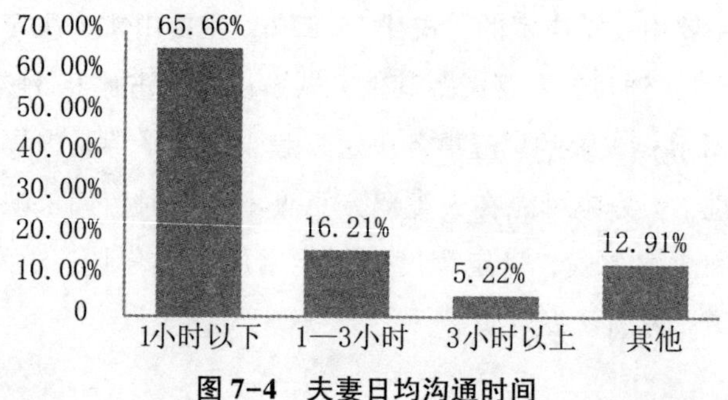

图 7-4　夫妻日均沟通时间

1092 位受访者中，夫妻之间经常发生争吵的受访者占比 59.52%（如图 7-5 所示）；受访者中没有共同兴趣爱好的占比 46.06%，很少共同兴趣爱好的占比 45.97%，很多共同兴趣爱好的占比 7.97%；受访者中夫妻日常交流的话题中，生活琐事约占比 52.75%，子女抚养占比 27.29%，工作情况占比 7.33%，兴趣爱好约占比 4.03%，其他事项占比 8.61%；关于夫妻双方共同外出参加活动或旅游的情况，57.6%的受访者家庭很少，27.47%的没有，只有 14.93%的受访者家庭经常。

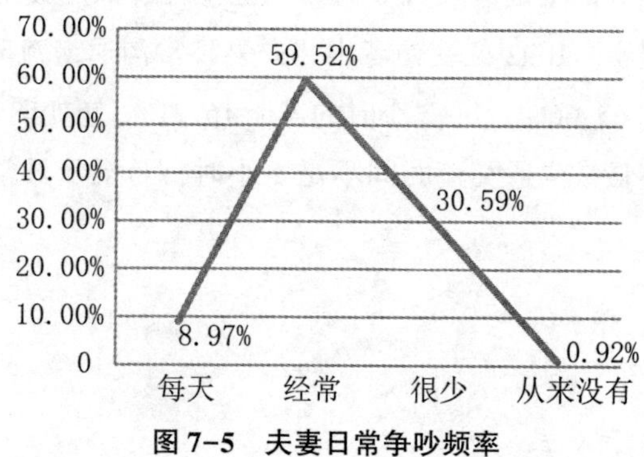

图 7-5　夫妻日常争吵频率

从上述调研数据可知，夫妻日常相处呈现夫妻之间发生争吵频率高，日常沟通交流时间少、共同兴趣爱好少、外出活动少、情感沟通方式匮乏等问题；这些均不利于夫妻之间的情感增进和婚姻家庭稳定，随着争吵增多，感情变淡，当矛盾升级时，情感牵绊减弱，选择离婚的可能性增高。

第二节　我国离婚制度变迁概览

随着社会的发展变化，我国经历了数次婚姻法修改，离婚制度中比较重大的修改主要表现为离婚事由的完善、离婚救济制度的构建和离婚冷静期制度的增设。

一、完善离婚事由规定

在离婚事由的规定上，将法定离婚事由概括性向具体化发展。1980 年《婚姻法》对判决离婚的法定条件采用概括性的规定，带来了可操作性差和裁判不一的问题。1984 年 8 月 30 日《最高人民法院关于贯彻执行民事政策法律若干问题的意见》对实践中可能出现的离婚的具体情形包括如因第三者介入导致的离婚，因包办、强迫和以索取财物为目的的婚姻，因生女孩或女方采取节育措施等而提出离婚的请求的裁判作了明确规定。1989 年 11 月 21 日，最高人民法院在 1984 年《最高人民法院关于贯彻执行民事政策法律若干问题的意见》的基础上，制定了《最高人民法院关于人民法院审理离婚案件如何认定夫妻感情确已破裂的若干具体意见》，将“感情确已破裂”具体分为可依法判决离婚的 14 种情形，包括患有影响婚姻关系的疾病，婚前了解不够，包办、买卖、欺骗婚姻，重婚，有恶习，分居三年，下落不明满二年，被判刑或虐待等，以增强司法实践的可操作性。进入21世纪，我国的离婚率又出现峰值状态，市场经济发展对效率的要求必然希望作为生产力的婚姻当事人能够尽快结束不愉快的离婚纠纷，恢复到生产当中。2001年《婚姻法》修正时结合最高人民法院颁布的几个司法解释，采用概括和列举相结合的方式增补了具体的离婚事由。2001年《婚姻法》第32条规定了重婚或有配偶者与他人同居的，实施家庭暴力或虐待、遗弃家庭成员的，有赌博、吸毒等恶习屡教不改的，因感情不和分居满二年等五类情形，可确认为夫妻感情破裂。2001年修正的《婚姻法》对离婚法定事由具体化的规定增加了司法实践的可操作性，有利于保障当事人的离婚自由，同时也适应了我国市场经济发展的要求。2020年公布的《民法典》第1079条承袭了2001年《婚姻法》关于认定感情破裂的情形，只是新增加了“经人民法院判决不准离婚后，双方又分居满一年，一方再次提起离婚诉讼的，应当准予离婚”作为《民法典》第1079条第5款。依据《民法典》第1079条第5款的规定，当事人在初次离婚诉讼被法院驳回后，夫妻双方又持续分居满一年，长期分居且双方感情并未改善，此时夫妻一方再次提起离婚诉讼，表明当事人要求解除婚姻关系的意思坚决，应认定为夫妻感情破裂，准予离婚。[1]通过对离婚事由的具体化规定和增加分居一年的离婚事由规定，便于法官在实践中更加具象地裁判，在尊重当事人离婚意愿的同时，有助于维护婚姻家庭和社会秩序的稳定。

---

〔1〕 最高人民法院民法典贯彻实施工作领导小组主编：《中华人民共和国民法典婚姻家庭编继承编理解与适用》，人民法院出版社2020年版，第265页。

二、构建较为完善的离婚救济制度

1978 年以来，经过数次婚姻法修改，构建了离婚困难帮助、离婚经济补偿和离婚损害赔偿三项离婚救济制度。改革开放以来，妇女社会地位大幅提升，男女平等观念增强，夫妻家务劳动分工出现了新的变化。两性家务劳动时间差距逐渐缩短，但是这种缩短并没有从本质上改变家务分工主要由妻子承担的模式，妻子一方的负担依然大大重于丈夫。在婚姻家庭中，妻子在收入、婚姻住所和家务分工上总体处于弱势一方，一旦婚姻关系解除，处于弱势一方的妻子往往面临失去住所、生活困难以及妻子在婚姻期间因家务劳动失去了自我增值的机会难以再就业或更好就业等利益无从保护的情形。为了保护婚姻中弱势一方的利益，2001 年《婚姻法》增设了家务劳动补偿制度，第 40 条规定“夫妻书面约定婚姻关系存续期间所得的财产归各自所有，一方因抚育子女、照料老人、协助另一方工作等付出较多义务的，离婚时有权向另一方请求补偿，另一方应当予以补偿”。该条规定将男女平等、夫妻平等向婚姻家庭关系中强势一方与弱势一方的平等转变，实现婚姻家庭关系中的实质平等。同时，考虑离婚过程中，为了保障离婚时生活困难一方的基本生存利益，2001 年《婚姻法》第 42 条规定了离婚困难帮助制度，当存在离婚后一方生活将陷入困难的情况时，由具备负担能力的另一方对其给予适当的帮助。

此外，随着离婚率的上升，由于配偶一方的过错（重婚、姘居、通奸、遗弃、虐待等）导致家庭破裂的离婚案件占相当比例，给不少离婚无过错方当事人造成身心的损害。全国妇联调查表明，90%以上的人主张对此采取措施并加以遏制，并令有过错方承担相应的法律责任。[1]针对因一方过错导致的离婚，1993 年《关于人民法院审理离婚案件处理财产分割问题的若干具体意见》首次将“照顾无过错方”作为离婚时夫妻财产分割的一项基本原则。在该原则指导下，司法裁判中往往通过对无过错方多分一些夫妻财产的方式对其进行补偿。2001 年《婚姻法》修正时离婚损害赔偿制度被首次提出，引起了人们的广泛关注。离婚损害赔偿制度具有填补无过错方的损害，抚慰受害方，制裁、预防违法行为的三方面功能，充分体现了婚姻法对弱者和无过错者的扶助和保护。2001 年《婚姻法》第 46 条专门设置了离婚损害赔偿制度，规定对因一方重婚，有配偶与他人同居，实施家庭暴力，虐待、遗弃家庭成员导致离婚的，无过错方有权请求损害赔偿。这一制度的设立弥补了我国离婚救济制度的一大空白，有助于保障离婚当事人的合法权益，维护社会稳定。

2020 年公布的《民法典》沿袭了上述三大离婚救济制度。在两方面做了修改：（1）更加尊重当事人的意愿，优先考虑由离婚当事人协议经济补偿和困难帮助的方法。和原《婚姻法》相比，《民法典》第 1088 条和第 1090 条分别规定离婚经济补偿和经济困难帮助的具体办法由当事人协议，协议不成的，由人民法院判决。（2）新增“其他重大过错”作为离婚损害情形的兜底条款。因为实践中，婚姻中违反婚姻义务和家庭义务等的过错行为远不止《民法典》第 1091 条列举的四种情形，还存在长期通奸等重大过错行为导致离婚的情形，也应赋予无过错方利用离婚损害赔偿制度维护自身权益的权利。通过上述三项救济制度的发展和完善，

---

〔1〕 王胜明、孙礼海主编，全国人大常委会法制工作委员会民法室编：《〈中华人民共和国婚姻法〉修改立法资料选》，法律出版社 2001 年版，第 238 页。

我国构建了较为完善的离婚救济制度体系，更加有利于保护离婚中的弱势一方和无过错方的合法权益。

三、增设离婚冷静期制度

高离婚率、轻率冲动型离婚不利于未成年子女的健康成长，给社会和家庭带来极大伤害。积极有效开展防止冲动型离婚工作，降低离婚率，对于促进婚姻家庭和谐美满意义重大。《民法典》婚姻家庭编明确规定，家庭应当树立优良家风，弘扬家庭美德，重视家庭文明建设。为了防止轻率型离婚、冲动型离婚等非理性离婚现象，降低离婚率，建设和谐美满的婚姻家庭关系，《民法典》婚姻家庭编第 1077 条特别增设了离婚冷静期制度，规定："自婚姻登记机关收到离婚登记申请之日起三十日内，任何一方不愿意离婚的，可以向婚姻登记机关撤回离婚登记申请。前款规定期限届满后三十日内，双方应当亲自到婚姻登记机关申请发给离婚证；未申请的，视为撤回离婚登记申请。"离婚冷静期制度作为民法对社会发展的关怀与回应，承载着国家希望通过国家权力对于私人生活领域的适当介入从而实现较好社会效益的规范目的。

第三节　我国离婚冷静期制度的回应与待完善之处

一、我国离婚冷静期制度的设立

《民法典》第 1077 条规定了离婚冷静期制度。第 1077 条第 1 款规定了离婚冷静期的适用情形、期限规定和撤回的法律效果，第 2 款规定了离婚冷静期的届满期限和视为撤回的法律效果。

（一）离婚冷静期制度的适用情形

《民法典》第1077条规定的离婚冷静期制度仅适用于协议登记离婚，不适用于诉讼离婚。由于我国早期离婚登记手续较为简便，没有对离婚当事人附加限制，一定程度上助长了冲动型离婚、轻率离婚的现象，不利于婚姻家庭稳定。为了避免婚姻当事人冲动型离婚，故在离婚程序中设置离婚冷静期制度，对登记离婚程序作出限制性规定。

当然，虽然本条规定的离婚冷静期制度不适用于诉讼离婚，但是在司法实践中各级人民法院也在积极探索离婚冷静期的适用问题，如2017年3月四川省资阳市安岳县人民法院发出该省首封离婚冷静期通知书，2017年7月陕西省丹凤县人民法院庚岭法庭发出陕西省首份离婚冷静期通知书，2017年10月，山东省济南市市中区人民法院在全市首推离婚冷静期制度，2018年7月，广东省高级人民法院发布《广东法院审理离婚案件程序指引》，首次提出离婚冷静期的规定，规定了离婚冷静期的启动条件。最高人民法院于2018年7月18日发布《关于进一步深化家事审判方式和工作机制改革的意见（试行）》，其中第40条即对离婚冷静期作了规定："人民法院审理离婚案件，经双方当事人同意，可以设置不超过3个月的冷静期。在冷静期内，人民法院可以根据案件情况开展调解、家事调查、心理疏导等工作。冷静期结束，人民法院应通知双方当事人。"与登记离婚冷静期制度相同，诉讼离婚中冷静期制度的功能在于减少冲动型离婚，减少当事人之间的对抗，有利于人民法院对案件更准确地裁判。[1]

---

〔1〕最高人民法院民法典贯彻实施工作领导小组主编：《中华人民共和国民法典婚姻家庭编继承编理解与适用》，人民法院出版社2020年版，第249页。

对于离婚中因家庭暴力协议离婚，是否适用离婚冷静期制度，存有疑虑。如果对于因家庭暴力的协议离婚适用离婚冷静期制度，可能导致被家庭暴力一方在冷静期期间继续遭受家庭暴力，不利于保护遭受家庭暴力的当事人。对此，民政部回应，“冷静期”只适用于夫妻双方自愿的协议离婚，对于有家暴情形的，当事人可以向法院提起诉讼，通过诉讼离婚保护自身权益。如果涉家庭暴力当事人依然选择通过协议方式离婚，在尊重当事人意愿的前提下，民政部门、妇联、社区等部门在离婚冷静期期间积极干预，为遭受家庭暴力的当事人提供及时的帮助。

（二）离婚冷静期制度的相关期限规定

1. 离婚冷静期的期限限制

《民法典》第1077条第1款规定，“自婚姻登记机关收到离婚登记申请之日起三十日内，任何一方不愿意离婚的，可以向婚姻登记机关撤回离婚登记申请”。本条第1款规定在30日内的离婚冷静期内，任何一方可以向婚姻登记机关撤回离婚申请；在第1款30日届满后，如果双方没有到婚姻登记机关申请发给离婚证，视为撤回离婚申请。之所以设置30日的离婚冷静期，目的是在保护婚姻当事人离婚自由与防止轻率型离婚之间的利益寻找平衡，既避免冷静期时间太长损害当事人的离婚自由，又避免冷静期时间太短无法达到“冷静”的效果。[1]婚姻登记机关在收到婚姻当事人的离婚登记申请之日后30日内，任何一方均可以撤回离婚登记申请，第1款规定的30日是离婚冷静期的期限限制。30日冷静期是不变期间，自当事人申请登记离婚之日起算，一般不因任何

〔1〕 最高人民法院民法典贯彻实施工作领导小组主编：《中华人民共和国民法典婚姻家庭编继承编理解与适用》，人民法院出版社2020年版，第247页。

事由而发生中止、中断或延长；期间过后，即消灭撤回离婚登记申请的权利。[1]

2. 申请发给离婚证的期限规定

《民法典》第1077条第2款规定，第1款规定期间届满后30日内，双方应当亲自到婚姻登记机关申请发给离婚证；未申请的，视为撤回离婚登记申请。依据该款规定，男女双方若要登记离婚，需要经过递交离婚登记申请后的30日离婚冷静期。在离婚冷静期届满后的30日内，需要男女双方亲自到婚姻登记机关申请发给离婚证。如任何一方未到场申请确认的，视为双方未达成一致意见，不适用协议离婚的行政程序。第2款规定的30日是可变期间，在30日离婚冷静期届满后的30日的任何时间内，婚姻当事人双方均可到场申请发给离婚证。

（三）离婚冷静期的法律效果

虽然《民法典》第1077条两款都规定了30日，但两个30日的法律效果不同，对当事人和婚姻登记机关行为的约束不同。

1. 第1款规定的30日期限的法律效果

离婚冷静期是协议登记离婚的必经程序，夫妻双方想要通过协议登记解除婚姻关系，必须经过离婚冷静期规定的期间。在第1款规定的30日的冷静期期限内，任何一方婚姻当事人都可以向婚姻登记机关撤回离婚申请。虽然该款没有明确规定撤回行为的法律效力，但是“撤回”一词本身具有特定的法律意义，被撤回的行为不生效力，其后也不会发生法律关系的变动效力。在撤回申请的情形下，登记离婚的行为不发生离婚的法律效力，双方依

〔1〕 夏沁：“民法典登记离婚冷静期条款的解释论”，载《法学家》2020年第5期。

然保持法律上的婚姻关系。反之，如果婚姻当事人在此期限内没有撤回离婚申请，在30日期限届满之时，则表明婚姻当事人经过离婚冷静期没有和好的可能，离婚登记申请发生效力。

2. 第2款规定的30日期限的法律效果

《民法典》第1077条第2款后半段明确规定了在30日期限内未申请离婚证行为的法律后果。依据第2款规定，第1款规定期间届满后30日内，双方未亲自到婚姻登记机关申请发给离婚证，视为撤回离婚登记申请。该规定是经过立法技术处理的拟制条款。"视为"一词表明立法者明知此时情形与第1款规定的撤回在法律上构成并不相同，但仍然赋予其同一的法律效力。这实质上属于推定式拟制，在当事人没有意思表示的情况下，基于法律的要求而拟制其作出了某种意思表示。申言之，即使双方当事人没有申请发放离婚证的表示，法律也推定他们具有撤回离婚申请的意思表示，产生了一个法定的撤回权，从而产生撤回的法律效果，即不发生离婚的法律效力，仍然持续现有的婚姻关系。根据反面解释，在申请发给离婚证的情况下，则不会发生撤回的法律效果，进而才能解除婚姻关系。概言之，如夫妻双方亲自到婚姻登记机关申请发给离婚证，婚姻登记机关在审查符合离婚登记条件后，应当发给离婚证；如在此期间男女双方没有申请发给离婚证的，视为撤回离婚登记申请，婚姻登记机关不得基于双方最初的申请为其办理离婚登记。

通过对《民法典》第1077条两款两个30日期限法律效果的分析可知，只有在婚姻当事人申请离婚且30日内不撤回（第1款的离婚冷静期），其届满后又在30日内申请发放离婚证（第2款规定的期限）的情形下，才能完成登记离婚的离婚冷静期的程序要求。具体而言，第1077条的期限适用在实践中有以下三种情形：（1）第1款“撤回”，此时取得继续维持婚姻关系的法律效果；（2）第1款“不撤回”及第2款后半段的“视为撤回”离婚申请，此时取得继续维持婚姻关系的法律效果；（3）第1款“不撤回”及第2款中规定的“30日后双方当事人亲自到登记机关申请发给离婚证”，产生离婚的法律效力。

二、我国离婚冷静期制度设立的意义

我国离婚冷静期制度回应了冲动型离婚增多的社会变迁和挑战，有利于保护未成年子女利益，维护婚姻家庭稳定和促进社会发展。

（一）因冲动型离婚的变迁而增设

随着社会经济文化的发展，不少人的婚姻观念发生了变化，闪婚闪离、冲动型离婚增多等成为社会高度关注的现象。冲动型离婚，是指对婚姻家庭不负责任，以轻率的态度对待和处理离婚问题，滥用离婚自由权利的行为。冲动型离婚主要表现为因婚姻家庭观念差异、子女教育分歧、夫妻缺乏有效沟通等婚姻家庭内部因素引起的婚姻危机，可通过对婚姻基础、婚姻家庭关系相处模式、婚姻关系存续时间、离婚原因等进行综合判断。一般情形下，冲动型离婚可通过婚姻家庭辅导等进行干预和调适，避免离婚。在此背景下，2020年公布的《民法典》新增设了离婚冷静期制度，以此给处于离婚关系中的夫妻一个反思和缓冲的机会，并通过相关部门的合理介入和调解，解决婚姻矛盾，防止冲动型离婚。

（二）有助于未成年子女的健康成长

家庭承担抚养和教育子女的功能。和谐的夫妻关系是构建和谐家庭最基础的一环，而和谐的家庭是孩子健康、安全、幸福成长的必备要素和重要保障。父母离婚对未成年子女教育有显著的负面影响，一方面，父母离婚带来家庭结构的缺损。父母离婚使原生家庭解体，父母一方或双方被迫离开原生家庭，使家庭结构缺失，破坏了双系抚育模式，如父母对子女教育的参与度比完整家庭中的父母更低，将对子女各项社会能力的发展构成不利影响。[1]另一方面，父母离婚也会导致家庭资源被剥夺。父母离婚导致家庭经济、社会和文化资源等不同程度分散、流失，使属于子女的家庭资源受损，不利于子女教育和成长。

家庭是一个完整、自洽的整体，每个家庭成员都有各自的功能，父母在未成年子女健康成长、社会化和教育中都发挥着极其重要的作用。高离婚率导致大量家庭解体，冲击着双系抚育模式，给未成年子女的健康成长带来诸多不利影响，轻率冲动型离婚更容易忽略未成年子女利益及身心健康。增设离婚冷静期制度，有效开展防止冲动型离婚工作，将非正常的离婚念想扼杀于萌芽中，保护弱势群体尤其是未成年人的利益，尽量减轻和避免轻率冲动型离婚给家庭、子女和社会带来的不利后果，稳定平等和睦文明的婚姻家庭，助力未成年子女的健康成长和全面发展。

（三）有助于社会主义和谐社会和中国式现代化建设

从国家与社会的角度看待婚姻和家庭，社会的细胞是家庭，婚姻是组成家庭的基础。以婚姻为核心的家庭承担着生产、消费、生育、教育、赡养、抚育与情感满足等功能，高离婚率直接关涉家庭的稳定性、社会利益，乃至国家的长期发展能力建设，进而

---

〔1〕 彭大松、资源：“父母离婚对子女教育的影响及其中介效应研究”，载《人口与社会》2022年第1期。

给社会的和谐与稳定带来深刻的影响，具有很强的溢出效应。增设离婚冷静期制度，有效防止冲动型离婚，促进婚姻家庭稳定，是社会主义和谐社会和中国式现代化建设的重要内容和重要助力。其一，中国式现代化是人口规模巨大的现代化。家庭既是人口生产单位，又是为国家培养现代公民、帮助个体实现社会化的最基础教育单位。家庭作为社会的基本细胞，承担着人口再生产的重任。高离婚率破坏了社会基本细胞的稳定性，直接影响人口再生产的秩序。一个高离婚率的社会通常会导致人口出生率的下降，打乱人口的再生产进程。其二，中国式现代化是物质文明和精神文明相协调的现代化。一方面，家庭是开展经济活动的重要主体。家庭的破裂，使家庭承担的经济和消费功能无法实现，也引发以家庭为主体的经济社会关系的不稳定。另一方面，高离婚率的出现会影响我国社会主义主流道德文化，使得反映社会主义经济关系、政治制度、思想文化的主流婚姻道德文化受到冲击，在一定程度上冲击民众的婚姻道德观念。

中国式现代化道路是创造人民美好生活的必由之路，当前实现社会和谐、建设美好社会，是党在社会主义和谐社会建设中不懈追求的目标。婚姻和家庭是人们群居的基本生活单位和基本的社会关系，是社会安定的重要因素，有效防止冲动型离婚，促进婚姻家庭稳定是社会主义和谐社会和中国式现代化建设的重要内容和重要助力。

三、我国离婚冷静期制度待完善之处

我国目前的相关立法仅仅单独设立了离婚冷静期制度，对于离婚冷静期期间的法律效力规定则不明确，且尚没有明确规定配套制度。离婚冷静期期间的法律效力不明确易导致纠纷，不利于离婚冷静期制度发挥作用，并可能导致侵害弱势一方的合法权益的情形发生。配套制度的缺失势必造成任由离婚双方当事人在离婚冷静期自行“冷静”，使离婚冷静期的规范目的难以实现。

（一）离婚冷静期期间的法律效力规定尚不明确

在人身关系方面，离婚冷静期期间夫妻间是否需要继续履行扶养义务、忠实义务等权利义务，存有疑义。其一，《民法典》第1059条规定“夫妻有相互扶养的义务。需要扶养的一方，在另一方不履行扶养义务时，有要求其给付扶养费的权利”。在婚姻关系存续期间，夫妻一方出现困难、不能维持其最基本生活时，另一方有能力的应该给予对方支持，履行扶养义务。当夫妻向民政部门提出离婚申请，在离婚冷静期内，是否依然负有此扶养义务呢？其二，《民法典》第1042条第2款规定，禁止有配偶者与他人同居；第1043条规定夫妻应当互相忠实。上述条款明确确认和规定了夫妻间的忠实义务。在离婚冷静期内，夫妻双方是否依然负有忠实义务呢？

在财产关系方面，离婚冷静期期间夫妻的财产归属、夫妻债务承担等问题，也存有疑义。其一，夫妻双方离婚冷静期期间所得是否属于夫妻共同财产。根据《民法典》第1062条的规定，我国的法定夫妻财产制采用的婚后所得共同制，除法律特别规定和当事人特别约定外，夫妻在婚姻关系存续期间所得的财产，属于夫妻的共同财产，归夫妻共同所有。离婚冷静期期间，双方关系恶化，夫妻一方所得财产，是否依然属于夫妻共同财产？其二，离婚冷静期期间，夫妻双方是否相互享有家事代理权？日常家事代理，是在婚姻关系存续期间夫妻对于日常家事互为代理人，在日常家事范围内夫或妻可以代理另一方为一定民事法律行为。《民法典》第1060条第1款规定："夫妻一方因家庭日常生活需要而实施的民事法律行为，对夫妻双方发生效力，但是夫妻一方与相对人另有约定的除外。"离婚冷静期期间，有些"家庭日常生活"难以继续，此时双方是否依然互享家事代理权？其三，离婚冷静期期间，夫妻双方所负债务是否依然属于共同债务？根据《民法典》第1064条规定，"夫妻双方共同签名或者夫妻一方事后追认等共同意思表示所负的债务，以及夫妻一方在婚姻关系存续期间以个人名义为家庭日常生活需要所负的债务，属于夫妻共同债务"。在离婚冷静期期间，基于上述情形产生的债务是否依然属于夫妻共同债务？其四，在离婚冷静期期间，夫妻双方是否互相享有继承权。《民法典》第1061条规定："夫妻有相互继承遗产的权利。"夫妻财产继承权是当夫妻一方死亡时，生存一方享有对其财产继承的权利。离婚冷静期期间，若夫妻一方死亡，另一方是否依然享有继承权？

对于上述问题，目前相关立法均未有直接明确规定，需要在未来立法及相关解释与实践中予以明确。

（二）离婚冷静期相关配套制度有待健全

现有立法仅规定了离婚冷静期的构成要件和法律效果。离婚冷静期制度如果要发挥效用需要加强配套调解，建立救济机制，但是目前缺乏必要的配套制度。在调研中，当问及"结婚登记时是否接受过婚姻家庭辅导"，1092位受访者中，有921位受访者表示从来没有接受过婚姻家庭辅导，占比84.34%；14.56%的受访者表示通过自学了解婚姻家庭知识；仅有1.1%的受访者表示接受过婚姻家庭辅导。有效的婚姻家庭辅导是冲动型离婚的阻隔器，可以帮助当事人及时化解婚姻危机，回归正常的婚姻关系。在离婚冷静期期间，婚姻家庭辅导等配套制度的供给不足，导致离婚夫妻无法及时获得有效的婚姻家庭辅导和调适，离婚冷静期制度难以发挥期待的实效。

第四节　我国离婚冷静期制度的调适建议

为了让《民法典》规定的离婚冷静期发挥其应有作用，我国的离婚冷静期制度需要明确离婚冷静期期间离婚夫妻的权利义务关系，加强配套调解，建立救济机制，有效防止冲动型离婚。

一、进一步明确离婚冷静期期间的权利义务

（一）在人身关系方面的权利义务

离婚冷静期期间，原则上，夫妻间仍互负扶养义务、忠实义务等人身关系方面的权利义务。一方面，夫妻间的扶养义务包括经济上相互供养、生活上相互照顾和精神上的相互慰藉，夫妻忠实义务是促进婚姻和谐、家庭和睦的重要制度，这些均是婚姻的内在属性和法律效力的应有之义。原则上，扶养义务和忠实义务自婚姻当事人双方婚姻合法有效成立之时起产生，至婚姻终止时消灭。在离婚冷静期期间，双方当事人的婚姻关系并未终止，双方依然负有人身关系方面的权利和义务。另一方面，在明晰离婚冷静期期间夫妻的权利义务关系时，应考量离婚冷静期的立法宗旨。我国离婚冷静期制度的立法旨在防止轻率离婚，为当事人提供反思婚姻的机会和空间，这意味着夫妻经过“离婚冷静期”还有重归于好的可能。因此，在制度设计和解释上应为最大限度地

缓和夫妻关系提供制度保障。离婚冷静期内规定夫妻仍然负有扶养义务和忠实义务，可以为缓和夫妻双方矛盾留有空间，有利于婚姻当事人双方感情的修复。反之，若不明确离婚冷静期期间夫妻双方的扶养义务和忠实义务，当事人一方实施遗弃、“婚外情”等行为，无益于夫妻和好，违背了设立离婚冷静期制度的宗旨。当然，离婚冷静期期间，对于扶养义务，应尊重婚姻当事人的真实意愿，允许婚姻当事人双方协议离婚冷静期期间的权利义务的履行、限制和排除。对于忠实义务，不允许婚姻当事人自行约定限制和排除，否则有悖公序良俗。

（二）在财产关系方面的权利义务

1. 夫妻日常家事代理权应予以限缩

夫妻日常家事代理制度设立的目的，一方面在于让处理日常家事事务的夫妻在履行义务时，享有必要的行为自由；另一方面有利于简化交易程序、维护交易安全、避免善意相对人权益受到损害。离婚冷静期期间，如夫妻为子女抚养教育事务的支出依然在所难免，从保护子女合法权益和善意相对人利益角度，应保留一定范围内的家事代理权。

在离婚冷静期期间，家事代理权应受到限缩，仅限于实际生活状态所需范围内。夫妻日常家事代理权是法律基于维护共同生活需要而设立的夫妻就日常家庭事务享有代理的权利，如为维持家庭基本生活而购买日常用品，或者为抚养教育子女的日常支出，等等。离婚冷静期内，夫妻双方日常共同生活空间缩小，甚至处于分居状态，夫妻共同生活的事实基础暂时丧失，如果赋予全面的夫妻日常家事代理权显然不符合实践。但是，此时夫妻关系尚未解除，尤其是涉及子女抚养教育事务的支出时，依然有保留必要的家事代理权。

2. 离婚冷静期内财产所得归属的认定

依据我国《民法典》第1062条第1款的规定，婚姻关系存续期间所得属于夫妻共同财产。离婚冷静期期间，婚姻当事人双方并未解除婚姻关系，依然属于婚姻关系存续期间。依照对《民法典》第1062条第1款规定的文义解释，离婚冷静期期间的所得依然属于夫妻共同财产。但是，这显然不符合离婚冷静期期间婚姻当事人双方的关系恶化的状况和真实意愿。因此，在实践中，婚姻当事人双方往往在离婚协议中以分割财产的约定明确离婚冷静期期间的财产归属于各自所有。但是，实践中并不是所有婚姻当事人都具有作出上述约定的意识和能力，这也必然在实践中招致纠纷，亟须在相关立法或者解释中予以明确。

事实上，离婚冷静期内双方关系恶化，往往处于分居状态，在此期间取得的财产也往往脱离对方管控，由各方独自占有、使用、管理和处分，夫妻双方处于财产分离的状态，此时如果依然适用婚后所得共同制，显然不符合实际情况，也不符合婚姻当事人双方的意愿。但是如果直接规定离婚冷静期期间所得属于分别所有，也不符合离婚冷静期制度的立法宗旨。我国离婚冷静期制度最终目的是为离婚的婚姻当事人提供一个反思和好的机会，如果法律直接规定此期间的财产归各自所有，有预设婚姻当事人必将离婚之嫌。为此，应区分情形来认定离婚冷静期期间的财产所得归属。离婚冷静期期间，在婚姻当事人没有特别约定的情形下，如果经过离婚冷静期，当事人选择了登记离婚，则离婚冷静期期间所得归各自所有；如果当事人选择了重归于好，则离婚冷静期期间所得依然适用婚后所得共同制，属于夫妻共同财产。如此，既符合离婚冷静期期间双方的实际生活和财产状况，也切合离婚冷静期制度的规范意旨。

3. 离婚冷静期期间夫妻债务的认定

根据《民法典》第 1064 条的规定，婚姻关系存续期间，夫妻基于家庭日常生活需要、共同意思表示、共同生活、共同生产经营产生的债务，属于夫妻共同债务。在离婚冷静期间，虽然婚姻当事人双方处于离婚状况，但依然基于共同意思表示、共同生活、共同生产经营产生了债务，依然属于夫妻共同债务。夫妻双方只要对债务存在共同意思表示、共同生活、共同生产经营的事实，不管婚姻状况如何，均不影响其作为共同债务人承担责任。例外的是基于家庭日常生活需要所生债务有所不同。离婚冷静期期间，如果夫妻双方处于分居状态、日常生活需要受到限制，日常家事代理权受到限制，基于家庭日常生活需要所负债务也受限制，基于子女抚养等教育支出的日常生活需要债务才属于夫妻共同债务。

4. 除婚姻当事人特别约定，离婚冷静期期间依然享有夫妻继承权

夫妻继承权是夫妻在一方死亡时生存方继承其遗产的权利，这是基于配偶间特殊身份关系而产生的法定权利。在离婚冷静期期间，夫妻双方依然属于合法的婚姻关系，依然享有夫妻继承权。在离婚冷静期期间，对于夫妻继承权，同时尊重当事人的意思自治，如果夫妻双方在离婚协议等协议中约定双方互不继承遗产，应予以尊重。

二、进一步完善离婚冷静期的配套制度

离婚冷静期要发挥实效，需要增设和完善相关的配套制度。

以韩国的“离婚熟虑期”制度为例。在韩国，特别是经历 1990 年后期的经济危机后，离婚率的迅速增加是最明显的现象之一。离婚率从 1997 年到 2003 年呈现持续上升的趋势。为此，从 2005 年起韩国开始试行“离婚熟虑制”和“义务调解”制度，并于 2008 年将其正式纳入法律。在协议离婚前的熟虑期间，离婚申请者可以在专门咨询机构就离婚程序和离婚后可能发生的法律、经济、社会问题进行协商。在适用离婚熟虑期前，需要强制接受离婚相关问题的咨询程序。双方当事人达成协议向有关机构申请离婚时，需要先接受该机构为拟离婚夫妻提供的有关离婚方面的咨询，符合有关条件的，才可以进入离婚熟虑期间。在韩国离婚熟虑期制度中，法院在离婚要件的审查、离婚指导、确定熟虑期限等方面均发挥着重要作用。此外，韩国还设置了相配套的“义务调解”制度。申请协议离婚的夫妻有义务参加家庭法院召开的离婚指导会，拒不参加的，法院将不发给离婚确认书。其中，离婚指导包括离婚程序的介绍、离婚教育与辅导等内容。如有必要，家庭法院将为离婚当事人提供专业人士和咨询专家。比如韩国仁川市推行“家事商谈制”，由当地法院推选包括婚姻咨询师、教师在内的家事商谈委员，为当事人提供婚姻问题指导，引导当事人慎重决断，避免非理性离婚。从 2005 年 3 月开始，韩国首尔家庭法院适用离婚熟虑制度后，协议离婚撤销率上升。韩国政府行政和家庭事务部 2010 年的全国统计数字显示离婚率在实行熟虑期后下降了约 15%，取得了较好效果。〔1〕

近年来，针对我国《民法典》新规定的离婚冷静期制度，我

〔1〕 左际平：“离婚等待期的矛盾争端及其解决方式——四国经验的探讨及思考”，载《中华女子学院学报》2021 年第 6 期。

国民政部门、妇联等相关部门开展了一系列工作，包括加强婚姻家庭辅导、采纳多元的婚姻调解方式，创新婚姻家庭辅导平台等，具有一定的借鉴与启示作用。比如，山东省济南市市中区推出“4+1+X婚姻调解工作法”，将“离婚冷静期”前置到离婚申请环节，从调解方式、调解心理、调解专业性、调解温度四项调解服务着手，在30天的冷静期内，通过现场调解、自我心理重构、热线追踪、专业团队跟进环环相扣层层递进的四个层面，帮助当事人有效利用冷静期梳理家庭问题，解开矛盾。重庆市实施的“家和计划”项目将离婚分为“冲动离婚、争议离婚、理性离婚、困境个人”四类对象，针对四类不同的离婚对象由社工或咨询师提供离婚调和、离婚调解、离婚咨询、离婚辅导四类不同服务，在婚姻当事人自愿的前提下，由社工为当事人有针对性地开展冲动性离婚调和、矛盾性离婚调解、婚姻家庭经营咨询、婚姻危机干预、心理情绪疏导等服务。广州市白云区整合区民政、区人民法院、区司法、区妇联、团区委等五个部门形成“1+5+X”联动模式及转介机制，整合区民政、区人民法院、区司法、区妇联、团区委等五个部门的职能优势，联动居委、学校、企业等多类社会资源广泛参与，各部门在驿站分设对应工作站，如区人民法院的“诉前调解工作站”可提供家事审判法官及起诉流程的支持，区司法局的“法律援助工作站”派驻法援律师免费提供婚姻法律咨询，区妇联的“婚姻调解工作站”派驻调解员进行家事调解及妇女儿童权益保障服务，有效解决和缓解婚姻家庭问题，促进家庭和睦、社会和谐。

结合上述针对离婚冷静期的相关实践，为了让离婚冷静期制度发挥实效，建议增设和完善以下配套措施。

（一）将离婚冷静期的离婚调解纳入离婚申请程序

离婚中纠纷调解的服务对象是处于打算离婚和离婚冷静期阶段的人群。针对这一人群的特点，将离婚冷静期的离婚调解纳入离婚申请程序。在尊重个人意愿前提下，开展婚姻状况评估，摸清问题症结，实施冷静期全覆盖式危机干预，形成情绪疏导、感情修复、定期回访的“调解三步骤”工作模式。通过有效调解，化解离婚夫妻之间的矛盾、避免冲动离婚，降低离婚率、促进社会和谐。首先，离婚先调解后办理。根据婚姻当事人因家庭暴力、子女教育分歧、经济因素等不同的离婚原因，开展有针对性的调解和辅导，有效发挥婚姻辅导室和婚姻家庭调解队伍的作用，提倡主动服务、迎上前辅导，先调解、再登记，为有需要的离婚夫妻免费提供情感沟通、心理调适、纠纷调解、危机干预、法律咨询等服务。其次，离婚冷静期内跟踪指导。大力宣传“离婚冷静期”的政策，制定科学有效的离婚冷静期辅导手册，督促离婚夫妻积极理智面对和思考婚姻中存在的问题；充分利用“离婚冷静期”这一重要阶段，对前期辅导的离婚夫妻跟踪指导，以最大限度减少“冲动型”“草率型”离婚。最后，定期回访，巩固辅导效果。为离婚夫妻进行婚姻调解辅导，夫妻关系得到调适缓和后，婚姻登记处和社区为自愿放弃办理离婚的当事人建立档案，定期进行随机回访，及时了解当事人的思想动态和情感状况，帮助当事人提高修复婚姻家庭关系和解决婚姻家庭相处中后续相关问题的能力。

（二）构建冲动型离婚和非冲动型离婚分类调处机制

导致冲动型离婚的原因非常复杂，有内部原因，也有外部原因。要降低离婚率、防止冲动型离婚，须区分离婚原因，配置相应调处机制。查明属于婚姻危机的冲动型离婚情形，可在离婚冷静期内展开调解，防止离婚；查明属于婚姻死亡的非冲动型离婚情形，尊重离婚自由，做好相应的离婚咨询和辅导工作。

具体而言，在婚姻登记处的“离婚答题卷”设置相关问题，了解婚姻当事人的离婚原因、婚姻家庭关系相处等情况。分析“离婚答题卷”，根据离婚原因，结合婚姻基础、婚姻家庭关系相处模式、婚姻关系存续时间等进行综合判断，区分非冲动型离婚和冲动型离婚。非冲动型离婚，主要表现为基于买房拆迁等政策因素、家庭暴力等不法因素导致离婚的情形，婚姻家庭关系相处长期存在困难等，此类婚姻往往处于死亡婚姻的边缘，此时夫妻感情确已破裂、婚姻当事人的离婚意愿非常明确、调解和好的可能性低。冲动型离婚，主要表现为因婚姻家庭观念差异、子女教育分歧、夫妻缺乏有效沟通等婚姻家庭内部因素引起的婚姻危机，此类婚姻面临解体的危险，但是婚姻当事人的离婚意愿模糊，可能通过调解和好。对处于婚姻死亡边缘的非冲动型离婚，尊重离婚自由，做好相应的离婚咨询和辅导工作，以期不损害未成年子女利益和弱势一方利益。对处于婚姻危机边缘的冲动型离婚，充分发挥好民政部门、社区等有关机构的辅导和调解作用，建立由心理辅导师、社工师、法律专家、亲属组成的追踪回访工作小组，通过每天追踪，每周回访、心理辅导等措施，化解婚姻家庭矛盾和纠纷，以达到解除婚姻危机，维持良好婚姻家庭关系的目的。

（三）建立常态化的“民政部门—社区—专业辅导机构”参与的联动机制

要降低离婚率，防止冲动型离婚，需要婚姻当事人和职能部门的积极参与，以及发扬“枫桥经验”精神，充分调动一切积极因素共同参与该项工作。比如，婚姻家庭辅导和干预涉及婚姻家事调查、心理测评、回访帮扶等专业化工作内容，仅仅依靠婚姻当事人自身调适难以实现，需要发挥职能优势，由民政部门、社区、专业辅导机构优势互补，建立常态化的“民政部门—社区—专业辅导机构”参与的联动机制。

在婚姻登记处设立的婚姻家庭辅导室，采取“事先干预、事中调解、事后回访”的服务模式，以当事人需求为导向，以自愿为前提，为当事人提供情感辅导、心理疏导、法律咨询、离婚调解等精准有效的服务。婚姻登记处的婚姻家庭辅导室对离婚当事人的婚姻状况进行初步评估，而后确定是否进行个案跟进，是启动转介机制还是进行离婚辅导等。充分利用网络云辅导服务平台，开发搭建婚姻家庭辅导和婚姻家庭纠纷调处智慧平台，将民政部门、社区、专业辅导机构三方纳入婚姻家庭纠纷调处体系，实现婚姻家庭纠纷调处“全过程数字化记录、全流程信息化查办”。婚姻家庭纠纷调处平台根据离婚类型，实行分级分类管理，通过数字化平台对个案进行转介、定向追踪，形成个案上报、任务分拨、分类处置、回访跟踪全流程智能化闭环管理。

对冲动型离婚的情形，在离婚冷静期内，遵循当事人自愿，启动转介机制，由社区工作人员和专业辅导人员介入，进一步开展婚姻家庭辅导。辖区内各婚姻登记处可以选择采用“五社联动”“公益创投+婚姻调解”“社工站”等模式，如陕西省西安市民政部门现行已经采用的“社工+婚姻家庭”“法律+婚姻家庭”“志愿服务+婚姻家庭”“社区网格管理+婚姻家庭辅导模式”“区、街、社区三级‘情感驿站’”等服务模式。由具有资质的专业辅导机构或者社工机构承接转介的个案，以专业社工为核心，驻点指导、专业疏导、宣传引导，为有需求的婚姻当事人提供婚姻家庭辅导、家事调解、心理支持、法律咨询等服务，为婚姻当事人提供专业辅导，及时化解矛盾，防止冲动型离婚。

第八章

我国婚姻家庭制度的未来展望

预测婚姻家庭制度的未来发展是一件不容易的事情，影响婚姻家庭制度未来发展的因素比较复杂，且一直处于变动之中，而且有些影响因素是我们现在可以观察到的，有些因素是我们目前没有观察到的，或者目前还没有显现的。要做到相对合理地预测我国未来婚姻家庭制度的发展趋势，在探究方法上，需尽可能地观察到影响我国婚姻家庭制度的主要因素，并且分析出这些因素与婚姻家庭制度的关系模式，掌握婚姻家庭制度的变迁规律；在探究基点上，必须立足于我国的实际，从我国社会变迁与婚姻家庭制度相互关系中所形成的现实基础出发，分析预测我国未来婚姻家庭制度的发展趋势。

本章立足于我国社会变迁与婚姻家庭制度的关系模式，总结探究我国未来婚姻家庭制度的理论视角和现实基础，分析预测我国未来婚姻家庭制度的发展趋势。

第一节　探究我国未来婚姻家庭制度的理论视角

预测婚姻家庭制度的未来发展，必须依据社会变迁与婚姻家庭制度相互关系的发展规律，从中提炼出制约婚姻家庭制度发展的因素，这些因素也正是假设和推断未来婚姻家庭制度的主要依据。如前所述，影响我国婚姻家庭制度变迁的主要因素包括宏观层面的社会变迁和微观层面的婚姻家庭变迁，宏观层面的因素涉及政治、经济、文化、社会层面，微观因素涉及婚育行为、家庭结构、家庭功能、家庭关系等层面。我们在探究我国婚姻家庭制度未来发展趋势时，必须至少从宏观和微观视角，即家庭现代化理论和结构功能主义出发。此外，婚姻家庭制度主要是涉及男女两性的关系，在社会变迁中女性的社会、政治、经济地位的变化重塑了男女在家庭中的分工、角色和地位，在宏观层面的因素和微观层面因素中还始终贯彻着女性主义因素。因此，为了尽量合理地预测我国未来婚姻家庭制度的发展趋势，在探究方法上，我们必须至少从结构功能主义、家庭现代化理论和女性主义三个理论视角出发。

一、结构功能主义

根据结构功能主义的观点，婚姻家庭制度的功能在于满足人们在婚姻家庭中的生活、生产、生育等需要，以及在社会中生存和发展的需要，婚姻家庭制度的变革必须与社会相适应。结构功能主义，在宏观上有助于解释社会与婚姻家庭制度的相互适应关系，婚姻家庭制度为什么以及如何随社会变迁而发生变革的问题；在微观上有助于解释家庭结构与家庭功能的关系，认为家庭结构与家庭功能之间也存在着一种相互适应关系，一定的家庭结构总是为了执行一定的家庭功能。结构功能主义理论启发我们在社会变迁与婚姻家庭制度的关系研究中，以家庭功能为突破口，从宏观和微观两个层面去考察。但是我们也应认识到结构功能主义的不足，它否认质变，否认社会变迁的多向性，没有看到家庭功能与家庭结构之间的不适应与对立。[1]某一具体婚姻家庭制度的变革在微观上可能是家庭结构和家庭功能变迁共同作用的结果，也可能出现核心家庭结构在不同国家、不同时期带来婚姻家庭制度的不同变革。在运用这一理论分析我国婚姻家庭制度问题时应尽量避免片面性地分析问题。

改革开放以来，我国婚姻家庭一直处在不断变迁的过程中，家庭结构在不断优化，家庭功能在不断变迁与完善，这种变迁并不是单向性、僵硬化的，而是具有多向性特点。其一，我国的家庭核心功能变迁轨迹的多向性。在现代社会，工业化促使家庭生产功能弱化，家庭的情感功能强化。在现代城市社会中，一般情况下，家庭不再成为组织生产的单位，家庭的生产功能在逐步丧失。但是，城市中存在一定数量的夫妻店、家庭作坊等个体经济，依然承担着家庭生产功能；在农村地区，我国改革开放以来，随着家庭联产承包责任制的全面推广，家庭重新成为组织生产的单位。但是20世纪90年代以来，大批原来被束缚在土地上的剩余劳动力开始转移到其他行业或产业，家庭在组织生产上所起的作用又有所减少，农民家庭一方面保留部分基本农业生产功能，另一方面又出现了生产功能分化的特点。其二，我国农村家庭生育与赡养功能的特殊性。计划生育政策的实施等综合因素使我国当前家庭在结构规模上向小型化、核心化方向变迁。生育功能在人的生产中从主要地位下降到次要地位。但是，在农村地区，这一变化并不明显，两个子女及以上家庭居多。此外，虽然工业化和

[1] 杨善华编著：《家庭社会学》，高等教育出版社2006年版，第16~17页、第60页。

社会分化使家庭养老功能外化和社会化，但是我国养老保障覆盖面严重不足，反哺式养老在我国农村地区依然居主导。其三，我国家庭消费功能的多层次性。在城市，城市居民的消费能力大大增强，以家庭为单位的消费与以个人为单位的消费并存和并重，家庭成员消费个人自由度大。城市收入差距导致出现消费的多层次和消费能力、消费水平方面的差异。农村家庭在部分或全部的意义上还是一个生产的组织单位，还具有或者部分具有生产功能，在现代化的过程中，农村家庭消费的自给率不断降低，但农村消费还带有自给自足的特性。我国家庭功能变迁多向性的分析对于探究我国婚姻家庭制度的未来发展趋势具有参考意义。

二、家庭现代化理论

家庭现代化理论的核心是“传统”和“现代”。在分析世界性的社会变迁上家庭现代化理论已经成了权威性的观点。“现代化”一词通常的含义是指在具有先进工业技术的社会中所发生的变化过程。在传统社会向现代化和工业化社会转变的过程中，家庭原有的教育和经济功能逐渐丧失，并被学校和经济组织取代。家庭不再是一个生产性的经济单位，家长制的父权制家庭逐渐式微，家庭的活动更多地集中于情感上的满足。[1]

家庭现代化理论至少从两个方面开拓了我们的研究视野。其一，在社会变迁和婚姻家庭制度变革的方向方面。依据家庭现代化理论，在社会现代化进程中婚姻家庭制度的革新方向基本上和社会变迁的方向一致，这主要是由于婚姻家庭制度作为上层建筑，

---

〔1〕［美］马克·赫特尔：《变动中的家庭——跨文化的透视》，宋践等编译，浙江人民出版社 1988 年版，第 36~38 页。

其性质是由一定时期的生产力和生产方式所决定的，因此，婚姻家庭制度的变迁方向与现代化进程基本一致，现代化进程过程中社会变迁最终必将导致家庭制度的变革。其二，在婚姻家庭制度未来发展的最终目标方面。家庭现代化理论在婚姻家庭制度变革过程中，不断依据社会变迁和需求进行调适，其最终目标是建立与现代化社会相适应的婚姻家庭制度。在宏观层面上，在解释社会变迁与婚姻家庭制度变革的关系上，家庭现代化理论具有一定的解释力和影响力。家庭现代化理论是一个包含广泛的理论体系，“关注和强调技术对传统社会的影响，关心的是传统性向现代性的转变及转变过程，并将近现代社会的发展主要视为从‘传统’向‘现代’的转变过程，强调个人主义价值观念与夫妇式家庭制度间的适应性，以及核心家庭制度与工业化之间的适应性是家庭现代化理论的两个重要观点”。[1]

西方经典的家庭现代化理论对我国社会变迁与婚姻家庭制度的关系研究产生极为重要的影响，成为社会学学者和婚姻家庭法学学者们观察我国婚姻家庭制度变革与发展的重要理论视角。家庭现代化理论让我们在未来的婚姻家庭制度研究中认识到传统和现代是一国婚姻家庭制度变革必须首先处理好的问题，应注意到现代化过程中城市化和工业化对婚姻家庭及婚姻家庭制度的影响。但在研究我国问题时，我们也要看到家庭现代化理论在我国的特有含义，我国社会变迁与婚姻家庭制度的关系仍然有其特殊性和多样性。其一，关于家庭权力分配结构的特殊性及其影响。在经典的家庭现代化理论中，家庭内部的权力分配趋向于民主和平等，

---

〔1〕 唐灿：“家庭现代化理论及其发展的回顾与评述”，载《社会学研究》2010年第3期。

传统的父权制家庭已经瓦解，夫妻关系才是现代家庭运作的核心，因此，婚姻家庭制度应致力于规范夫妻关系及替代夫妻关系的其他形态。目前，我国家庭权力结构变迁趋向平等，呈现了与西方现代化理论一致性的一面。但是同时我们也发现，我国家庭中的夫妻关系并没有完全取代亲子关系，父辈和子辈之间仍然存在重要的联系，家庭中的长辈在家庭事务决定中依然受到家庭成员的极大尊重。我国婚姻家庭制度的规制核心不仅是夫妻之间的平等，还应注重夫妻与亲子之间的权利义务的协调。其二，关于家庭关系的理论及其影响。自 20 世纪 80 年代起，继家庭结构研究后，家庭关系成为西方家庭社会学关注的主要领域。依据家庭现代化理论，在现代化过程中，传统父系家族逐渐衰落，家族对个人逐渐失去了控制力，亲属关系趋向于血缘和姻缘并重。现代的婚姻家庭制度应是平等地设置夫妇与血亲亲属和姻亲亲属之间的权利义务关系，如我国《民法典》婚姻家庭编明确规定在父母照顾缺失时，祖父母、外祖父母对孙子女、外孙子女均有抚养教育的义务；在特别情形下成年的孙子女、外孙子女对祖父母和外祖父母同样承担赡养义务。这样的制度设计有利于形成平等的家庭关系。但在实际操作中我们会发现，人们还是倾向于首先寻求祖父母一方的抚育支持。当代中国社会，在整体方向上呈现与家庭现代化理论所预设的与现代化进程一致的家庭关系变迁和婚姻家庭制度变革。但是，我国仍然保留了一些传统性元素。我们在运用家庭现代化理论分析时，必须认识到现代性和传统性研究的重心可能应是本土性的，而不是普适性的，应综合考虑我国实际。我们探究婚姻家庭制度未来发展必然基于现代化的社会变迁大背景，既恰当运用家庭现代化理论分析我国社会变迁与婚姻家庭制度的关系，也应注意到我国家庭演变特殊性及其对婚姻家庭制度变革的影响。

三、女性主义视角

在进入20世纪以前，女性在家庭之外的就业率是比较低的。西方社会经历两次工业革命后，随着生产的机械化、电气化及自动化，妇女开始走出家庭。随着工业化的推进，家庭和工作场所之间的分离愈加明显。其一，传统上与女性和“家庭领域”相联系的工作的范围和性质已经发生变化。许多家务劳动的机械化有助于减少家务时间。男性和女性的家庭分工不那么明显。越来越多的女性进入劳动力市场具有经济原因，即维持一种理想生活需要双份收入，家庭结构的其他变化如单身母亲意味着传统家庭之外的女性正在进入劳动力市场。女性为了实现个人愿望而进入劳动力市场。〔1〕其二，女性主义者把注意力放在许多家庭都存在的不平等的权力关系上。比如，自由女性主义从社会和文化态度方面寻找对性别不平等作出解释。〔2〕19世纪末期开始的女权运动在20世纪已经在婚姻家庭法律制度中使女性取得了一定的财产所有权、离婚自由权、对孩子的监护权等一系列婚姻家庭权益，但婚姻家庭领域中的两性不平等现象仍旧存在。〔3〕

在我国，改革开放以来，女性在教育、就业等方面获得与男性同等的法律地位，女性的法律地位和社会地位得以提升。但是在婚姻家庭中，女性的家庭地位仍然处于弱势。在婚姻家庭领域，

〔1〕［英］安东尼·吉登斯：《社会学》，赵旭东等译，北京大学出版社2003年版，第493~495页。

〔2〕［英］安东尼·吉登斯：《社会学》，赵旭东等译，北京大学出版社2003年版，第143~144页。

〔3〕黄宇：《婚姻家庭法之女性主义分析》，群众出版社2012年版，第57页。

女性权益被侵害仍然比较常见。女性的外出就业带来了她们对家庭中原有的性别角色重新分工的质疑或对原有的分工模式重新建构的要求。在中国家族文化的背景中，对男性来说，一方面，由于女性角色的变化，丈夫在家庭角色分配中不得不在实际的家务分工上妥协，因此，男性参与家务劳动的比例有所上升；另一方面，客观上丈夫参与家务分工，但是主观上丈夫仍然保持着传统的角色期望。对女性来说，一方面，社会分工角色的变化让她们希望能够重新进行家庭内的分工，要求男性参与家务劳动，希望自己多多参与家庭重大事务的决定权；另一方面，由于女性参加社会就业，具有独立的经济收入、法律上平等的权利和社会地位，与丈夫享有了同样的资源，如此形成了男性与女性、丈夫与妻子的传统与现代的角色冲突。[1]在这种冲突中，从夫居和父系传承使女性在家庭中居于从属地位，突出女性的妻子和母亲角色，女性的利益往往在家庭中更容易被忽视和牺牲。[2]

女性主义者从夫妻双方角色期望和权力分配的转变这个角度去讨论家庭的婚姻冲突问题。他们认为，女性角色的变化会冲击原有的两性分工和家庭分工原则，影响家庭决策的模式。女性主义强调婚姻关系与现代经济和政治体系中的性别关系相互作用，其一，女性主义关于家务劳动的理论，提出重视婚姻家庭中家务劳动的价值，消除家庭中的隐性不平等，影响各国婚姻家庭立法，在离婚中考虑到在家承担家务劳动的一方的利益。其二，女性主

〔1〕 张李玺：《角色期望的错位——婚姻冲突与两性关系》，中国社会科学出版社2006年版，第29页。

〔2〕 沈奕斐：《被建构的女性 当代社会性别理论》，上海人民出版社2005年版，第211~214页。

义关于女性生育权问题的理论，伴随着医学的飞速发展，女性的生育权得到更多保障，有助于建构两性之间的“性平等”。其三，女性主义关于家庭暴力的理论，角色冲突往往致使身体弱势的女方遭受身体伤害，女性主义指出家庭暴力的本质及其后果，推动反家庭暴力立法，等等。这些都有助于我们更清楚地理解家庭制度和女性的家庭责任是如何被结构化，更好地认识并重新建构一个适应这些变化的性别分工关系成为必然趋势，有助于我们去认识我国婚姻家庭制度的未来发展趋势。

第二节　我国未来婚姻家庭制度的现实基础

一、传统与现代的交融

婚姻家庭制度在内容上具有鲜明的伦理性、强烈的民族传统特色，是在各国特有的历史文化条件下产生和发展起来的。中国传统婚姻家庭是以自然经济与宗法制度为主要特征的产物。中国传统婚姻家庭制度维护的是族权、父权、夫权的权威性，传统婚姻重家族、轻个人，重义务、轻权利。中国传统家庭以血缘关系为依据，以家族为本位、父子关系为轴心、孝为主要手段，以三纲五常为原则。改革开放以来，随着市场经济体制的建立，我国发生了深刻社会变迁，引起社会生产方式、社会生活方式的全面变化。个人的价值逐渐凸显，某些家庭功能逐步社会化，市场经济的多元化带来了婚姻家庭生活领域一元价值观向多元价值观的演变，传统家庭中心的地位受到个人价值中心的挑战。

西方经典现代化的理论认为，传统因素在现代化进程中仅起消极作用，一个社会的传统因素越多，现代化的程度就越低。事实上，婚姻家庭制度适当的传统性原则与当代其他法律体系及社会政策之间的冲突对家庭产生同样重要的影响。[1]在现代化进程中，社会现代化对中国传统家庭的冲击包括内部和外部的双重冲击，这种双重冲击在横向上可以归纳概括为政治、经济、文化和法律四个方面；在纵向上，这些变迁主要体现在家庭的结构、规模、关系、观念、功能和财产六个方面。[2]社会变迁冲击了传统的家庭及其价值，但是我们“应该不止于中国旧的传统婚姻家庭秩序的解构，也应该是它的重构。中国婚姻家庭制度是‘现代的’，也是‘中国的’”。[3]中国传统家庭作为传统因素的组成部分，其与现代化的关系在理论上面临着用新的眼光重新审视的问题。婚姻家庭的变迁并不是从“传统”到“现代”的单一转变，而是“传统”与“现代”的交融。

其一，注重家庭本位与个体独立的交融。市场经济以个人主义为内核的权利观念导致家庭伦理的削弱和家庭危机的产生。由于社会的急剧变迁，传统的有关家庭责任、家庭伦理的观念已经出现了弱化的现象。现代婚姻家庭制度中的婚姻主体以自我为本位，而不是以家族为本位。现代家庭伦理建立在个体独立、自由和平等的基础上，强调承认与尊重每个成员的个性。现代婚姻是个人本位的婚姻、自主婚姻；传统家庭中家长对家庭成员的支配

---

〔1〕 Rollie Thompson, Family Law Reform and Social Change, *Canadian Journal of Family Law*, Vol. 5, Issue 1 (1986), pp. 11-12.

〔2〕 袁亚愚：《中美城市现代的婚姻和家庭》，四川大学出版社 1991 年版，第 20-30 页。

〔3〕 马云驰：“《婚姻法》的变迁与社会价值观念的演变”，载《当代法学》2003 年第 8 期。

权、控制权逐渐消除。但是我们注意到西方社会已经走过了一条由重视家庭—鄙视家庭—正在回归家庭的道路。这说明了家庭在现代社会仍然具有不可替代的价值；虽然社会变迁冲击了传统的家庭及其价值。因此，我国未来婚姻家庭制度的发展应注重家庭本位与个体独立的交融，既要尊重个人自主、意思自治，同时也要认识到家庭依旧是社会的基本单位，对家庭的重视和对家庭价值的执着一直是我们民族文化的传统特色之一。

其二，注重尊老爱幼的道德传统与家庭抚养、赡养义务的交融。在家庭关系方面，传统的家庭关系是以父子和血缘关系为主轴的家庭关系，传统的代际关系是双向负责的代际关系；现代家庭成员之间是平等互助式的关系，在权利和义务上是双向的。在当代社会，婚姻家庭法律制度取代传统伦理道德成为维系家庭关系，保护老人、儿童权益的重要工具。因此，我国婚姻家庭法律规定赡养老人是子女的义务和责任，抚养未成年子女是父母的义务和责任。但是伴随着改革开放的步伐，家庭成员关系呈现出松散和个体化特点，出现了未成年子女监护缺失和传统老年人赡养缺位的家庭危机。在中国传统社会中，“父慈子孝”对于维护家庭和社会稳定起到了重要作用。中国“家”的一个基本运行机制是“反馈模式”，父母哺育子女，子女为父母养老送终，强调亲权关系是最基本的伦理关系。我们应注意到，传统中国的代际关系的核心是“反哺”，区别于西方的“接力模式”，而这一点在我国尤其是农村地区依然普遍。我们也应注意到，虽然我国的婚姻家庭制度可以规定抚养义务和赡养责任，规定家庭成员间的权利义务双向性和平等性，但是抚养和赡养的内容不限于经济和物质上的供给，也包含家庭伦理亲情，这不是法律所能强制的。我国传统的代际关系失衡，新的婚姻家庭代际秩序和养老体系还没有及时有效建立，因此，在既有的婚姻家庭制度规范下，我国立法一方面加强对处于相对弱势方的权益保障，包括妇女权益的保障、未成年子女权益的保障、老年人权益的保障等，如我国中央和地方政府出台了一系列探望老人、对与老人共同居住的子女给予个人所得税的优惠鼓励措施等；另一方面也应倡导家庭成员之间尊老爱幼、互相尊重、互相帮助，构建和睦、平等、和谐的现代家庭秩序。

二、家庭自治与国家干预

按照传统的法律理论，家庭属于私法自治范畴，家庭事务属于私人事务，国家不得干预。在我国计划经济时代，国家和社会将家庭纳入国家管理的范畴，重视国家和社会公权力的干预。1950 年《婚姻法》规定了结婚的实质条件和形式条件、法定夫妻财产制等强制性规范，旨在打破传统婚姻家庭秩序结构，建立国家法律对婚姻家庭的治理秩序结构。1980 年《婚姻法》中计划生育义务的增加更体现了国家对家庭秩序结构的干预。改革开放以来，政治经济体制改革减少了国家对民众生活的干预，市场经济的逐步建立使权利、意思自治成为主流价值观念，如对于结婚的禁止性条件规定，从“概括与列举相结合”到“概括性规定”，取消强制婚检和基层组织出具未婚证明等，使婚姻当事人获得更多的婚姻自主权，表明国家对家庭规制的逐渐淡化。[1]然而，婚姻家庭不仅是家庭内部的私人事务，也担负着诸多的社会职能，

〔1〕 雷明贵：“《婚姻法》中的社会变迁”，载《行政与法》2010 年第 10 期。

在社会生产和社会生活中发挥着养老育幼、生产与再生产及消费等功能。因此，“现在婚姻家庭制度的价值定向一方面要强调家庭自治、保障个体利益；另一方面要强调国家对婚姻家庭关系的适当干预、维护社会公益”。〔1〕如何在未来婚姻家庭制度中平衡二者是一个重大课题。

一般而言，国家基于平衡婚姻家庭利益、保护第三人利益和社会公共利益而实施的必要干预具有正当性基础。国家基于保护理念介入婚姻家庭关系时，应当以必要和适度为原则。同时也要注意国家对家庭事务的干预必须有法律依据，防止过度地不当干涉人们的婚姻家庭生活。〔2〕在婚姻家庭制度中，家庭自治和国家干预在以下方面得到较多体现。

其一，在婚姻制度上，婚姻自治与国家的合理限制。婚姻制度作为婚姻法的重要组成部分必须遵循婚姻法的根本价值取向——保障个体私益和社会公益的整体满足与平衡。我国《民法典》婚姻家庭编规定的结婚条件体现了家庭自治和国家干预的协调，一方面，我国婚姻家庭法律规定了婚姻当事人的结婚自由、婚检自由、离婚自由；另一方面，基于社会公益和国家管理需要，规定了结婚的实质条件和形式条件、离婚的法定事由和男方离婚诉权的限制等。随着社会的发展，个体主义价值观与传统的婚姻家庭价值观的建立，又对婚姻制度中的意思自治与国家干预提出了新的挑战。一如对婚约的处理。订立婚约在我国农村地区依然

---

〔1〕杜江涌：“家庭自治、国家干预与中国的婚姻制度立法”，载《广西民族大学学报（哲学社会科学版）》2010年第4期。

〔2〕马忆南：“婚姻家庭法领域的个人自由与国家干预”，载《文化纵横》2011年第1期。

盛行，对此，我国立法遵循订婚自由、婚约解除自由的原则，充分体现了家庭自治；但是对于由于婚约的解除引发的财产纠纷，国家适当介入，予以妥善处理；对于父母为未成年人订婚的行为，予以明令禁止。二如对非婚同居的处理。现行法律仅对有配偶者与他人同居予以明令禁止，对于男女双方是否将“同居关系”通过补办结婚登记而转化为受法律保护的婚姻关系由当事人自主决定，体现了对家庭自治和个人意思自制的尊重；但是对于因同居关系解除涉及子女抚养和财产纠纷的问题，法律规定人民法院予以受理。在婚姻制度上，国家充分尊重家庭自治，只是当个人自治无法取得一致即争议无法解决时，管制和权力以司法的名义作为最终的争议解决方式出现，以矫正“私益”的膨胀与失衡。

其二，在亲子关系中，家庭自治与儿童权利的平衡问题。在中国传统父权制的家庭中，家长对所有家庭成员行使个人集权和专制，家长甚至有生杀大权。我国《民法典》总则编、《民法典》婚姻家庭编、《未成年人保护法》等法律规范规定了父母或监护人对未成年子女的抚养教育义务，但是由于具体监护的方式和职责规定不明确，对未成年子女行为的惩戒乃至暴力、虐待、遗弃等事件频频见诸报端，严重危害未成年子女生命健康。在社会转型初期，国家和个人仍然认为子女抚育是私人领域和家庭自治的范畴，政府的家庭治理观念尚未形成，依然强调儿童属于家庭中父母监护的范畴，却没有注意到社会的转型已经造成家庭在儿童照顾方面的功能失调。此时国家有必要介入亲子关系，平衡和协调父母子女之间的冲突，促进建构平等、和睦的良好家庭秩序。未来亲子关系中，国家在儿童保护和照顾方面的干预扩张应被合法化，政府的职能不应局限于消极地介入家庭中的亲子关系，更应积极地通过法律、福利等合法适当的手段主动介入家庭事务，并且建立完善的儿童保护监督体系和儿童福利体系，避免儿童受到不适当的照顾。国家可通过法律赋予监护人更加严格的监护责任、国家机关直接替代家庭监护、实施严格的国家监护监督和司法机关的批准权等公法上的调整手段，对家庭自治权实施一定程度和范围的干预。对此，我国法律规定也作出相应调整，2014 年 12 月，最高人民法院、最高人民检察院、公安部和民政部联合印发的《关于依法处理监护人侵害未成年人权益行为若干问题的意见》完善了监护资格撤销制度，积极构建国家监护制度，在设计国家监护制度时，始终坚持以家庭父母监护为主，其他亲友的监护为补充，国家监护为救济的基本原则，以弥补家庭自治监护的不足。有效平衡亲子关系中家庭自治与儿童权利，有助于建构适合新时代的儿童抚育模式，有效确保提升儿童福利。

其三，在夫妻关系中家庭自治与国家介入。夫妻关系属于婚姻当事人意思自治自由度比较大的领域，但也存在夫妻利益失衡、需要公力干预的情形。一是关于夫妻忠实义务，改革开放以来，人们的性观念更加开放，这在一定程度上对夫妻配偶权的性忠诚造成冲击，如有配偶者与他人同居、重婚等。对于违反夫妻忠实义务的行为，我国《民法典》婚姻家庭编区分情形，一方面，我国《民法典》婚姻家庭编第 1042 条以忠实义务这一倡导性条款倡导夫妻双方应相互忠实，但是对于仅仅依据《民法典》婚姻家庭编第 1042 条以违反夫妻忠实义务侵犯配偶一方私益提起诉讼时，我国法院一般不予受理，体现我国比较谨慎地介入干预的态度；另一方面对于违反一夫一妻制的重婚情形，已经超出对婚姻一方当事人私益的侵害，还涉及危害社会公益，因此，我国法律予以明确禁止，并从刑法角度科以重婚罪的公法手段的方式提供公力救济。二是关于夫妻财产制，改革开放以来，个人财产的增长等因素促使夫妻在家庭关系中更加注重个人财产的保护。我国1980年《婚姻法》确认了约定财产制，2001年《婚姻法》又进一步强化了夫妻约定财产制，充分尊重夫妻的个人财产权和意思自治。然而在夫妻财产关系中，我们不仅考虑个人财产保护的需要，夫妻财产关系之所以区分于一般的财产关系，在于夫妻财产关系带有一定的身份性。当夫妻财产约定和夫妻财产分割出现严重利益失衡时，国家有必要介入给予适当干预。因此，我国婚姻家庭法律设置法定夫妻共同财产制、离婚时经济补偿制等以矫正失衡的利益关系，保障婚姻关系中处于弱势一方的利益。三是关于家庭暴力，改革开放以来，女性社会地位的提高也带来了丈夫和妻子在家庭分工和夫妻角色上的冲突。家庭关系中的夫妻角色冲突加剧导致家庭暴力增多，严重侵害家庭中的妇女、老人的权益，亟须公力救济。2001年《婚姻法》在总则中明确规定禁止家庭暴力，2015年12月27日又公布了《反家庭暴力法》，规定了人身安全保护令，加大对家庭暴力的惩治力度。从上述分析来看，国家介入夫妻关系总是比较谨慎的，并且尽量采取最轻微的公力干预手段，只有在严重侵害另一方利益或者社会公益时，国家才采用比较严厉的公力干预手段，上述一系列婚姻家庭制度的革新便很好地体现了在夫妻关系方面家庭自治和国家干预的协调。

三、婚姻家庭制度的本土化与国际化

经济全球化、劳动力资源的跨国化等必然会对人与人之间的关系产生影响，其中也包括对婚姻家庭关系的影响，冲击家庭甚至改变家庭的含义。[1]国际上其他国家有诸多关于家庭法国际化影响的探讨，如欧盟国家研究集中于关于家庭法的欧洲一体化问题，美国研究集中于大量的外来移民带来的家庭法国际化影响问题等。

法的国际化是指法律在国际范围内的交流和传播，从而使法律具有世界性的特征的过程和现象。[2]在我国，改革开放以来跨国婚姻增加，我国婚姻家庭法也受到国际化影响。自 20 世纪 80 年代以来，随着经济体制改革特别是市场经济体制的逐步确立，社会开放程度的不断提高，择偶的范围相应扩大，跨国婚姻发展速度快，1982 年上升为 14 193 对，1990 年为 23 762 对，1997 年已达 50 733 对。通婚圈扩大到世界，涉及 53 个国家和地区，导致"联合国"式的家庭增多。[3]跨国婚姻带来的后果之一就是涉外离婚案件的出现和不断增多，冲突法被大量运用。为适应这一形势，1992 年我国批准加入了联合国《儿童权利公约》，以加强在儿童权利保护的实体规范上的国际协作。2010 年 10 月 28 日，我国通过了《涉外民事关系法律适用法》，专设第 3 章对"结婚、夫妻关系、父母子女关系、离婚、收养、扶养、监护"等问题的法律适用做了规定。这一法律新增了有关夫妻人身和财产关系、父母子女人身和财产关系、协议离婚的法律选择规则；比较充分地体现了有利原则（如有利于婚姻成立、保护弱者）；采用了意思自治原则（如关于夫妻财产制和协议离婚）等，体现了国际化趋势。[4]

---

〔1〕 Barbara Strark，When Globalization Hit Home：International Family Law Comes of Age，*Vand. J. Transnat'l L.*，Vol. 39，(2006)，p. 1551.

〔2〕 曹全来：《国际化与本土化——中国近代法律体系的形成》，北京大学出版社 2005 年版，第 156 页。

〔3〕 邓伟志、徐新编著：《家庭社会学导论》，上海大学出版社 2006 年版，第 54 页。

〔4〕 郭玉军："涉外民事关系法律适用法中的婚姻家庭法律选择规则"，载《政法论坛》2011 年第 3 期。

与此同时，在法律发展的国际化过程中，各个国家或地区都会期望保留本国法律的若干内容，保存本国法律的特色，即本土化特色；婚姻家庭法尤其如此，其具有较强的伦理性和民族特性。因此，在法律国际化趋势下，我们既不能抵制对外国法律的吸收、借鉴和移植的问题，也不能盲目学习照搬外国法律。[1]以儿童权利保护（儿童抚养纠纷）为例，就前一点，我国与国际化接轨差距甚远，我国虽然批准加入了联合国《儿童权利公约》，但是我国至今未明确确立儿童最大利益原则，我国对婚姻家庭中的未成年人保护立法也有不完善之处。从法律角度来看，需要加强我国相关立法与国际统一法律相衔接，我国未来某些婚姻家庭制度应与相关国际条约接轨，完善婚姻家庭法律规定。就后一点，我们也必须结合我国实际，保留优良的文化传统，同时也进行创新，让其与本国的法律相融合，为本国民众认同与遵守，真正将法的精神浸透到社会生活中。在全球化趋势下，国家协作并不会自然发生，需要有意识地促成。如果交通、交流、婚姻的跨国趋势继续，婚姻家庭制度的国际化也必然向纵深发展。[2]

第三节　我国未来婚姻家庭制度的发展趋势

预测婚姻家庭制度的未来发展不是一件容易的事情，要对我国未来具体的婚姻家庭制度作出预测则更为困难。因此，本节对

---

〔1〕 何勤华："法的国际化与本土化：以中国近代移植外国法实践为中心的思考"，载《中国法学》2011年第4期。

〔2〕 Adair Dyer, *The* Internationalization of Family Law, *UC Davis Law Review*, Vol. 30, (1996), pp. 643-645.

我国未来婚姻家庭制度的预测局限于宏观方面的预测，提出整体性的建议，主要包括我国未来婚姻家庭制度的法律定位和法律体系。在可预见的范围内，我国的婚姻家庭法是否将继续存在，会不会如西方社会所言转变为“人法”？如果不会，那随着家庭形态的更加多样化，我国未来的婚姻家庭制度又将如何面对？在法律体系上，婚姻家庭制度被纳入民法典体系的法理基础为何？我国在将婚姻家庭法律制度纳入民法体系后，在司法实践中，如何进行体系化适用？

一、我国未来婚姻家庭制度的法律定位

（一）家庭消亡论与“人法”说

一定社会的生活方式和家庭制度是相互渗透和影响的，因此，这也决定未来家庭制度的发展；家庭中社会规范的内容、程度的变化影响着家庭的未来。习俗、道德、法律都将影响个人在婚姻家庭生活中的行为方式；然而在当代，法律属于正式的社会控制范畴，婚姻家庭制度规定了婚姻和家庭的各个方面。

从家庭的起源和发展来看，未来的家庭由未来的生产力水平和生产方式决定。生产方式的变革、科学技术的发展不断改变着人们的生活方式。在传统农业社会，家庭是基本生产单位，在工业化初期，农村人口涌向城市，生产社会化、集约化，社会服务机构替代了许多传统的家庭功能。20 世纪 60 年代以来，家庭消亡论者认为西方社会的家庭危机使一些西方学者对家庭的未来持悲观态度，家庭正在走向毁灭，未来社会人们基本的生活实体已不再是家庭，而是个人。人的精神世界不断丰富，个人思想中的个性精神滋生，改变了个人与社会的关系，也改变了个人在家庭中

的位置。个人不再成为家庭的附属，而是具有自我意识的家庭的一个组成。子女不再是父母的私有财产，女性不再从属于男性，妻子也不再附属于丈夫。个人对家庭的无论何种形式的义务和责任已经成为个人之间的义务和责任，个人的权利和特权不必服从家庭整体利益。现代文明以家庭制度失去许多控制个人的能力为代价，个体只向法律和政府负责，并对社会公共保障无比依赖，个人更大程度地与社会结合在一起。婚姻和家庭对个人的约束已下降到最低限度，而家庭却对自身功能的调节无能为力。这是否意味着“家庭法”将发展成为“人法”？[1]

（二）未来家庭的形态与“家庭法”

家庭有它的历史、现状，也必然有其未来。就大多数人而言，家庭是实现持久两性关系的主要场所，未来两性关系的本质将是什么？家庭将何去何从？

受工业化影响，人们的社会文化价值观首先受到冲击。对性的认识的革命改变了过去理想家庭与性关系的共同价值观，非婚生育增加、离婚率上升、结婚和再婚率下降，婚姻体制相应削弱，单身、同居或同性恋现象增加。社会向个人主义方向发展，家庭不再存在超越于个体之上的权力。其次家庭功能的不断社会化，一方面使人们减轻了在家庭中承担责任的压力，男女双方趋向于寻求一种不完全维系于家庭生活的个人身份；另一方面削弱了家庭的团结，人们认为家庭的解体对其他成员的生活影响甚微，如孩子的抚养教育由社会机构代替。最后现代科技对人类生殖发出挑战。生育长期以来只是一对男女相互同意并作出决定而进行的

---

〔1〕 Dieter Schwab, *Wertwandel und Familienrecht*, 1993, Hannover, S. 30ff.

私人化活动，现在可以通过“制造”手段进行，如捐献精子、代理母亲，这使生育的当事人可以相互隔离，家庭生育功能弱化。这些技术的发展及其对延长人的预期寿命、避孕和医疗辅助生育的贡献必然破坏家庭秩序。另外，全球化的影响，人口流动使与地域密切联系的家庭失去主导地位，一些替代性的两性模式应运而生。

诚然，工业化对人们的家庭观念、家庭结构、家庭功能和家庭关系等产生了冲击，家庭形态也不是静止的。但是对于家庭的未来，家庭在可预见的未来将继续存在。人工辅助生殖无法取代人类自身的生育功能，家庭仍然是社会的基本单位。阿尔温·托夫勒指出在未来社会，新的生产方式将把人们带回家庭工业时代，在以电子、信息科学为基础的时代，已不再需要人们在工厂、办公室里工作，家庭将重新成为工作单位。因此，未来社会将回到以先进的电子科学为基础的家庭工业时代；从而重新突出家庭作为社会中心的作用。〔1〕只是，我们也应注意到，未来的家庭，男女双方的爱情是家庭质量的重要保证。家庭的首要功能是满足家庭成员各种需要，并提供相互帮助和情感支持。因此，婚姻对于家庭的基础意义弱化，婚姻与家庭之间的有机联系变得松弛。家庭将呈现多元化的样态，如独身户、无子女的夫妻家庭、已婚和未婚的单亲家庭、未婚同居家庭等。〔2〕

婚姻家庭形态的未来变化需要一套新的社会规范体系与之匹

〔1〕［美］阿尔温·托夫勒：《第三次浪潮》，朱志焱、潘琪、张焱译，生活·读书·新知三联书店1983年版，第238页。

〔2〕邓伟志、徐新编著：《家庭社会学导论》，上海大学出版社2006年版，第275~286页。

配。从社会生活的多元化发展来看，旧有的家庭概念已经表现出了其狭隘性。我国未来的家庭不是单一的概念，必将对非婚同居家庭、单身家庭作出回应。但是受我国传统道德观念的影响，将非婚同居家庭、单身家庭纳入家庭制度之中不可能是一步到位或者同步进行的。依据我国目前情形，非婚同居越来越显现出来，并且为人们所接受，因此，这将会是我国未来婚姻家庭形态重大变革的突破口。单身家庭由于其本身很少与外界发生基于新组建家庭的身份而产生的人身关系和财产关系，因此，对于单身家庭的规制往往容易被忽视，但事实上，单身家庭依然有需要保护的婚姻家庭利益，如单身女性的生育权问题都将逐步引起社会的关注，但是关于单身家庭的立法，将会是在经济发达的地区局部性的尝试，再到全面的放开。

二、我国未来婚姻家庭制度的体系化

（一）婚姻家庭制度体系化的方式

法律体系由内在体系和外在体系构成。内在体系建立在基本原则基础上，此种基本原则具有很高的抽象性和稳定性，它使得民法能够区别于其他部门法，并且使民法在不同的历史时期呈现出不同的特征。所谓外在体系，是指以一定的逻辑方式对各种源于生活事实层面抽象所得出的法的概念、制度加以建构的体系，体现为对素材的加工编排所形成的处理结果。〔1〕民法内在体系和外在体系共同作用构成了完整、统一的民法体系。婚姻家庭制度的体系化也存在外在体系和内在体系的问题。

〔1〕朱岩："社会基础变迁与民法双重体系建构"，载《中国社会科学》2010年第6期。

在外在体系规范上，法典化的灵魂在于体系性，从形式体系而言，法典化融合了形式的一致性、内容的完备性及逻辑的自足性，由此使法典在特定价值引导下有统一法律术语、法律制度和法律规则，并在法典内部及法典与单行法之间形成一般与特别、指引与落实等顺畅的关系。[1]当前，婚姻家庭制度体系化的主要问题是婚姻家庭制度与民法典的体系性适用问题，包括与总则、物权、债权、继承、侵权责任等各编的协调性适用问题。在协调过程中，一方面须认识到民法典的体例是总则下辖分则，统领分则，将民法典中具有共性、总括性和普遍性的规定抽象、概括于总则之中。另一方面在与其他各编的协调过程中，须保持婚姻家庭制度规范不违反其本身的规范意旨和目的。

在内在体系规范上，婚姻家庭制度体系化须注重民法一般价值与婚姻家庭制度伦理性价值相协调。价值体系是指在制定法律时立法者所秉持的价值取向，是体现在法律背后立法者所追求的宗旨和目的。只有价值体系保持一致，才能够保证法律相互之间的和谐一致，保证形式体系的形成。[2]民法是商品经济的法，是在市场经济的背景下制定的，反映了市场经济的基本规律。基于对民法的私法属性的认知，民法必然彰显主体平等、私权保障、意思自治（契约自由）等私法的理念；但是社会公共利益、伦理性的要求、社会经济文化因素的影响等都逐渐显现出来，并对于传统的私法自治所蕴含的内容提出了挑战。在这一发展过程中，诚实信用原则、禁止权利滥用原则、公序良俗原则等都呈现出一种巨大的生命力和影响力，成为现代民法的基本原则，从而构成

[1] 王利明："法律体系形成后的民法典制定"，载《广东社会科学》2012年第1期。
[2] 王利明："法律体系形成后的民法典制定"，载《广东社会科学》2012年第1期。

了一种比较多元化的原则的现代民法价值和规范体系。[1]改革开放后，受市场经济的影响，现代社会的婚姻家庭制度也必然彰显意思自治、平等、人格独立等民法基本价值。我国婚姻家庭法律确立男女平等、婚姻自由等基本原则；设立了约定财产制等基本制度规范。但是我国婚姻家庭法律也设置了对军人配偶离婚自由权的限制、离婚经济补偿、给离婚困难一方提供帮助等制度。因为家庭是以婚姻、血缘和共同生活为纽带而形成的亲属团体。家庭成员在情感、生活和工作等方面互相关心、互相帮助、互相支持、互敬互爱也是这种法律调整所追求的伦理价值目标。[2]

（二）婚姻家庭制度与民法体系的一般理论

在法典化国家，婚姻家庭制度与民法体系存在两种不同的处理方式：一是以萨维尼法律关系理论为核心构建的体系；二是以民法调整对象理论来构建的体系。

1. 法律关系理论与婚姻家庭制度

按照萨维尼法律关系理论，意志支配的对象包括以他人作为对象的法律关系，即在家庭中扩展的自身，这种支配只部分属于法律领域，与此对应的是家庭法，民法中的家庭制度。1900年《德国民法典》以萨维尼法律关系理论为核心，建立了现代民法的制度体系。在萨维尼的整个私法体系中，法律关系有机性理论意味着法律体系存在静态和动态两面。萨维尼以法律关系为内核来构建私法体系，进一步将私法体系分为总论和分论。私法体系的总论部分是围绕法律关系的静态和动态层面而展开的，处理了法律关系的共同概

〔1〕 柳经纬主编：《共和国六十年法学论争实录　民商法卷》，厦门大学出版社2009年版，第35页。

〔2〕 夏吟兰主编：《婚姻家庭继承法》，高等教育出版社2010年版，第48~49页。

念要素；而分则部分则处理特别的法律关系以及与之存在密切关联的法律制度（债法、物法、家庭法及继承法）。[1]

1804年《法国民法典》中的亲属制度，在第一卷"人法"中将民事主体和婚姻家庭关系的问题规定在一起。有关婚姻家庭的具体规定主要集中在该卷的第五编至第十编，内容包括结婚、离婚、父母子女、收养与非正式监护、亲权、未成年人监护等。在第三卷第五编中，对夫妻财产契约关系及夫妻间的权利作了详尽的规定；继承制度的规定被列入第三卷"取得财产的各种方式"，归入了"物法"的范畴。

与《法国民法典》婚姻家庭关系的立法安排不同，《德国民法典》将亲属法从"人法"中抽离出来，单独作为第四编。《德国民法典》第四编"亲属法"，第一章"民法上的婚姻"，包括婚约、婚姻的缔结、婚姻的废止、夫妻财产制、离婚等内容；第二章"亲属"，包括扶养义务、父母照顾、收养等内容；第三章"监护、法律上的照管、保佐"。其中夫妻财产制和第二章、第三章属于婚姻家庭关系的客体和内容，属于静态的法律关系；婚姻的缔结、废止和离婚则反映了动态的婚姻家庭关系。继承制度也独立出来被列为《德国民法典》的第五编。在该编中，第二章"继承人的法律地位"实际上是对继承法律关系内容的规定，第七章"继承的抛弃"涉及继承法律关系的消灭；而在第三章"遗嘱"和第四章"继承合同"中规定了继承法律关系产生、变更和消灭的具体规则。而引起婚姻家庭关系变动的法律事实，如结婚，引起继承法律关系产生的遗嘱、继承合同也被抽象为"法律行

[1] 朱虎：《法律关系与私法体系　以萨维尼为中心的研究》，中国法制出版社2010年版，第176页。

为”置于《德国民法典》总则编，同时将婚姻家庭关系、继承关系和物权关系、债权关系中的法律关系主体要素作为权利义务主体共同抽离到《德国民法典》总则编第一章“人”。

比较以《法国民法典》为核心的法学阶梯体系和以《德国民法典》为核心的潘德克顿民法体系，前者是“人法+物法”的体系构建，它是以有体物与无体物的划分、物的归属和取得为主线，同时强化物的取得方法的一种构建方法。[1]也有人认为《法国民法典》是以调整对象为线索组织起来的。[2]后者以萨维尼法律关系理论为内核加以构建。萨维尼法律关系理论将亲属、继承分别从契约和物法中抽离出来，使物法成为纯粹的物权法；又将权利主体、引起法律关系变动的法律行为抽象出来作为债法、物权、婚姻家庭继承法的共同规则置于总则编，同时在各分编中设定具体规则。这种体系划分正是建立在萨维尼法律关系理论的基础上，因为萨维尼法律关系理论认为，法律关系的意志支配对象为对于本人的法律关系、对于不自由的自然的法律关系及对于他人的法律关系。这种法律关系的区分成为体系区分的基础，这种以法律关系理论为核心构建的民法体系既注意到各类法律关系的共性，又考虑到个性；既注意到静态要素，又考虑到动态要素，从而形成了一个逻辑严谨的民法体系。

2. 民法调整对象理论与婚姻家庭制度

民法调整对象，一般是指民法这一法律部门所要规范的社会

---

[1] 杨代雄：“法学阶梯式民法体系的演变简史——民法体系的基因解码之二”，载《北方法学》2011年第6期。

[2] 娄爱华：“民法典结构模型新探——法律关系与调整对象的双重视角”，载《北京化工大学学报（社会科学版）》2006年第1期。

关系。以民法调整对象理论来构建民法体系的国家认为婚姻家庭法不属于民法体系的范畴。

在传统民法中，婚姻家庭关系既有身份关系的内容，又有财产关系的内容，本质上属于民事关系，因此属于民法的组成部分。在《法国民法典》里，有关婚姻家庭的身份关系部分内容规定在第一编“人”（第五章到第十章），有关家庭财产部分内容规定在第三编“财产取得的方法”（第五章）。《德国民法典》将婚姻家庭中的身份关系与财产关系合并，设亲属编加以规定。日本民法典、我国民国时期的民法典采取德国的体例，也设亲属编规定婚姻家庭法的内容。〔1〕

但是以民法调整对象理论来构建民法体系的国家认为婚姻家庭法不属于民法体系的范畴。苏俄的民事立法是将调整婚姻家庭关系的法律从民法典中分离出来，并以独立的法律部门相待。苏联学者认为，家庭法虽然涉及一些财产关系，但其根本问题是家庭成员间的人身关系，而民法的调整对象被界定为由于利用商品货币形式而引起的财产关系，以及与财产关系有关的人身非财产关系。婚姻家庭关系与财产关系无关，因此被排除在苏联民法的调整对象之外。苏联解体后，俄罗斯沿袭了苏联独立的家庭法立法模式。〔2〕

中华人民共和国成立后，我国第一部严格意义上的民事法律是《婚姻法》。1950 年《婚姻法》秉承了苏俄民事立法的传统，显示出其独立法部门的一面。1980 年和 2001 年先后两次通过新修改的婚姻法，延续了婚姻法单独立法的传统。

〔1〕 柳经纬：“社会转型时期的民法回归”，载《社会科学》2006 年第 10 期。
〔2〕 雷春红：《婚姻家庭法的地位研究》，法律出版社 2012 年版，第 46 页。

当时学者们普遍认为“婚姻法之所以形成独立的部门，是因为它有独立的调整对象，即婚姻家庭关系，而婚姻家庭关系是一种人身关系，虽然有的具有财产关系内容，但人身关系是主要的，而财产关系是以人身关系为前提的，是派生的、次要的。因此，婚姻法应该成为一个独立的法律部门”。“民法调整的是一定范围的财产关系以及与财产关系相联系的人身非财产关系”，婚姻法虽然也调整一定的财产关系，但是这种财产关系与民法调整财产关系不同，民法调整的关系是等价有偿的，而婚姻法“是基于一定的身份关系而发生的，不存在等价、有偿的特点”。[1]

从民法调整对象理论来看，在社会主义条件下的作为婚姻家庭法调整对象的婚姻家庭关系，不是契约关系，更不是商品关系，不应将婚姻家庭法纳入民法体系，而应将其作为独立的法律部门。确实很难认定婚姻家庭法与商品经济的直接关系，与商法、债法、物权法等纯粹商品经济的法是有一定区别的。但是民法调整对象理论的核心是主体的平等性。而婚姻家庭法之所以可以纳入民法体系之中，也正是因为这一点。主体地位平等性是我国民法调整对象理论的根本特征。

婚姻家庭法的调整对象是婚姻家庭关系，既有婚姻关系，又有家庭关系；既有婚姻家庭方面的人身关系，又有婚姻家庭方面的财产关系。[2]婚姻家庭法中的人身关系和财产关系，正是发生在作为平等主体的公民之间，符合民法规范的范围。

3. 民法体系构建理论下的法律关系与调整对象

法理学一般理论认为，法律的调整对象是社会关系，而法律

〔1〕 巫昌祯主编：《婚姻法学》，中国政法大学出版社 1996 年版，第 12~13 页。

〔2〕 杨大文主编：《婚姻家庭法》，中国人民大学出版社 2012 年版，第 43 页。

关系是由法律调整的社会关系。单就法律关系和调整对象的关系来看，一个调整对象的抽象模型使调整对象与法律关系一一对应。任何被纳入法典视野的有独立意义的调整对象都会和一项法律关系相对应。一个调整对象往往导致多个法律关系，一个法律关系适用多个调整对象。[1]

但是从民法体系构建理论的角度来考察两者的关系，我们发现法律关系和调整对象是区分明确的。调整对象或法律关系决定了民法典的结构，从而也决定了民法体系结构。民法体系构建下的法律关系被萨维尼界定为“通过法律规则界定的人与人之间的关系”，被限定在私法领域，作为民法体系构建的核心。苏联也有关于法律关系的介绍，但这种介绍不是从构建民法体系的角度，而是从法律实现的角度加以运用，认为法律关系是法的实现方式之一。[2]根据法理学一般理论，调整对象是区分部门法的根本特征。在苏联，民法调整对象的功能是“对全部民法内容的搜索，是民法范围确定的标准”，民法调整对象成为统筹民法体系的关键因素。[3]在西方社会，虽然也有对民法调整对象的研究，但是并未在法典中得到体现。因为“西方国家的民法在法律分类上属于私法，民法典中不规定民法调整的对象是什么，学理上亦不认为这是需要规定的问题”。[4]

以民法调整对象为主线构建的民法体系强调的是“人与人之间的关系”，包括基于财产流转的人与人之间的关系，以及相互行

---

〔1〕 娄爱华：“民法典结构模型新探——法律关系与调整对象的双重视角”，载《北京化工大学学报（社会科学版）》2006年第1期。

〔2〕 董国声：“苏联关于一般法律关系理论的争论”，载《中外法学》1990年第2期。

〔3〕 麻昌华、覃有土：“论我国民法典的体系结构”，载《法学》2004年第2期。

〔4〕 魏振瀛：“中国的民事立法与民法法典化”，载《中外法学》1995年第3期。

使自己私人利益（包括非财产利益）的独立的私人之间的人身非财产关系。而这些“人与人之间的关系”建立在平等、独立自主的基础上，即“主体平等”，因此苏式民法体系的结构编排是物权法、债法、专属权法（智力产权法）、商法（公司法）；强调人与人之间的利益流转关系。而以法律关系为核心构建的民法体系，是一个以权利为核心的体系，它所强调的是权利的确认、变动、实现与救济，主体的平等性已经包含在权利体系之中，整个民法体系是围绕权利的确认、变动、实现与救济来构建的，这就决定了潘德克顿民法体系的结构编排是总则、债法、物法、家庭法、继承法；将权利主体置于总则之中，因此不将主体作为核心要素来构建民法典体系。易言之，以法律关系为线索的内在逻辑的完备性是不包括主体的；但是以调整对象为线索的划分，其逻辑完备性是包括了主体的，这从根本上体现了调整对象与法律关系内在逻辑的不同。[1]

大陆法系国家民法典不规定“调整对象”，这一方面是因为他们认为民法本来就是私法，包罗万象，没有必要界定范围，若然，反而不利于民法的发展；另一方面，调整对象所要确立的主体平等性，是建立在权利体系基础上的以法律关系为核心构建的民法体系的最基础的内容，权利本身所代表的就是“平等”，而法律关系本身即指“人与人之间的关系”，如果再加上一个调整对象的规定，不免有画蛇添足之嫌。民法体系的总论部分统筹了法律关系中的主体、客体等共同的概念要素；而分则部分以权利的形式确立了法律关系的内容，并且很好地配置了各种类型的法

〔1〕 娄爱华：“民法典结构模型新探——法律关系与调整对象的双重视角”，载《北京化工大学学报（社会科学版）》2006年第1期。

律关系以及与之存在密切关联的法律制度（债法、物法、家庭法及继承法），从而从静态层面构建了一个完整、严密的民法体系。总则部分将以意志为核心的权利所涉及的领域之共同因素提取出来，并以“法律行为”为标题将共同部分规定在“总则”中，合同、遗嘱、结婚都被抽象为法律行为，而将特殊性仍然留在各编中。在各编中，包含各自法律关系变动的动态体系，同时总则中法律行为理论与各编中的法律关系变动共同构成一个完整动态的民法体系。可见，法律关系自身足以构成一个动态和静态、横向和纵向逻辑严谨的结构体系。

（三）我国婚姻家庭制度与民法体系

中华人民共和国成立后，我国《婚姻法》受苏联民法学的影响，根据苏联的民法调整对象理论来界定婚姻法的法律地位，秉承了苏俄民事立法的传统，将婚姻法独立于民法之外，显示出其独立法部门的一面。1980 年和 2001 年先后两次通过新修改的婚姻法，延续了婚姻法单独立法的传统。1987 年《民法通则》所列举的民事权利中包括婚姻自由等权利，并规定了涉外婚姻家庭关系的法律适用等问题，夫妻财产离不开民法的财产制度如共有制度，夫妻相互间的权利义务，父母子女相互间的权利义务，在很大程度上尤其是在诉讼上表现为请求权，与民法的债权制度具有原理的相通性，这些均反映了民法对婚姻家庭关系的直接调整。[1]

我国 2001 年《婚姻法》主要包括结婚制度、家庭关系、离婚、救助措施与法律责任。结婚制度中关于结婚条件的规定，结婚年龄（第 6 条）、对禁止结婚的血亲的规定（第 7 条），实则是

〔1〕 柳经纬：“社会转型时期的民法回归”，载《社会科学》2006 年第 10 期。

对婚姻关系的主体规定。我国《婚姻法》规定了夫妻的姓名权（第14条）、人身自由权（第15条）、计划生育义务（第16条）、财产共有权（第17条）、扶养权（第20条）、继承权（第24条），这些一般在理论界被称为配偶身份权，实则是婚姻家庭关系的内容。而结婚、离婚是关于婚姻家庭关系变更和消灭的动态规定。我国1985年《继承法》第一章总则部分规定了继承法律关系的产生（第2条）和继承权丧失（第7条），以及继承法律关系的客体（第3条"遗产"）。我国原《民法通则》第二章"自然人"和第三章"法人"，规范了权利主体的类型及其最一般的属性，并包括了部分亲属法（第14条至第18条关于监护的规定）的规定，同样适用于婚姻家庭和继承制度。此外结婚、遗嘱作为法律行为也同样可以适用我国原《民法通则》中法律行为的相关规定。可见，虽然婚姻法一直以单行法的形式存在，但是我国婚姻家庭制度都包含了法律关系的静态要素理论和动态要素理论。

2020年婚姻家庭制度作为独立的一编被纳入《民法典》之中，《民法典》总则编第2条通过民法调整对象的规定，并考虑到婚姻家庭制度包括人身关系和财产关系，将婚姻家庭关系统合入《民法典》第5编，位于人格权编和继承编之间。虽然我国《民法典》以民法调整对象理论确定了民法体系的内容，构建了宏观的民法典体系，但是在微观层面，《民法典》总则编以法律关系的主体、客体、内容为逻辑顺序安排内容，并将《民法典》各分编共通的静态要素和动态要素内容以"提取公因式"的立法技术放入总则编之中，实现了民法调整对象理论和法律关系理论在民法体系构建上的完美融合。就此，婚姻家庭制度回归到民法中来，这也意味着我国婚姻家庭法律制度被纳入民法体系之中。

《民法典》编撰完成后，被纳入民法体系的婚姻家庭制度面临的更多是体系性适用问题。在我国现行立法体例上，婚姻家庭制度属于民法不可分割的有机组成部分，《民法典》总则编的规定对处于分编的婚姻家庭制度具有统辖作用。但是也应看到，婚姻家庭制度同其他民法规范相比，仍有其自身的固有特点，所以在民法中又具有相对独立的性质。〔1〕比如，依据《最高人民法院关于适用〈中华人民共和国民法典〉总则编若干问题的解释》第1条第1款的规定，《民法典》第二编至第七编没有规定的，适用《民法典》第一编的规定，但是根据其性质不能适用的除外。因此，依据该条款规定，在协调《民法典》总则编与婚姻家庭编的体系性适用时，其一，如果婚姻家庭编有规定时，优先适用婚姻家庭编的规定，如《民法典》婚姻家庭编关于受胁迫婚姻撤销权不适用最长5年除斥期间的规定，则不再适用《民法典》总则编第152条撤销权最长除斥期间的规定。其二，在婚姻家庭编没有作出明确规定时，不能直接适用总则编的规定，得依据婚姻家庭行为的性质来判定是否可以适用《民法典》总则编的规定。只有适用总则编规定不违背婚姻家庭制度本身性质和规范意旨时才可适用，反之，则不能适用总则编的规定。比如关于受欺诈缔结的婚姻是否可以撤销的问题。《民法典》婚姻家庭编第1053条只规定了隐瞒重大疾病缔结的婚姻这一种欺诈情形的婚姻可以撤销，如果出现其他欺诈情形，如隐瞒婚史，虽然《民法典》总则编第148条规定了一般民事法律行为欺诈的撤销规定，但是该条款不能适用于隐瞒婚史的婚姻欺诈。如果适用的话，显然与婚姻家庭

〔1〕 杨大文主编：《婚姻家庭法》，中国人民大学出版社2012年版，第48页。

制度本身维护婚姻家庭安宁性的意旨不相符。

（四）四个层面的婚姻家庭制度的体系化问题

从实然角度来看，我国婚姻家庭的制度规范包括四个层面。这四个层面的法律规范和社会规范共同作用于我国的婚姻家庭关系。第一个层面的婚姻家庭制度规范是规制婚姻家庭生活的直接核心规范；后三个层面的婚姻家庭制度规范为第一个层面的规范提供了较好的政治、经济和文化制度背景，有助于婚姻家庭立法宗旨的实现；并且在第一层面制度规范未能及时回应社会变迁时，后三个层面的制度规范能够给予一定的辅助和补充。这四个层面的婚姻家庭制度规范涉及公法和私法、实体法和程序法，显然，这四个层面的制度规范存在不平衡、不协调的问题是正常现象。我国婚姻家庭制度体系化问题也应考虑加强这四个层面的婚姻家庭制度规范的内在协调。对于相同或类似的婚姻家庭问题，四个层面的婚姻家庭制度规范应及时作出更新和回应；对于冲突的地方及时予以及时协调。加强我国劳动法、教育法、妇女权益保障法等实现婚姻家庭关系中文化教育、经济地位保障的作用；加强公法策略和私法策略制度规范的协调等，保持四个层面制度规范体系的协调。

结　语

社会变迁与婚姻家庭制度的关系研究离不开宏观层面和微观层面的考察。宏观层面的研究有助于我们从社会结构的大系统出发，分析政治、经济、文化等社会大背景对婚姻家庭制度的需求和影响，以及婚姻家庭制度在社会中的作用，从而确定婚姻家庭制度的发展方向；微观层面的研究将使社会变迁与婚姻家庭制度的关系变得更加具体、明晰和直观；两个层面的研究相辅相成，共同为我国婚姻家庭法律制度的革新提供依据。本书总结改革开放以来影响我国婚姻家庭制度的主要社会因素，从宏观层面和微观层面考察社会变迁与我国婚姻家庭制度的互动关系，在此基础上总结我国社会变迁与婚姻家庭制度变革的规律特点，为我国具体的婚姻家庭制度提供完善建议，并分析预测我国婚姻家庭制度的未来发展方向。

一、研究发现

本书首要的研究目的在于探究当代中国社会变迁与我国婚姻家庭制度的关系模式，笔者发现：

第一，影响婚姻家庭制度的主要社会因素包括外部因素和内部因素。宏观层面的社会变迁是引起婚姻家庭制度变迁的外部因素，微观层面的社会变迁是引起婚姻家庭制度变迁的内部因素。改革开放以来，对我国婚姻家庭制度产生重大影响的宏观层面的社会变迁主要包括经济结构向市场经济转变、政治结构的民主化、多元化的文化结构等；对我国婚姻家庭制度产生重大影响的微观层面的社会变迁主要包括择偶自主性增强、兼具传统与现代因素的婚姻维持、核心化与多样化的家庭结构、趋向现代化的家庭功能及向平权型转变的家庭关系等。

第二，社会变迁对婚姻家庭制度的作用方式可以区分为微观层面的社会变迁和宏观层面的社会变迁两种。微观层面的社会变迁往往直接对婚姻家庭制度提出变革需求，从而引起婚姻家庭制度的变革；宏观层面的社会变迁对婚姻家庭制度的作用方式表现为三种：一是直接对婚姻家庭制度设计产生影响；二是通过其他政策、立法等对婚姻家庭制度产生影响；三是通过影响微观婚姻家庭变迁进而对婚姻家庭制度产生间接影响。在多数情况下，作为外部因素的宏观层面的社会变迁往往通过内部因素的微观层面的社会变迁来发生作用。

第三，社会变迁对法律变革的作用主要表现为对法律的内在价值和外在规范两个方面。社会变迁对婚姻内在价值的影响主要表现为婚姻内在价值通过上升为婚姻家庭法的基本原则，指导婚姻家庭立法和司法。社会变迁对婚姻外在规范的影响主要表现为两种方式：一是社会变迁通过影响婚姻内在价值，继而引起婚姻家庭制度规范随之作出相应变革；二是直接影响婚姻家庭制度规范的设计。

第四，婚姻家庭制度对社会也具有反作用，包括直接作用和间接作用。婚姻家庭制度对社会变迁的直接作用表现为通过婚姻家庭制度规范的实施引起人们婚姻家庭行为模式的变化；婚姻家庭制度对社会变迁的间接作用表现为通过婚姻家庭制度形成影响社会变迁的环境从而引起微观层面婚姻家庭的变迁和社会政治、经济、文化等宏观层面社会结构的变迁。

综上，笔者得出结论，婚姻家庭制度和社会变迁之间是一种互动关系，婚姻家庭制度跟随社会变迁并适应它作出变革，同时它也影响和疏导着社会变迁，在社会和婚姻家庭生活中扮演着重要角色。

但是，社会变迁与婚姻家庭制度的关系模式并不是绝对的。其一，社会变迁与婚姻家庭制度的变革不是一一对应的关系，有时候多个社会变迁会引起一个婚姻家庭制度的变化，有时候一个社会变迁会引起多项婚姻家庭制度的变化。其二，宏观层面的社会变迁与微观层面的社会变迁对婚姻家庭制度的影响绝对不是截然分开的，两者是相辅相成、密切联系的。其三，社会变迁对婚姻家庭制度内在价值和外在规范的作用方式也不是截然分开的，宏观层面的社会变迁和微观层面的婚姻家庭变迁可能导致一项婚姻家庭制度的变革。在社会发生变迁的情形下，婚姻家庭制度内在价值与外在规范及时回应社会变迁，并且协调统一、共同发展。其四，婚姻家庭制度与社会变迁之间的回应与调整并不是一种严格的因果对应关系，它们之间并不总是能有立竿见影的回应，有时候婚姻家庭制度与社会变迁并不完全一致。

二、研究建议

本书的另一个重要研究目的是从微观层面剖析具体婚姻家庭法律制度的回应、不足与调适建议，并预测我国婚姻家庭制度的未来发展趋势。

（一）对我国具体婚姻家庭制度的调适建议

本书在对社会变迁与婚姻家庭制度关系探究过程中，在第三章至第七章选取了非婚同居、监护制度、疾病婚制度、夫妻财产制度、离婚冷静期制度五项具体问题开展微观层面的研究。一则对社会变迁与婚姻家庭制度的关系有更加具体、明晰和直观的认识，二则对上述五项具体婚姻家庭制度提出了相应的调适建议。

1. 对于非婚同居的调适建议

我国的非婚同居现象主要产生于客观因素和主观意愿两种情形。如何规制非婚同居关系对于保障当事人和未成年子女合法权益、维持社会稳定具有必要性和重要意义。我国现有婚姻家庭制度对非婚同居的回应还比较有限。对于非婚同居问题及非婚同居关系的法律规制应区分同居关系类型，并加强夫妻名义非婚同居关系的法律规制。

2. 对于监护制度的调适建议

改革开放以来，我国婚姻解体，以及家庭结构、家庭功能和社会阶层结构的变迁是影响我国监护的主要因素。针对未成年人监护，我国对社会转型期所产生的离婚家庭子女、非婚生子女、留守儿童等未成年子女监护缺乏完善有效的婚姻家庭制度保障。在我国未来的未成年人监护立法中，应细化监护人的监护职责，规定符合未成年人实际需求的监护职责内容和类型，包括人身性监护职责和财产性监护职责；以儿童最大利益为原则设立多元的监护方式；加强和完善国家监护；增设非婚生子女的父母照顾权。针对成年人监护，应构建成年人法定监护、保佐和辅助多层级成年监护体系性措施；完善监护监督体系；强化法院在监护事务中的作用。针对老年人监护，增加监护制度的弹性，增设辅助制度，进一步将意思表示能力或判断能力自然衰退的老年人纳入保护范围；通过监护职责的制度设计展现老年人监护的特殊需求；完善老年人监护程序。

3. 对于疾病婚制度的调适建议

个人主体意识增强，晚婚晚育政策的实施，我国市场经济转型对劳动生产力的需求，行政管理体制和国家机构改革，政府职能转变等，均会对结婚关系产生影响。对于疾病婚制度，明确以严重影响婚姻关系本质作为重大疾病的界定标准；明确重大疾病告知义务的范围、告知方式、履行主体和相对人等；明确隐瞒重大疾病婚姻撤销权的行使期限不适用 5 年最长行使期限的规定；明确隐瞒重大疾病婚姻撤销的法律后果，如对违反如实告知义务法律后果进行限缩解释。

4. 对于夫妻财产制度的调适建议

人们权利意识增强、个人财产增多、家庭结构和家庭功能的变化等对我国的夫妻财产关系均产生影响。我国的法定财产制目前宜采分别财产制与共同财产制的复合形态，既能考虑到夫妻双方的经济独立，也可保护无经济能力的弱势一方；增设非常法定财产制，以适应中国市场经济条件下夫妻财产关系日趋复杂和保护民事交易安全的需要；增设夫妻财产约定登记制度，以增加夫妻约定财产制的公信力和保障交易安全；细化夫妻共同债务的认定规则等。

5. 对于离婚冷静期制度的调适建议

随着改革开放的推进和市场经济的发展，婚姻家庭观念、人口流动、婚姻家庭维持模式均对离婚关系产生影响。回应社会变迁，我国婚姻法经历了数次修改，离婚制度中比较重大的修改包括完善离婚事由、构建离婚救济制度、增设离婚冷静期制度。为了让离婚冷静期制度发挥其应有的作用，需要明确离婚冷静期期间离婚夫妻的权利义务关系，完善离婚冷静期的配套制度，加强配套调解，建立救济机制。

（二）对我国未来婚姻家庭制度的整体性建议

预测婚姻家庭制度的未来发展是一件不容易的事情，要对我国未来具体的婚姻家庭制度作出预测比较困难，且本书在第三章至第七章已经对数项亟须完善的婚姻家庭制度提出了具体的完善建议。因此，本书对我国未来婚姻家庭制度的预测局限于宏观方面的预测，提出整体性的建议，主要包括我国未来婚姻家庭制度的法律定位和法律体系。在可预见的范围内，我国的婚姻家庭法将继续存在，不会如西方社会所言转变为“人法”，只是由于未来家庭的形态将更加多样化，包括双亲家庭、单亲家庭、无子女的配偶家庭、事实伴侣关系和成年人的同居关系等。在法律体系上，我国《民法典》已经将婚姻家庭法律制度纳入民法体系之中，但是仍须注重民法一般价值与婚姻家庭制度伦理性价值相协调；加强婚姻家庭编与总则编、物权编等民法典各编的体系性适用；加强婚姻家庭制度内在体系和外在体系的协调；注重四个层面婚姻家庭法律规范的内部体系和外部体系的协调。

三、后续研究

在本书写作过程中，笔者深感社会变迁与婚姻家庭制度的关系研究是一项巨大、复杂且极为艰难的工作。限于自身能力和时间的限制，有许多问题需要日后不断思考和完善。

（1）影响婚姻家庭制度发展的因素复杂。在探讨影响婚姻家庭制度的社会因素时，笔者发现影响婚姻家庭制度发展的因素比较复杂，涉及政治、经济、文化、社会、婚育行为、家庭关系等方方面面，要在其中厘清哪些因素对婚姻家庭制度产生较大影响是一件非常庞杂的工作。而且决定婚姻家庭制度的各种因素一直处于变动之中，有的已经显露并且产生影响，有的尚未显露，有些影响因素我们现在可以观察到的，而有些因素我们目前没有观察到。

（2）相关实证研究数据的局限。社会变迁与婚姻家庭制度的研究涉及社会学和法学的跨学科研究，本书写作过程中必然运用定性和定量的研究方法，需要相关的实证数据来支撑论证。目前所能获取到的实证数据主要来自官方机构（如国家统计局出版的《统计年鉴》）、学者的调研数据、民间机构的调研数据及网络等。这些数据并非依据笔者本书选题所作出的调研，因此，很难获取非常切合本书研究需要的有效的数据，而且这些数据大多数来自社会学视域下的实证调研，来自婚姻家庭法视域下的实证调研数据则较少。

（3）对婚姻家庭具体制度的探讨有限。从应然的角度，社会变迁与婚姻家庭制度关系的微观层面研究应穷尽所有能考察到的婚姻家庭制度。然而，在实践操作中，要去考察哪一种社会变迁对哪一项婚姻家庭制度产生影响，哪几种社会变迁对哪一项或者哪几项婚姻家庭制度产生影响等，是一项非常庞大而细致的工作。囿于笔者能力、时间、精力，本书只选取数项具体的婚姻家庭制度进行考察。

婚姻家庭制度必须反映社会发展变化的需求，才能很好地调整婚姻家庭关系，规制婚姻家庭生活，从而促进整个社会生活和人类发展。因此，关于社会变迁与婚姻家庭制度的关系的研究历来是社会学家和法学家研究的热点。我国未来的相关研究需要更好地结合社会变迁与婚姻家庭制度动态与静态两个层面的研究，加强婚姻家庭法学界对婚姻家庭制度司法现状的实证调研，促使社会变迁与婚姻家庭制度的研究更加完善，为我国婚姻家庭制度提供更多有价值的理论参考和现实依据。

参考文献

一、中文参考书目

（一）著作类

1. 雷洁琼主编:《改革以来中国农村婚姻家庭的新变化》，北京大学出版社 1994 年版。
2. 杨善华编著:《家庭社会学》，高等教育出版社 2006 年版。
3. 王义祥:《当代中国社会变迁》，华东师范大学出版社 2006 年版。
4. 沈崇麟、杨善华主编:《当代中国城市家庭研究》，中国社会科学出版社 1995 年版。
5. 杨善华:《经济体制改革和中国农村的家庭与婚姻》，北京大学出版社 1995 年版。
6. 刘志琴主编、岳庆平编:《家庭变迁》，民主与建设出版社 1997 年版。
7. 费孝通:《乡土中国　生育制度》，北京大学出版社 1998 年版。
8. 杨善华、沈崇麟:《城乡家庭　市场经济与非农化背景下的变迁》，浙江人民出版社 2000 年版。
9. 刘祖云:《从传统到现代——当代中国社会转型研究》，湖北人民出版社 2000 年版。
10. 五城市家庭研究项目组:《中国城市家庭　五城市家庭调查报告和资料汇编》，山东人民出版社 1985 年版。

11. 何建章主编：《经济体制改革与社会变迁》，人民出版社 1986 年版。
12. 邓伟志、张岱玉编著：《中国家庭的演变》，上海人民出版社 1987 年版。
13. 高其才：《法理学》，清华大学出版社 2011 年版。
14. 高其才主编：《当代中国少数民族习惯法》，法律出版社 2010 年版。
15. 黄建武：《法律调整——法社会学的一个专题讨论》，中国人民大学出版社 2015 年版。
16. 平旭、栾爽：《法律与社会》，光明日报出版社 2014 年版。
17. 何珊君：《法社会学新探：一个学科框架与知识体系的构建》，北京大学出版社 2014 年版。
18. 中国农村家庭调查组编：《当代中国农村家庭——14 省（市）农村家庭协作调查资料汇编》，社会科学文献出版社 1993 年版。
19. 沈崇麟主编：《中国百县市国情调查第四批调查点问卷调查　调查报告和资料汇编》，中国社会科学出版社 2001 年版。
20. 郑小川、于晶编著：《亲属法　原理·规则·案例》，清华大学出版社 2006 年版。
21. 沈崇麟、李东山、赵锋主编：《变迁中的城乡家庭》，重庆大学出版社 2009 年版。
22. 王金玲主编：《女性社会学》，高等教育出版社 2005 年版。
23. 王洪：《婚姻家庭法》，法律出版社 2003 年版。
24. 蒋月：《夫妻的权利与义务》，法律出版社 2001 年版。
25. 林秀雄：《夫妻财产制之研究》，中国政法大学出版社 2001 年版。
26. 黄宇：《婚姻家庭法之女性主义分析》，群众出版社 2012 年版。
27. 王歌雅：《中国亲属立法的伦理意蕴与制度延展》，黑龙江大学出版社 2008 年版。
28. 张李玺：《角色期望的错位——婚姻冲突与两性关系》，中国社会科学出版社 2006 年版。

29. 沈奕斐:《被建构的女性　当代社会性别理论》，上海人民出版社 2005 年版。
30. ［美］阿尔温·托夫勒:《第三次浪潮》，朱志焱、潘琪、张焱译，生活·读书·新知三联书店 1983 年版。
31. 梁慧星主编:《中国民法典草案建议稿附理由·亲属编》，法律出版社 2013 年版。
32. 朱虎:《法律关系与私法体系　以萨维尼为中心的研究》，中国法制出版社 2010 年版。
33. 雷春红:《婚姻家庭法的地位研究》，法律出版社 2012 年版。
34. 曹全来:《国际化与本土化——中国近代法律体系的形成》，北京大学出版社 2005 年版。
35. 潘允康主编:《中国城市婚姻与家庭》，山东人民出版社 1987 年版。
36. 戴茂堂、江畅:《西方价值观念与当代中国》，湖北人民出版社 1997 年版。
37. 林毅、张亮杰:《新中国阶级阶层社会结构演变》，世界知识出版社 2011 年版。
38. 戴茂堂、江畅:《传统价值观念与当代中国》，湖北人民出版社 2001 年版。
39. 李友梅等:《社会的生产：1978 年以来的中国社会变迁》，上海人民出版社 2008 年版。
40. 王卫国主编:《民法》，中国政法大学出版社 2012 年版。
41. 柳经纬:《当代中国私法进程》，中国法制出版社 2013 年版。
42. 杨大文主编:《婚姻家庭法》，中国人民大学出版社 2015 年版。
43. 杨立新:《家事法》，法律出版社 2013 年版。
44. 谭琳、姜秀花主编:《中国妇女发展与性别平等：历史、现实、挑战》，社会科学文献出版社 2012 年版。
45. 中华人民共和国国家统计局编:《中国统计年鉴（2013）》，中国统计出版社 2013 年版。
46. 朱景文主编:《法社会学》，中国人民大学出版社 2013 年版。
47. 柳经纬主编:《共和国六十年法学论争实录　民商法卷》，厦门大学出版社 2009 年版。
48. 夏吟兰主编:《婚姻家庭继承法》，高等教育出版社 2010 年版。
49. 马俊驹、余延满:《民法原论》，法律出版社 2007 年版。
50. 李志敏主编:《比较家庭法》，北京大学出版社 1988 年版。
51. 袁亚愚:《中美城市现代的婚姻和家庭》，四川大学出版社 1991 年版。
52. 陶毅、明欣:《中国婚姻家庭制度史》，东方出版社 1994 年版。
53. 尹伊君:《社会变迁的法律解释》，商务印书馆 2004 年版。
54. 王跃生:《社会变革与婚姻家庭变动——20 世纪 30—90 年代的冀南农村》，生活·读书·新知三联书店 2006 年版。
55.《民法总则立法背景与观点全集》编写组汇编:《民法总则立法背景与观点全集》，法律出版社 2017 年版。
56. 陈甦主编:《民法总则评注（上册）》，法律出版社 2017 年版。
57. 李霞:《成年监护制度研究——以人权的视角》，中国政法大学出版社 2012 年版。
58. 李适时主编:《中华人民共和国民法总则释义》，法律出版社 2017 年版。
59. 王廷珍等主编:《优生优育学》，人民军医出版社 1989 年版。
60. 陈苇:《中国婚姻家庭法立法研究》，群众出版社 2010 年版。
61. 张希坡:《中国婚姻立法史》，人民出版社 2004 年版。
62. 胡康生主编:《中华人民共和国婚姻法释义》，法律出版社 2001 年版。
63. 陈棋炎、黄宗乐、郭振恭:《民法亲属新论》，三民书局 2011 年版。
64. 黄薇主编:《中华人民共和国民法典婚姻家庭编解读》，中国法制出版社 2020 年版。
65. 史尚宽:《亲属法论》，中国政法大学出版社 2000 年版。

66. 最高人民法院民法典贯彻实施工作领导小组主编:《中华人民共和国民法典婚姻家庭编继承编理解与适用》,人民法院出版社 2020 年版。

67. 贺荣主编:《最高人民法院民法典总则编司法解释理解与适用》,人民法院出版社 2022 年版。

68. 高院民事审判第一庭:《婚姻法司法解释的理解与适用》,中国法制出版社 2002 年版。

69. 余延满:《亲属法原论》,法律出版社 2007 年版。

70. 杨大文、龙翼飞:《婚姻家庭法》,中国人民大学出版社 2018 年版。

71. 张学主编:《遗传病基础知识 436 问》,中国协和医科大学出版社 2018 年版。

72. 王广俊、刘国庆主编:《司法精神病鉴定实用指南》,中国人民公安大学出版社 2010 年版。

73. 王胜明、孙礼海主编,全国人大常委会法制工作委员会民法室编:《〈中华人民共和国婚姻法〉修改立法资料选》,法律出版社 2001 年版。

74. [美] 威廉·J. 古德:《家庭》,魏章玲译,社会科学文献出版社 1986 年版。

75. [日] 富永健一:《社会结构与社会变迁:现代化理论》,董兴华译,云南人民出版社 1988 年版。

76. [美] 马克·赫特尔:《变动中的家庭——跨文化的透视》,宋践等编译,浙江人民出版社 1988 年版。

77. [日] 落合惠美子:《21 世纪的日本家庭,何去何从》,郑杨译,山东人民出版社 2010 年版。

78. [德] 迪特尔·施瓦布:《德国家庭法》,王葆莳译,法律出版社 2010 年版。

79. [德] 罗伯特·霍恩、海因·科茨、汉斯·G. 莱塞:《德国民商法导论》,楚建译,中国大百科全书出版社 1996 年版。

80. [英] 安东尼·吉登斯:《社会学》,赵旭东等译,北京大学出版社

2003 年版。

81. ［美］提摩太·凯勒、凯西·凯勒：《婚姻的意义》，杨基译，上海三联书店 2015 年版。
82. ［美］罗杰·科特威尔：《法律社会学导论》，潘大松等译，华夏出版社 1989 年版。
83. ［奥］尤根·埃利希：《法律社会学基本原理》，叶名怡、袁震译，中国社会科学出版社 2009 年版。
84. ［德］汉斯·布洛克斯、沃尔夫·迪特里希·瓦尔克：《德国民法总论》，张艳译，中国人民大学出版社 2014 年版。
85. ［德］维尔纳·弗卢梅：《法律行为论》，迟颖译，法律出版社 2012 年版。
86. ［意］彼德罗·彭梵得：《罗马法教科书》，黄风译，中国政法大学出版社 2005 年版。
87. ［德］康德：《法的形而上学原理——权利的科学》，沈叔平译，商务印书馆 1991 年版。
88. ［德］迪特尔·梅迪库斯：《德国民法总论》，邵建东译，法律出版社 2013 年版。
89. ［德］卡尔·拉伦茨：《德国民法通论（下册）》，王晓晔等译，法律出版社 2013 年版。

（二）论文类

1. 郑杭生、郭星华：“中国社会的转型与转型中的中国社会——关于当代中国社会变迁和社会主义现代化进程的几点思考”，载《浙江学刊》1992 年第 4 期。
2. 徐安琪、李煜：“青年择偶过程　转型期的嬗变”，载《青年研究》2004 年第 1 期。
3. 于光君：“农村婚居模式与性别偏好”，载《湘潭大学学报（哲学社会科学版）》2014 年第 4 期。

4. 杨菊华："传续与策略：1990—2010 年中国家务分工的性别差异"，载《学术研究》2014 年第 2 期。

5. 王跃生："中国城乡家庭结构变动分析——基于 2010 年人口普查数据"，载《中国社会科学》2013 年第 12 期。

6. 唐灿："中国城乡社会家庭结构与功能的变迁"，载《浙江学刊》2005 年第 2 期。

7. 杨菊华、何炤华："社会转型过程中家庭的变迁与延续"，载《人口研究》2014 年第 2 期。

8. 刘传刚、方利民："论婚姻法的价值"，载《辽宁师范大学学报（社会科学版）》2003 年第 2 期。

9. 孙立平等："改革以来中国社会结构的变迁"，载《中国社会科学》1994 年第 2 期。

10. 孙立平："利益关系形成与社会结构变迁"，载《社会》2008 年第 3 期。

11. 徐国栋："平等原则：宪法原则还是民法原则"，载《法学》2009 年第 3 期。

12. 王轶："论民法诸项基本原则及其关系"，载《杭州师范大学学报（社会科学版）》2013 年第 3 期。

13. 韩贺南、张李玺："改革开放以来男女平等概念的基本内涵与演变"，载《妇女研究论丛》2014 年第 3 期。

14. 左际平："20 世纪 50 年代的妇女解放和男女义务平等：中国城市夫妻的经历与感受"，载《社会》2005 年第 1 期。

15. 张剑源："同居共财：传统中国的家庭、财产与法律"，载《北方民族大学学报（哲学社会科学版）》2015 年第 5 期。

16. 余建新、钱国靖："从个人财产权利变化看经济转型"，载《理论导刊》2005 年第 5 期。

17. 王习明："当代中国农民的家庭财产观念演变及其对家庭伦理的影响"，载《马克思主义研究》2012 年第 10 期。

18. 何丽新："论婚姻财产权的共有性与私人财产神圣化"，载《中州学刊》2013 年第 7 期。
19. 杨方："诚信内涵解析"，载《道德与文明》2005 年第 3 期。
20. 杨秀香："诚信：从传统社会转向市场社会"，载《道德与文明》2002 年第 4 期。
21. 徐国栋："诚实信用原则二题"，载《法学研究》2002 年第 4 期。
22. 徐国栋："我国主要民事单行法中的诚信规定考察报告"，载《河北法学》2012 年第 4 期。
23. 马忆南、周征："《婚姻法》司法解释二的解读与评论"，载《法律适用》2004 年第 10 期。
24. 高丰美："我国人身性监护职责法律界定的若干思考"，载《铜陵学院学报》2013 年第 4 期。
25. 高其才、罗昶："传承与变异：浙江慈溪蒋村的订婚习惯法"，载《法制与社会发展》2012 年第 2 期。
26. 黄盈盈："多样化'婚姻'：拓宽社会学研究的想象力"，载《中国青年研究》2014 年第 11 期。
27. 何丽新："论事实婚姻与非婚同居的二元化规制"，载《比较法研究》2009 年第 2 期。
28. 但淑华："论我国非婚同居规制方式的立法选择——从比较法视角"，载《中华女子学院学报》2009 年第 2 期。
29. 高丰美、高俊飞："农村留守女童的受教育权与受监护权保障"，载《重庆社会科学》2010 年第 11 期。
30. 陈玲："我国法律关于监护职责之规定及其评析"，载《辽宁行政学院学报》2007 年第 11 期。
31. 杨晋玲："把个人的权利还位于个人——试论夫妻个人特有财产制"，载《思想战线》2002 年第 4 期。
32. 王歌雅："中国婚姻法：制度建构与价值探究之间——婚姻法与改革开

放三十年”，载《中华女子学院学报》2009 年第 1 期。

33. 薛宁兰：“法定夫妻财产制立法模式与类型选择”，载《法学杂志》2005 年第 2 期。

34. 宋豫：“试论我国离婚经济补偿制度的存废”，载《现代法学》2008 年第 9 期。

35. 陈苇、何文骏：“我国离婚救济制度司法实践之实证调查研究”，载《河北法学》2014 年第 7 期。

36. 李洪祥：“论离婚经济补偿制度的重构”，载《当代法学》2005 年第 6 期。

37. 马忆南、杨朝：“日常家事代理权研究”，载《法学家》2000 年第 4 期。

38. 史浩明：“论夫妻日常家事代理权”，载《政治与法律》2005 年第 3 期。

39. 王歌雅：“家事代理权的属性与规制”，载《学术交流》2009 年第 9 期。

40. 唐灿：“家庭现代化理论及其发展的回顾与评述”，载《社会学研究》2010 年第 3 期。

41. 陈熙：“家庭现代化理论与当代中国家庭：一个文献综述”，载《重庆社会科学》2014 年第 8 期。

42. 雷明贵：“《婚姻法》中的社会变迁”，载《行政与法》2010 年第 10 期。

43. 杜江涌：“家庭自治、国家干预与中国的婚姻制度立法”，载《广西民族大学学报（哲学社会科学版）》2010 年第 4 期。

44. 马忆南：“婚姻家庭法领域的个人自由与国家干预”，载《文化纵横》2011 年第 1 期。

45. 郭玉军：“涉外民事关系法律适用法中的婚姻家庭法律选择规则”，载《政法论坛》2011 年第 3 期。

46. 何勤华："法的国际化与本土化：以中国近代移植外国法实践为中心的思考"，载《中国法学》2011 年第 4 期。
47. 陈苇、王薇："我国设立非婚同居法的社会基础及制度构想"，载《甘肃社会科学》2008 年第 1 期。
48. 朱岩："社会基础变迁与民法双重体系建构"，载《中国社会科学》2010 年第 6 期。
49. 王利明："法律体系形成后的民法典制定"，载《广东社会科学》2012 年第 1 期。
50. 夏吟兰："民法典体系下婚姻家庭法之基本架构与逻辑体例"，载《政法论坛》2014 年第 5 期。
51. 曾毅、吴德清："八十年代以来我国离婚水平与年龄分布的变动趋势"，载《中国社会科学》1995 年第 6 期。
52. 曹诗权："中国婚姻家庭法的宏观定位"，载《法商研究》1999 年第 4 期。
53. 马忆南："中国婚姻家庭法的传统与现代化——写在婚姻法修改之际"，载《北京大学学报（哲学社会科学版）》2001 年第 1 期。
54. 马春华等："中国城市家庭变迁的趋势和最新发现"，载《社会学研究》2011 年第 2 期。
55. 马云驰："《婚姻法》的变迁与社会价值观念的演变"，载《当代法学》2003 年第 8 期。
56. 陈苇、冉启玉："构建和谐的婚姻家庭关系　中国婚姻家庭法六十年"，载《河北法学》2009 年第 8 期。
57. 蒋月："中国改革开放三十年婚姻家庭立法的变革与思考"，载《浙江学刊》2009 年第 3 期。
58. 巫昌祯、夏吟兰："改革开放三十年中国婚姻立法之嬗变"，载《中华女子学院学报》2009 年第 2 期。
59. 齐晓安："社会文化变迁对婚姻家庭的影响及趋势"，载《人口学刊》

2009 年第 3 期。
60. 杨大文：“两部婚姻法　三个里程碑”，载《中国人大》2011 年第 7 期。
61. 李元书：“论政治变迁”，载《学习与探索》1995 年第 5 期。
62. 夏吟兰：“婚姻家庭编的创新和发展”，载《中国法学》2020 年第 4 期。
63. 王歌雅：“中国婚姻家庭立法 70 年：制度创新与价值遵循”，载《东方法学》2023 年第 2 期。
64. 李霞：“成年监护制度的现代转向”，载《中国法学》2015 年第 2 期。
65. 刘宏恩：“离婚后子女监护案件‘子女最佳利益原则’的再检视”，载《月旦法学杂志》2014 年第 234 期。
66. 李立如：“成年监护制度与法院功能的演进——以受监护人权益保障为中心”，载《东海大学法学研究》2015 年第 45 期。
67. 李国强：“论行为能力制度和新型成年监护制度的协调——兼评《中华人民共和国民法总则》的制度安排”，载《法律科学（西北政法大学学报）》2017 年第 3 期。
68. 康蕊：“养老机构与老年人需求分布的结构性矛盾研究——以北京市为例”，载《调研世界》2016 年第 11 期。
69. 李欣：“共同决定制度——加拿大老年人监护最新立法进程与启示”，载《学术界》2012 年第 11 期。
70. 薛宁兰：“共同关切的话题——‘《婚姻法》修改中的热点、难点问题研讨会’综述”，载《妇女研究论丛》2001 年第 1 期。
71. 李洪祥：“论无效婚姻制度的性质”，载《当代法学》1991 年第 3 期。
72. 马忆南：“民法典视野下婚姻的无效和撤销——兼论结婚要件”，载《妇女研究论丛》2018 年第 3 期。
73. 林秀雄：“诈欺结婚”，载《月旦法学杂志》2001 年第 70 期。
74. 简良育：“永结同心金玉盟——结婚自由与真意之研究”，载《公证法学》2008 年第 5 期。

75. 林秀雄："婚姻之实质要件"，载《月旦法学教室》2003 年第 7 期。

76. 戴东雄："违反结婚实质要件之效力（二）——结婚时受诈欺或胁迫之效力"，载《月旦法学教室》2018 年第 190 期。

77. 戴瑀如："身份关系的成立与解消：第一讲——身份行为的特殊性"，载《月旦法学教室》2010 年第 93 期。

78. 李昊、王文娜："《民法典》婚姻无效和婚姻可撤销规则的解释与适用"，载《云南社会科学》2021 年第 2 期。

79. 张学军："民法典隐瞒'重大疾病'制度解释论"，载《甘肃政法大学学报》2020 年第 5 期。

80. 蒋月："准配偶重疾告知义务与无过错方撤销婚姻和赔偿请求权——以《民法典》第 1053 条和第 1054 条为中心"，载《法治研究》2020 年第 4 期。

81. 张继成："对'知道''应当知道''明知'及其关联概念的法逻辑诠释"，载《法学》2023 年第 6 期。

82. 张继成："知道规则的内在逻辑与科学分类"，载《中国法学》2022 年第 3 期。

83. 吴东蔚："《民法典婚姻家庭编》编撰视野下重大疾病条款研究"，载《广西政法管理干部学院学报》2020 年第 2 期。

84. 李银英："婚姻无效之有效化——兼论婚姻无效之诉与提诉权失效"，载《法令月刊》2009 年第 1 期。

85. 王爱琳："民事义务的构成分析"，载《政治与法律》2007 年第 5 期。

86. 刘勇："缔约过失与欺诈的制度竞合——以欺诈的'故意'要件为中心"，载《法学研究》2015 年第 5 期。

87. 刘征峰："结婚中的缔约过失责任"，载《政法论坛》2021 年第 3 期。

88. 娄爱华："论无效婚姻中的无过错方保护"，载《苏州大学学报（哲学社会科学版）》2023 年第 5 期。

89. 石一峰:“私法中善意认定的规则体系”，载《法学研究》2020 年第 4 期。

90. 郑学林、刘敏、王丹:“《关于适用民法典婚姻家庭编的解释(一)》若干重点问题的理解与适用”，载《人民司法(应用)》2021 年第 13 期。

91. 徐国栋:“《中华人民共和国民法典》应保留《婚姻法》禁止一些疾病患者结婚的规定”，载《暨南学报(哲学社会科学版)》2020 年第 1 期。

92. 吴晓芳:“对民法典婚姻家庭编新增和修改条文的解读”，载《人民司法(应用)》2020 年第 19 期。

93. 田韶华:“民法典婚姻家庭编瑕疵婚姻制度的立法建议——以《民法总则》之瑕疵民事法律行为制度在婚姻家庭编中的适用为视角”，载《苏州大学学报(法学版)》2018 年第 1 期。

94. 孙婧琦:“婚姻家庭观念视角下离婚原因探析——以黑龙江省为例”，载《知与行》2020 年第 5 期。

95. 任远、郝立:“人口流动过程中离婚风险差异及其影响机制分析”，载《中国人口科学》2021 年第 2 期。

96. 夏沁:“民法典登记离婚冷静期条款的解释论”，载《法学家》2020 年第 5 期。

97. 彭大松、资源:“父母离婚对子女教育的影响及其中介效应研究”，载《人口与社会》2022 年第 1 期。

98. 左际平:“离婚等待期的矛盾争端及其解决方式——四国经验的探讨及思考”，载《中华女子学院学报》2021 年第 6 期。

(三) 法律文献类

1. 《德国刑法典》，徐久生、庄敬华译，中国方正出版社 2004 年版。

2. 台湾大学法律学院、台大法学基金会编译:《德国民法典》，北京大学出版社 2017 年版。

二、外文参考书目

（一）英文

1. Yehezke Dror, Law and Social Change, Tulane Law Review, Vol. 33, Issue 4 (1958).
2. Janet Halley and Kerry Rittich, Critical Directions in Comparative Family Law: Genealogies and Cotempary Studies of Family Law Exceptionalism, Introduction to the Special Issue on Comparative Family Law, The American Journal of Comparative Law, Vol. 58, (2010).
3. Rollie Thompson, Family Law Reform and Social Change, Canadian Journal of Family Law, Vol. 5, Issue 1 (1986).
4. Adair Dyer, The Internationalization of Family Law, UCDavis Law Review, Vol. 30, (1996).
5. Barbara Strark, When Globalization Hit Home: International Family Law Comes of Age, Vand. J. Transnat'I L., Vol. 39, (2006).
6. John Dewar, Family, Law and Theory, Oxford Journal of Legal Studies, Vol. 16, No. 4, (Winter, 1996).
7. John Dewar, Family Law and its Discontents, International Journal of Law, Policy and the Family, Vol. 14, Issue 1 (2000).
8. Ann Schalleck, Introduction Comparative Family Law: What is the Global Family-Family Law in Decolonization, Modernization and Globalization, American University Journal of Gender, Social Policy & the Law, Vol. 19, Issue 2 (2011).
9. Charlotte Needhman, Difficult Relationship between Family Law and Families, North East Law Review, Vol. 2, Issue 1 (January 2014).
10. Naomi Karp & Erica F. Wood, Guardianship monitoring: A national survey of court practices, Stetson Law Review, Vol. 37, Issue 1 (Fall 2007).

11. Sanford N. Katz, Family Law in America, Oxford University Press, 2011.

12. Kerry Abrams, Marriage Fraud, California Law Review, Vol. 100, Issue1 (February 2012).

13. William P. Statsky, Family Law, Fifth Edition, West Legal Studies, 2002.

(二) 德文

1. Renate Isabel Heil, Das Personensorgerecht der Eltern nichtehelicher Kinder, Regensburg, 1993.

2. Marina Wellenhofer, Münchener Kommentar zum Bürgerlichen Gesetzbuch, 8. Aufl., München: C. H. Beck, 2019.

3. Dieter Schwab, Wertwandel und Familienrecht, Hannover, 1993.

4. Meike Sophia Baader, Petra Götte & Carola Groppe, Familientraditionen und Familienkulturen, Springer, Wiesbaden, 2013.

5. Jörg Mohr & Astrid Wallrabenstein, Die elterliche Sorge als Sorgenkind des BVerfG, Jura. 2004.

6. Peter Huber und Jennifer Antomo, Die Neuregelung der elterlichen Sorge nicht miteinander verheirateter Eltern, *FamRZ*, 2012.

7. Michael Coester, Sorgerecht nicht miteinander verheirateter Eltern, FamRZ, 2012.

8. Henrich Dieter, Familienrecht, 4. Aufl., Berlin/New York, 1991.

9. Isabell Goetz, Palandt Kommentar zum BGB, 72. Aufl. Verlag C. H. Beck Muenchen, 2013.

后 记

改革开放以来，我国社会的快速发展对婚姻家庭制度变革提出迫切需求。随着政治、经济、文化、社会的发展，我国婚姻家庭法也作出相应修改，1980 年制定了新的《婚姻法》；进入 21 世纪，随着社会结构的巨大变迁，2001 年我国又对《婚姻法》进行修正，从婚姻法的基本原则到具体制度做了大幅度的修改；随后最高人民法院又先后颁布了三个婚姻法的司法解释，及时补充婚姻立法的不足。2020 年《民法典》婚姻家庭编回应社会变迁，将婚姻家庭制度纳入民法典体系。在婚姻家庭法学界，改革开放以来婚姻家庭制度的变革发展一直是婚姻家庭法学学者研究的热点和重点。关于社会变迁与婚姻家庭制度的关系研究历来也是社会学家和法学家研究的热点。

记得刚入读博士期间，我的导师柳经纬教授给我提出建议，如果要做婚姻家庭法学研究，首先需要梳理婚姻家庭制度的历史发展过程。在恩师的指导和建议下，博士期间我以“中国婚姻家庭制度变迁”为主题开展了一系列学习和研究，并撰写完成相关博士论文。参加工作后的近些年，我也一直持续关注婚姻家庭制度的历时性问题。本书也是在博士论文基础上修改完善扩充而成。

本书从法社会学视角考察改革开放以来我国社会变迁与婚姻家庭制度变革的关系，总结改革开放以来影响我国婚姻家庭制度的主要社会变量，在宏观层面和微观层面考察社会变迁与我国婚姻家庭制度的互动关系，从社会变迁与婚姻家庭制度的关系视角观察和剖析具体的婚姻家庭制度，包括非婚同居之法律规制、监护制度、疾病婚制度、夫妻财产制度以及离婚冷静期制度，了解社会变迁与上述制度的关系，并提出调适建议。在此基础上，总结我国社会变迁与婚姻家庭制度变革的规律特点，探究我国婚姻家庭制度的未来发展方向。

在写作过程中，笔者深感社会变迁与婚姻家庭制度的关系研究是一项非常巨大、复杂且极为艰难的工作。比如，在探讨影响婚姻家庭制度的社会因素时，笔者发现影响婚姻家庭制度发展的因素比较复杂，涉及经济、文化、婚育行为、家庭关系等方面，要在其中厘清哪些因素对婚姻家庭制度产生较大影响是一件非常庞杂的工作。又如，本书研究受到相关实证研究数据的局限，来自婚姻家庭法视域下的实证调研数据较少。在实践操作中，要去考察哪一种社会变迁对哪一项婚姻家庭制度产生影响，哪几种社会变迁对哪一项或者哪几项婚姻家庭制度产生影响等，是一项非常庞大而细致的工作。囿于笔者能力、时间、精力，本书只选取数项具体的婚姻家庭制度进行考察。婚姻家庭制度必须反映社会发展变化的需求，才能很好地调整婚姻家庭关系。我国未来相关研究需要更好地结合社会变迁与婚姻家庭制度动态与静态两个层面的研究，加强婚姻家庭制度司法现状的实证调研，为我国婚姻家庭立法提供更多有价值的理论参考和现实依据。限于自身能力和时间的限制，有许多问题需要日后不断思考和完善。

写作过程中，由衷感谢我的导师柳经纬教授对我的指导，感谢学院领导和同事的帮助，感谢出版社和编辑老师的辛苦付出，感谢我的学生协助书稿校对和调研数据的整理。最后，特别感谢我的家人对我无私的支持和理解。

由于个人学识有限，书中难免会有疏漏，如有不当之处，敬请方家不吝赐教。

高丰美

2024 年 1 月 10 日